KB242393

일본 부동산

전문가 그룹의 마스터북. 매수부터 관리까지 완벽 가이드

투자 실무

일본 부동산 투자 실무

2026년 4월 13일 초판 인쇄
2026년 4월 17일 초판 발행

지 은 이 ┃ 김형윤, 이인석, 김재은, 최성민, 조인정, 강성숙

발 행 인 ┃ 오연관

발 행 처 ┃ 삼일피더블유씨솔루션

등록번호 ┃ 1995.6.26. 제3-633호

주　　소 ┃ 서울특별시 용산구 한강대로 273 용산빌딩 4층

전　　화 ┃ 02)3489-3100

팩　　스 ┃ 02)3489-3141

가　　격 ┃ 28,000원

ISBN 979-11-6784-543-6　　　03320

＊삼일인포마인은 삼일피더블유씨솔루션의 단행본 브랜드입니다.

＊잘못된 책은 구입처에서 바꿔 드립니다.

＊삼일인포마인 발간책자는 정확하고 권위있는 해설의 제공을 목적으로 하고 있습니다. 다만 그 완전성이 항상 보장되는 것은 아니고 또한 특정사안에 대한 구체적인 의견제시가 아니므로, 적용결과에 대하여 당사가 책임지지 아니합니다. 따라서 실제 적용에 있어서는 충분히 검토하시고, 저자 또는 능력있는 전문가와 상의하실 것을 권고합니다.

일본 부동산

전문가 그룹의 마스터북. 매수부터 관리까지 완벽 가이드

투자 실무

김형윤 · 이인석 · 김재은 · 최성민 · 조인정 · 강성숙 지음

잠들었던 기회의 땅이 깨어나다
'잃어버린 30년'에서 '수익의 30년'으로

　대한민국 부동산 불패의 신화가 흔들리고 있습니다. 당신의 자산은 안녕하십니까?

　이제까지 부동산은 부를 축적하는 가장 확실한 수단이자, 자산의 '성장'과 '안정'이라는 두 마리 토끼를 동시에 잡게 해주는 최고의 투자처였습니다. 하지만 지금 우리가 마주한 현실은 다릅니다. 정부의 강력한 시장규제 정책과 고금리, 엄청난 세금 부담으로 부동산 투자가 오히려 리스크가 되어버린 지금, 발 빠른 투자자들은 이미 시야를 넓혀 포트폴리오 다각화에 나서고 있습니다.

　이 격변의 시기에 주목해야 할 곳은 바로 바다 건너 일본입니다. 일본은 지금 긴 잠에서 깨어나고 있습니다. '잃어버린 30년'의 늪을 빠져나와 '기회의 30년'이라는 새로운 아침을 맞이하고 있는 것입니다. 디플레이션의 완전한 탈출 선언, 30년 만의 최고 수준을 기록한 임금 상승, 도쿄·오사카 등 주요 거점 도시를 중심으로 진행되는 다핵 성장 전략과 대규모 도시 재생 프로젝트는 일본 경제의 체질 변화를 명확히 보여줍니다. 잃어버린 세월을 되찾으려는 일본의 변화는 이제 더 이상 가능성이 아닌 현실이 되어 성장이라는 미래를 향하고 있습니다.

무엇보다 투자자의 가슴을 뛰게 하는 것은 객관적으로 파악할 수 있는 압도적인 '숫자'입니다. 글로벌 주요국 대비 독보적으로 낮은 대출 금리가 만들어내는 일드 갭(Yield Gap)은 타 시장에서는 찾아보기 힘든 강력한 수익 구조를 제공합니다. 여기에 역대급 엔저 현상이 더해지며, 한국 투자자들은 자산 가치를 20~30% 할인된 가격에 선점하는 효과를 누리고 있습니다. 전 세계 글로벌 자본이 일본의 핵심 거점 도시로 맹렬히 집결하는 이유는 바로 여기에 있습니다.

한국 투자자들에게 특히 매력적인 점은 일본 특유의 임대차 시장 구조입니다. 임대인이 언제든 목돈을 돌려줘야 하는 전세 제도와 달리, 일본 시장은 철저한 월세 중심입니다. 매달 정해진 날에 따박따박 통장에 꽂히는 안정적이고 예측 가능한 현금흐름은 단순한 수익 이상의 의미를 가집니다. 그것은 대외 변수에 흔들리지 않는 자산 포트폴리오의 가장 강력하고 견고한 방패가 되어줄 것입니다. 자산가치 상승이라는 장기적 전망에 더하여 바로 손에 쥐어지는 지속 가능한 수익을 원하는 투자자라면, 일본의 월세 수익 구조야말로 최적의 선택입니다.

하지만 시장의 장밋빛 전망만 믿고 무작정 뛰어드는 것은 위험합니다. '표면 수익률 8%'라는 숫자에 현혹되어 취득세, 고정자산세, 단기 매각 시 최대 39.63%에 달하는 세금 구조를 간과한다면 기대했던 실질 수익은 신기루처럼 사라질 것입니다. 임차인 보호가 절대적인 '차지차가법(借地借家法)'을 모른 채 일반 임대 계약 물건을 매입했다가는 세입자를 내보내지 못해 막대한 퇴거료를 지불하거나 자산의 통제권을 잃을 수 있습니다. 또한 자금 송금 과정에서 외국환거래법에 따른 사전 신고 절차를 누락하면, 단순한 과태료를 넘어 중대한 위법 행위로 처벌될 수 있다는 사실도 반드시 기억해야 합니다.

이 책 『일본 부동산 투자 실무』는 바로 이러한 투자자들의 갈증과 불안을 해소하기 위해 탄생했습니다. 세무·법률·자금 조달 등 필요한 모든 분야의 전문가들이 현장에서 직접 경험한 케이스와 전문성을 총망라한 국내 최초의 실전 마스터북입니다. 도시별 입지 분석을 시작으로, 개인과 법인 중 유리한 투자 구조 선택, 현지 은행의 저금리 레버리지를 안전하게 활용하는 자금 조달 전략, 계약서에 도장을 찍기 전 반드시 점검해야 할 숨은 법적 리스크까지 일본 부동산 투자의 전 과정을 완벽하게 담았습니다.

준비되지 않은 자에게 타국의 부동산은 위험한 지뢰밭이지만, 검증된 전문가들이 쓴 지침서를 손에 쥔 자에게 일본 부동산은 생애 최고의 투자 기회가 될 것입니다. 지금 이 순간에도 시장은 움직이고 있습니다. 이 책이 여러분의 성공적인 투자를 향한 가장 안전하고 확실한 나침반이 되기를 진심으로 바랍니다.

Part 3

마무리

일본 부동산 투자 실무

Part 1

투자 개요

지금 왜,
일본 부동산인가

1. 잠들어 있던 기회의 땅이 깨어나다

(1) 일본에서, 투자의 '균형'과 '장기적 기회'를 찾다

투자를 할 때, 많은 시행착오를 겪으면서 결국 바라는 것은 내 자산이 **'성장'과 '안정' 사이에서 완벽하게 균형**을 이루는 것입니다. 우리 나라에서는 오랜 시간 동안 부동산이 성장과 안정 사이의 균형을 보증하는 최고의 투자처였습니다. 한국 부자들의 자산에서 부동산이 큰 비중을 차지하고 있는 것만 봐도 알 수 있습니다.

부동산은 늘 매력적인 투자 대상이었지만, 코로나 시기 전후로 특히 폭발적 성장세를 보였습니다. 그 과정에서 부동산으로 큰돈을 버는 기쁨도 컸지만, 투자의 어려움도 함께 커진 것도 사실입니다. 지역별 격차, 금리 상승에 대한 압박감, 예측 불가능한 규제 변화, 그리고 전세 제도에 따른 비효율과 불안정성[여기서 잠깐] 등은 우리가 안정적인 미래를 계획하는 데 큰 걸림돌이 됩니다.

이 책을 펼친 독자분들은 이미 한국 부동산, 주식, 채권 등에 대해 잘 알고 또 투자해 본 경험이 많을 것입니다. 아마도 국내 (원화 베이스) 자산에서 부(富)를 키워가기 위한 성장 동력(Capital Gain)과 안정적인 수입원(Cash Flow)을 마련하고 계실 겁니다. 그렇지만 여기서 멈출 수는 없습니다. 투자 포트폴리오를 더 다각화하는 한편 장기적인 자산 승계 및 세제 효율화도 고민해야 합니다. 즉 위험을 회피하는 것을 넘어, 투자 포트폴리오의 균형점을 잡기 위해 시야를 넓혀 새로운 기회를 모색하는 게 필요합니다.

바로 이 지점에서, 우리는 시야를 동쪽으로 돌려 일본 부동산을 주목할 필요가 있습니다. 일본은 단순히 '싸서' 또는 '탈출구'여서 매력적인 것이 아닙니다. 오히려 한국 포트폴리오가 가질 수 없는 투자 본연의 역할, 즉 장기적인 '안정성'과 '예측 가능성'을 기대할 수 있습니다. 특히 세제 혜택, 증여 및 상속을 위한 자산 승계 계획, 그리고 매달 꼬박꼬박 들어오는 안정적인 월세 수입을 원하는 투자자들에게 일본은 이제 필수적인 선택지로 떠오르고 있습니다.

[여기서 잠깐] 한국 전세 제도의 불안정성이란?

한국의 전세 제도는 다른 나라에서 찾아보기 힘든 한국만의 독특한 임대차 계약 방식입니다. 무려 조선 말기부터 이어져 왔다고 전해집니다. 전세는 임차인에게는 월세보다 저렴한 주거비, 임대인에게는 자금 조달이 용이하다는 이점이 있습니다. 그러나 수년 전부터 전세사기, 깡통전세, 역전세 등 보증금 미반환 위험이 커지며 사회적 논란이 되고 있습니다.

일본의 월세와 달리, 전세는 본질적으로 '집주인이 세입자에게 받는 무이자 대출'의 성격을 가집니다. 이러한 특성 때문에 단순히 시장 변동성을 넘어, 투자자가 통제할 수 없는 근본적인 리스크를 내포하게 됩니다.

이것이 왜 문제가 되나요?
- **목돈 반환 의무:** 월세는 매달 현금이 들어오지만, 전세는 계약 만료 시점에 집값에 준하는 거액의 보증금을 일시에 반환해야 하는 의무를 발생시킵니다. 시장 상

황과 무관하게 투자자(집주인)가 통제할 수 없는 대규모 유동성 리스크를 안게 됩니다.

- **전세금 미반환 위험:** 집값 하락(깡통전세) 또는 임차인 미확보(역전세) 상황 발생 시, 투자금 전액을 잃거나 심각한 재정 위기에 빠질 수 있습니다.
- **투자의 예측 불가능성:** 안정적인 현금 흐름 확보가 아닌, 매매가와 전세가의 복합적인 움직임에 따라 투자의 성패가 좌우됩니다.

반면, 일본의 월세(月極) 시스템은 보증금(시키킹) 규모가 작아 집주인이 거액의 보증금을 반환할 리스크가 거의 없습니다. 따라서 투자자는 오직 '매달 들어오는 월세'라는 예측 가능한 수익에만 집중할 수 있어, 전세 리스크가 존재하는 한국 투자 대비 리스크의 성격 자체가 훨씬 안정적이라는 장점이 있습니다.

(2) 잃어버린 30년? 이제는 기회의 30년!

일본은 오랫동안 '잃어버린 30년'의 대명사였습니다. 1990년대 거품 붕괴 이후, 일본 부동산은 좀처럼 회복되지 못하고 거대한 '시간의 캡슐'에 갇혀 있었습니다. 그러나 코로나19 팬데믹 이후 글로벌 자산 시장이 요동치는 가운데, 이 잠자던 거인은 외부의 힘에 의해 깨어나기 시작했습니다.

글로벌 자본이 일본을 주목하는 이유는 명확합니다. **세 가지 구조적인 기회**가 맞물려 있기 때문입니다.

첫째, 일본 은행(BOJ)의 독자적인 통화 정책은 '낮은 조달금리를 가능'하게 합니다. 쉽게 말해, 글로벌 주요국 대비 싼 이자로 대출을 받을 수 있습니다. 코로나 회복 국면에서 전 세계 중앙은행들이 인플레이션에 맞서 금리를 가파르게 올릴 때, 일본 은행(BOJ)는 수익률 곡선 통제

(YCC, Yield Curve Control)라는 매우 독특한 통화 정책을 고수하며 금리 인상을 극도로 억제했습니다(2024년 10월 폐지). 이런 정책의 영향으로 한국이나 미국에서 부동산을 매입할 때 대출 이자가 5~7% 수준인 반면, 일본에서는 2~3% 정도로 매우 낮은 이자 비용만 듭니다. 당연한 말이지만, 대출 이자를 적게 내는 것은 무조건 이득입니다. 대출 이자 부담이 낮아지면 부동산 투자의 순영업이익(NOI, Net Operating Income)은 높아지며, 부채상환능력(DSCR, Debt Service Coverage Ratio) 또한 획기적으로 개선됩니다.

[주요 용어 정리]

- **수익률 곡선 통제:** 중앙은행이 장기 국채 수익률을 특정 상한선 내에서 유지하기 위해 국채를 매입하거나 매도하는 정책. 장기 금리 안정을 위한 중앙은행의 직접적 금리 관리 수단으로, 일본과 미국 등 주요국에서 시행 또는 논의되고 있음
- **순영업이익:** 부동산 투자를 통해 실질적으로 벌어들이는 순수한 현금 수입을 의미. 부동산에서 발생하는 총수입(연간 월세 등)에서 건물 운영과 관련된 모든 비용을 제외하고 남은 금액
- **부채상환능력:** 투자자가 대출 원금과 이자를 갚을 수 있는 능력을 평가하는 핵심 재무 지표. 쉽게 말해, 부동산에서 벌어들이는 순수한 현금 수입이 대출 금융기관에 내야 하는 원리금 상환액을 몇 배나 초과하는지를 나타냄

둘째, '엔저' 환경은 '자산 가치 할인' 기회를 제공합니다. 엔화 약세는 외국인 입장에서 일본의 모든 자산을 자국 통화대비 20~30% 할인된 가격으로 매입할 수 있는 기회를 뜻합니다. 이미 도쿄의 오피스 빌딩, 오사카의 핵심 맨션 등은 글로벌 기준에서 볼 때 아시아 주요 도시 대비 상대적으로 저평가되어 있던 상황입니다. 여기에 환율까지 더해

지면서, 일본 자산은 명실상부한 글로벌 바겐세일 품목이 되었습니다.

셋째, '월세를 통한 현금 흐름'에 집중하는 일본 시장의 특징도 매력적입니다. 일본은 월세(月極, 야칭) 중심의 임대 시장이 일반적입니다. 부동산 가치가 일시적으로 변동하더라도, 매달 통장에 꽂히는 안정적인 임대료는 투자 포트폴리오의 방어력을 높여줍니다. 특히 일본의 주택 임대 계약은 장기 계약이 일반적이며, 주요 도시의 낮은 공실률(Vacancy Rate)은 이 현금 흐름의 예측 가능성을 더욱 높여줍니다. 이것이야말로 투자의 본질인 '예측 가능한 수익 기회'를 제공하는 강력한 기반입니다. 이 부분은 뒤에서 좀 더 상세히 다루겠습니다.

(3) '구조적 기회'의 지속 가능성과 리스크 관리

물론 이 기회들은 당분간 유효하겠지만, 영원하지는 않을 것입니다. 따라서 일본 경제에 대한 지속적이고 면밀한 관찰을 통해 이 리스크의 의미와 무게를 잘 살펴볼 필요가 있습니다.

상기 언급한 기회 중 낮은 금리와 환율(엔저)은 모두 통화정책과 밀접하게 관련 있습니다. 짧게 일본 통화정책 전망을 말씀드리면, **일본은행은 인플레이션 방어를 위해 금리 인상을 이어가더라도 점진적이고 신중한 스탠스를 유지할 것이라는 점입니다.** 일본은 30년 넘게 디플레이션 환경에서 살았습니다. 지금은 이를 극복한 것으로 보이지만, 일본 중앙은행(BOJ)은 여전히 디플레이션 재발을 염려하고 있습니다. 즉 자칫 공격적인 긴축 정책이 경기를 둔화시킬 수도 있다는 걸 잘 알고 있습니다. 따라서 BOJ는 금리 인상 속도를 매우 신중하고 점진적으로 조절할 것으로 보여집니다. 더불어 수익률 곡선 통제(YCC) 정책에 따라 대부분 일본의 은행은 장기 자금 조달 비용 자체를 안정적으로 묶어두고 있습니다. 2024년 10월 이후 YCC 정책은 폐지되었으나, 여전히 수십 년간 초저금리에 익숙한 일본 은행들은 예금 금리를 급히 올리지 않고 있습니다. 이 말은 대출 금리도 급격하게 올리지 않을 것으로도 이해할 수 있습니다.

한편, 일본에서는 수익형 부동산에 대한 대출을 해줄 때 우리나라와 달리 개인 소득이 아닌 순영업이익(NOI)과 부채상환능력(DSCR)을 중심으로 봅니다. 따박따박 빚을 잘 갚을 수 있을지 여부, 즉 안정적인 현금 흐름이 가능할지를 최우선 목표로 하여 심사합니다. 이러한 구조적 요인 덕분에 일본의 대출 금리는 한국이나 미국 대비 상대적으로 메리트가 유지될 것으로 보여집니다.

금리나 환율이 드라마틱하게 급등락하지 않는다면, 일본 부동산의 가장 강력한 구조적 매력인 '월세 기반의 안정적인 현금 흐름'은 계속 유효할 수 있습니다. 즉, 우리가 고려해 볼 수익형 부동산 투자 전략은 '저금리와 엔저'라는 일시적인 이벤트 프리미엄을 활용하면서도, '안정적인 월세'라는 지속 가능한 파이프라인을 만드는 것입니다. 이 근본적인 구조는 어지간해서 훼손되지 않을 것이며, 이것이 바로 일본 투자의 핵심 안전판입니다.

(4) 안정적인 현금 흐름을 기본으로, 시세 차익의 가능성을 더하다

엔저, 저금리, 그리고 안정적인 임대 수요라는 세 가지 강력한 축을 기반으로 재편된 일본 부동산 시장에 관심을 가질 이유는 충분합니다. 더불어 '잃어버린 30년'을 벗어나 회복 사이클에 진입한 일본 경제의 구조적 변화는 중요한 부수적인 기회를 제공합니다. 저평가된 자산 가치가 재평가되는 현상이 도쿄, 오사카 등 주요 도시에서 이미 나타나고 있습니다. 안정적인 임대 수익을 추구하는 동시에, 장기적으로는 가치 상승까지 기대할 수 있다는 점이 일본 투자의 매력을 더 높여줍니다.

이 책은 잠들어 있던 기회의 땅에서 '안정적인 현금 흐름'이라는 보물을 발견하고, 동시에 '성장의 가능성'까지 확보할 수 있도록 안내하는 가장 상세하고 실용적인 지도가 되어줄 것입니다. 지금부터 한국과는 완전히 다른 일본의 투자 환경 속으로 함께 들어가 보겠습니다.

2. 한국과 다른 투자 환경: 경제구조변화, 차별화된 정책, 그리고 임대차 시스템

일본 시장을 이해하기 위해서는 먼저 '장기적인 거시 경제 구조'와 '임대차 시스템'이라는 두 가지 핵심 차이점을 파악해야 합니다. 한국 부동산의 경우 단기간의 폭발적인 성장을 경험했다면, 앞서 언급했듯이 일본은 '잃어버린 30년'이라는 특수한 시기를 거치며 투자자가 활용할 수 있는 독특하고도 매력적인 기회가 생겼습니다. 이제 그 구조적인 배경과 투자의 안전판이 되어주는 임대차 환경을 자세히 살펴보겠습니다.

(1) 경제 구조 변화: '다핵 성장'과 '디플레이션 탈출'

오랜 시간 동안 언론에서는 일본의 초고령 사회와 인구 감소를 부동산 시장의 치명적인 악재로만 다뤘습니다. 하지만 이런 인식은 최근 빠르게 전환되고 있습니다. 초고령화가 장기화한 가운데, 최근 고용 시장의 재편이 이루어지는 일본의 인구 구조 변화는 투자 관점에 두 가지 중요한 인사이트를 제공합니다.

① '도쿄 일극 집중'을 넘어선 '거점도시'의 구조적 성장

한국은 인구와 자본이 서울과 경기권으로 지나치게 집중되는 **단핵 집중(Single-Core Concentration)**현상이 심화되면서, 부산, 대구, 광주 등 전통적인 거점 대도시들마저 쇠퇴하는 양상을 보이고 있습니다. 이는 투자자들이 포트폴리오를 분산하기 어렵게 만듭니다.

반면, 일본은 전국적인 인구 감소 속에서도 도쿄권이 압도적이긴 하지만, 오사카권(간사이), 후쿠오카(규슈), 나고야(토카이) 등 주요 지역의 거점 도시(Regional Hubs)들이 각자의 경제력과 산업 경쟁력을 바탕으로 인구를 흡수하고 성장세를 유지하고 있습니다. 인구 감소에 따라 지방 소멸 문제가 지속되고 있으나, 핵심 거점 도시의 도심 핵심 부동산(Core Assets)의 임대 수요와 가치 유지력은 오히려 더욱 강화되고 있습니다. 외국인 노동자 및 유학생의 지속적인 유입도 도심부의 공실률(Vacancy Rate)을 낮추는 구조적 요인으로 작용합니다. 이러한 **다핵 성장(Multi-Core Growth)**구조 덕분에, 일본 시장은 투자자에게 **지역 분산 투자**의 기회를 제공합니다.

② 디플레이션 탈출 노력의 결실: 아베노믹스와 '세 개의 화살' 이후의 변화

'잃어버린 30년' 동안 일본은 부동산 가격이 안정화(하락)되었고, 이는 현재 낮은 가격대를 형성하는 기반이 되었습니다. 하지만 2012년 말부터 시작된 아베노믹스는 이 흐름을 근본적으로 바꾸는 시작점이 되었습니다. 아베노믹스는 '세 개의 화살'로 요약됩니다.

- **첫 번째 화살 (대담한 금융 정책):** 일본 은행(BOJ)의 양적 및 질적 금융 완화(QQE)는 시장에 막대한 유동성을 공급하고 엔저를 유도했습니다. 이는 외국인 투자자들의 일본 부동산 매입을 촉진하는 주요 동력이 되었습니다.

- **두 번째 화살 (기동적인 재정 정책):** 대규모 재정 투입을 통해 경기 부양 효과를 창출했습니다.

– **세 번째 화살 (성장 전략):** 노동 개혁 및 규제 완화 등을 통해 기업의
경쟁력을 높이려 했습니다.

이 노력의 결실로 일본은 디플레이션에서 벗어났습니다. 물가는 상
승세로 돌아섰으며, 심지어 30년 만에 최대 임금 인상 움직임이 포착
되고 있습니다. 부동산 시장 역시 장기간 침체 후의 회복 사이클에 진
입했다는 분석이 지배적이며, 이는 저평가된 부동산이 점진적으로 상
승(시세 차익)할 것이라는 기대를 갖게 하는 근거가 됩니다. 특히 외국
자본의 유입이 계속되면서 도쿄, 오사카 등 주요 도시의 핵심 부동산의
가격은 이미 상승 궤도에 올랐습니다. 게다가 2025년 10월, '여자 아
베'로 불리는 다카이치 내각이 출범하면서 대규모 경제부양 정책을 천
명하고 나섰습니다. 이는 부동산뿐만 아니라 주식 등 전반적인 자산시
장에도 긍정적인 신호입니다.

(2) 도시 재편을 통한 '가치 상승'의 근거: 주요 거점 도시 개발 정책과 규제 완화

① 도시 재생을 통한 경쟁력 강화: 정책 추진의 전략적 배경과 주요 정책안

일본 정부가 대규모 도시 재개발 프로젝트를 적극적으로 추진한 것
은 '도시 노후화 극복'이라는 장기적인 과제 하에 동일본 대지진(2011)
이라는 결정적인 변수가 작용했기 때문입니다. 이 엄청난 재해는 기존
의 재생 계획을 '재난 탄력성(Urban Resilience)' 확보를 최우선 목표
로 하는 구조적 정책으로 격상시키고 가속화했습니다. 즉 일본의 도시
재편 정책은 단순한 경기 부양책이 아니라, 도시의 '생존'과 '기능 유지'

에 직결된 구조적 문제를 해결하기 위한 것입니다.

- **구내진(舊耐震) 건물의 압도적 비중:** 일본 건축법상 '신내진기준(新耐震基準)'은 1981년에 도입되었습니다. 이 기준 이전에 지어진 건물은 대규모 지진 발생시 붕괴 위험이 높다고 평가되는데, 도쿄 등 대도시에만 이 구내진 건물이 수십만 채에 달합니다. 정부는 이 노후 자산을 철거하고 최고 수준의 내진(耐震), 면진(免震), 제진(制振) 기술이 적용된 신축 건물로 교체하는 것을 최우선 목표로 하고 있습니다.

- **'도시재생특별조치법'을 통한 인센티브 제공:** 노후화된 도심 자산을 재개발로 이끌기 위해 정부는 **도시재생특별조치법** 등을 통해 강력한 인센티브를 제공하고 있습니다. 이 법은 2002년 5월 25일 제정 및 공포되고 2002년 6월 1일 발효된 특별법으로, 버블 붕괴 이후 도시의 경쟁력 약화와 노후 자산 문제를 해결하기 위해 도입되었습니다. 이는 재개발 지역의 용적률을 대폭 상향시켜 사업성을 높여주고, 프로젝트의 인·허가 절차를 간소화하며, 세제 혜택을 부여하는 방식입니다. 이를 통해 민간 자본이 위험 부담을 줄이고 노후 건물을 고밀도 복합 시설로 바꾸도록 유도하는 것입니다.

- **저활용 토지의 효율화:** 고도 성장기에 획일적으로 사용되던 토지를 주거, 오피스, 상업, 녹지가 혼합된 복합 시설(Mixed-Use)로 바꾸어 토지 이용 효율을 극대화합니다. 이는 도시 경쟁력 강화는 물론, 지진 발생 시 피난 공간(녹지)과 비상 전력망(신축 빌딩 내 자가발전 시설)을 확보하는 재난 대비 기능도 수행합니다.

② 일본 정부의 전략적 목표 3가지

앞서 언급한 3가지 주요 추진 정책을 통해 일본 정부는 다음 세 가지 전략적 목표 달성을 기대하고 있습니다.

첫째, '재난 탄력성(Urban Resilience)' 확보 및 노후 인프라 개선입니다. 1960~80년대 고도 성장기에 건설된 많은 건물과 사회 기반 시설이 내구연한에 도달한 상황에서, 동일본 대지진은 대형 재난 발생 시 도시 기능 마비 리스크를 여실히 보여주었습니다. 이에 따라 정부는 노후 건축물에 대한 내진(耐震) 보강을 가속화하고, 주요 도심 재개발 시 최고 수준의 면진(免震) 및 제진(制振) 기술 도입을 의무화하는 등 도시 전체의 재난 대비 능력을 최우선으로 확보하고 있습니다.

둘째, 글로벌 경쟁력 강화입니다. 아시아 금융 및 경제 허브 자리를 싱가포르, 상하이 등에게 빼앗기지 않기 위해 도쿄를 중심으로 최첨단 오피스 및 주거 공간을 조성하여 인재와 자본을 유치하고자 하는 전략입니다.

셋째, 경제 활성화 및 자산 가치 재평가 유도입니다. 건설 투자와 인프라 개선을 통해 경제 성장의 동력을 확보하고, 장기적인 디플레이션으로 저평가된 도시 자산 가치를 재평가하여 국내외 자본의 투자를 끌어들이고자 하는 구조적 정책입니다.

도쿄, 오사카뿐만 아니라, **나고야(토카이 지역의 제조업 허브), 후쿠오카(규슈 지역의 관문이자 IT 중심지), 그리고 삿포로(홋카이도) 등**

전국의 주요 거점 도시에서도 정부 주도 및 민관 협력의 대규모 인프라 개선 및 복합 개발 계획이 동시다발적으로 진행되고 있습니다. 이러한 정책들은 각 도시의 분위기와 물리적 환경을 개선할 뿐만 아니라, 장기적으로 해당 지역 부동산의 가치를 끌어올리는 구조적 모멘텀으로 작용합니다.

[표] 일본 내 주요 도시 개발정책 및 프로젝트

도시	주요 개발 정책 및 프로젝트	투자 관점의 핵심 키워드
도쿄	• 신주쿠역 주변 재정비: 세계 최대 규모의 터미널(신주쿠역)을 보행자 중심으로 재편하고, 노후화된 서측 빌딩들을 초고층 복합 시설로 재개발(오다큐 전철 등) • 대형 복합 단지 개발: 아자부다이 힐즈(Azabudai Hills)나 토라노몬(Toranomon) 지역을 중심으로 국제 비즈니스, 고급 주거, 녹지 공간을 통합한 혁신적 도시 공간 창출 • 재난 대응 강화: 지중화 사업, 내진 보강 등 '세이프 시티(Safe City)' 구현을 위한 개발	국제 경쟁력 강화, 노후 인프라 재건축, 글로벌 기업 유치, 자산의 희소성 및 가치 유지
오사카	• 그랜드 그린 오사카(우메키타2기): JR 오사카역 북측 철도 부지를 활용한 대규모 복합 개발. '공원 안의 도시(Osaka MIDORI LIFE)'를 콘셉트로, 부지 절반 이상을 공원(45,000m²)으로 조성하고, 오피스, 호텔(월도프 아스토리아 등), 컨벤션 시설 집적 • 2025 오사카·간사이 엑스포: 엑스포 개최에 맞춰 교통 인프라 개선 및 우메키타 지역 개발 가속화 • IR(Integrated Resort) 추진: 유메시마(夢洲)에 대규모 복합 리조트(카지노 포함) 건설 계획으로, 2030년 개장 목표	대규모 행사(엑스포, IR)에 따른 경제 효과, 오피스 수요 증가, 관광 수요 폭발적 증대, 우메다 지역의 새로운 중심지 형성

도시	주요 개발 정책 및 프로젝트	투자 관점의 핵심 키워드
홋카이도	• 삿포로 중심의 지역 발전: 홋카이도 종합 개발 계획(제8차)을 통해 인구 유출을 막고 지역 거점 도시 중심의 자생력 강화 도모 • 북해도 볼파크 마스터 플랜: 니혼햄 파이터즈 야구장을 중심으로 지역 경제 및 관광 연계 시설(캠핑, 엔터테인먼트)을 결합한 대형 복합 단지 개발	지방 소멸 대응을 위한 도시 기능 집적화, 스포츠 및 관광 수요 연계, 지역 경제 활성화

자료: 각 사 언론사, Google Gemini

(3) 저금리·안정적 임대 수요의 매력: 한국의 '전세 리스크'와 비교

일본과 한국의 투자 환경을 가르는 가장 결정적인 차이는 바로 **임대차 시스템**입니다. 이는 투자자가 감수해야 하는 리스크의 성격과 수익의 형태를 근본적으로 바꿉니다. 특히 한국과 비교할 때 다음의 3가지 요인은 일본 부동산 투자를 매력적으로 만듭니다.

① 초저금리 환경이 만드는 '수익률 마진(Margin)'

일본 중앙은행의 저금리 정책 덕분에, 한국 대비 현저히 낮은 대출 이자로 부동산을 구입할 수 있습니다. 지금 한국에서 집을 살 경우 최소 연 4~5% 이자를 지불해야 하는 반면, 일본에서는 그보다 낮은 금리로 자금을 빌릴 수 있습니다. 이 금리 마진 덕분에, 임대료에서 이자를 갚고도 남는 순수익인 NOI(순영업이익)가 극대화되며, 장기간 안정적인 현금 흐름을 확보할 수 있습니다.

② 전세 없는 '월세 시장'의 예측 가능성

한국의 전세는 사실상 '무이자 대출'의 성격이 강해, 임차인의 전세금으로 부동산을 매입하는 레버리지 효과를 누릴 수 있습니다. 하지만 이는 곧 전세금 반환 리스크라는 투자자가 통제할 수 없는 고위험을 의미하기도 합니다. 반면, 일본의 월세는 리스크가 낮고 안정적입니다. 임대 수익률(Yield)은 매매가와 월세 수준에 따라 명확히 계산됩니다. 따라서 투자자는 '매달 얼마를 벌 수 있는지'를 정확히 예측하고 투자할 수 있으며, 이는 투자의 본질인 안정성을 제공합니다.

③ 전문적인 관리 시스템으로 운영 리스크 최소화

한국의 집주인이 세입자의 모든 민원(시설 수리, 계약 갱신, 퇴실 정산 등)을 직접 처리해야 하는 것과 달리, 일본은 부동산 관리 회사(Property Management, PM) 시스템이 매우 발달해 있습니다. 투자자는 PM 회사에 월 임대료의 5~7% 수준의 수수료를 지급하고, 모든 관리 업무를 대행시킬 수 있습니다. 이 시스템 덕분에 외국인 투자자라도 시간과 노력을 최소화하면서 원격으로 자산을 안정적으로 운영할 수 있으며, 이는 투자의 편리성과 효율성을 극대화하는 결정적인 장점입니다.

한국의 전세 시스템과는 아래와 같은 결정적 차이가 있습니다.

[표] 한국의 전세와 일본의 월세 시스템 비교

구분	대한민국(전세 기반)	일본(월세 기반)
임대 시스템	전세(Jeonse): 보증금이 매매가의 상당 부분을 차지(집값 상승 기대)	월세(月極): 낮은 보증금(시키킹), 매월 임대료 수취
주요 리스크	전세금 미반환 리스크(깡통전세, 역전세). 전세가율 하락 시 투자금 회수 불능 위험	공실 리스크(임차인을 못 구할 위험). 하지만 대도시 공실률은 매우 낮음

구분	대한민국(전세 기반)	일본(월세 기반)
수익의 형태	시세 차익(Capital Gain): 오직 집 값 상승에 의존	현금 흐름(Cash Flow) 및 수익률 (Yield): 매월 안정적인 월세 수입에 의존
대출 이자 감수	이자율 급변 시 대출 이자 부담이 현금 흐름을 압도하여 투자 지속이 어려움	초저금리유지로 금융 비용이 낮아, 현금 흐름을 안정적으로 확보 가능
보증금 규모	전세: 주택 가격의 70% 이상 (대규모)	시키킹: 월세의 1~2개월분 (소규모)
투자 위험	**목돈 반환 리스크** (역전세, 깡통전세)	**공실 리스크** (임차인을 못 찾을 위험)
현금 흐름	전세: 초기 수익 없음. 시세 차익 의존	야칭: 매월 안정적인 현금 흐름 발생

자료: Google Gemini

시키킹(敷金)과 야칭(家賃)

일본의 임대차 계약은 **월세(月極, 츠키기메) 중심**으로 이루어지며, 이때 투자자와 임차인이 반드시 알아야 할 두 가지 핵심 용어가 바로 '시키킹(敷金)'과 '야칭(家賃)'입니다. 정의와 주요 특징은 다음과 같습니다.

1. 시키킹(敷金, Shikikin) – 보증금

정 의

시키킹(敷金)은 한국의 보증금과 가장 유사한 개념

임차인이 임대인(집주인)에게 미리 맡겨두는 돈으로, 임차 기간 중 발생할 수 있는 월세 연체나, 임차인이 퇴거할 때 발생하는 원상 복구 및 청소 비용(크리닝 비용)을 충당하기 위해 사용됨

주요 특징

금액: 일반적으로 야칭(월세)의 1~2개월분으로 설정됨. 한국처럼 매매가의 상당 부분을 차지하는 전세 보증금과는 규모가 완전히 다름

사용 및 반환: 계약 종료 후, 임차인이 해당 부동산에 입힌 손해(임차인 귀책 사유에 의한 파손)나 특별 청소 비용 등을 공제하고 남은 금액을 임차인에게 반환함

운영 리스크: 한국의 '전세금 미반환 리스크'처럼 투자자가 목돈을 돌려줘야 하는 금융 리스크가 없음. 시키킹은 금액 자체가 적고, 임대인이 보관하는 일종의 담보금 성격이 강함

2. 야칭(家賃, Yachin) – 월세

야칭(家賃)은 한국의 월세와 동일한 개념으로, 임차인이 부동산을 사용하는 대가로 매월 임대인에게 지불하는 금액

고정 수익: 임대인(투자자) 입장에서는 매월 꼬박꼬박 통장으로 들어오는 안정적인 현금 흐름(Cash Flow)의 원천

선납 방식: 보통 해당 월의 선납이 일반적이며, 연체 없이 제때 납부하는 것이 중요

임대 수익률(Yield) 산정: 일본 부동산 투자의 성패를 가르는 핵심 지표인 임대 수익률(利回り, 리마와리)을 계산하는 기본 금액이 바로 이 야칭을 기반으로 함(연간 야칭 수입 ÷ 매매가)

3. 일본 주택의 특징 비교 및 투자 관점의 시사점

그렇다면 우리는 어떤 부동산에 투자해야 할까요? 일본 부동산을 처음 투자할 때 가장 혼란스러운 부분은 바로 우리와는 다소 다른 용어와 구조의 차이입니다. 우리는 일본 부동산 중에서도 특히 주거용 부동산 중심으로 살펴보고자 합니다.

먼저 일본 주택시장에 대해 간단히 설명하면, 일본의 총거주 주택 수는 64.1백만호입니다(2023년 기준, 총무성 집계). 2018년 대비 200만호 이상 증가했으며, 특히 도시화의 영향으로 공동주택의 비중이 크게 확대되는 추세가 뚜렷합니다. 2008년에 전체 주택 중 55.3%를 차지했던 일가구 단독주택은 2023년에 47.2%까지 줄어든 반면, 타워맨션 등 공동주택 비중이 빠르게 늘어나고 있습니다. 공동주택 증가에 따라 비목조 비중도 크게 늘어났습니다. 1993년(목조 68.1%, 비목조 31.9%) 대비 30년간 비목조 비중이 14.1%p 상승하며 도시화와 고층화 추세를 반영하고 있습니다. 한편, 고령화 및 인구 감소 영향으로 빈집도 13.8%나 됩니다.

일가구 단독주택, 공동주택, 목조, 비목조… 이런 용어들이 익숙하면서도 왜 이렇게 구분하는지에 대해서는 다소 낯설 겁니다. 이는 지진이 빈번한 일본의 지질학적 특성과, 또 경제발전 단계에 따른 건축 기술의 발달로 일본 주택 문화가 바뀌고 있는 부분을 명확하게 이해하면 납득이 갑니다. 일본 국토교통성(国土交通省, MLIT) 자료 및 데이터를 중심으로 기본적인 개념들에 대한 소개부터 시작하겠습니다.

(1) 일본 주택의 일반적 구분(소유 형태, 구조, 용도)

일본 국토교통성 자료에 따르면, 일본의 주택 구분은 일반적으로 주택의 소유 관계, 구조, 용도 등을 기준으로 구분합니다. 간단히 살펴보면 다음과 같습니다.

① 소유 형태에 따른 주택 유형 분류

이 분류는 **주택의 소유·임대 관계를 중심**으로 하며, 전용 주택, 상점 등 병용 주택, 기타 주택으로 분류됩니다. 각 유형의 정의와 특징은 다음과 같습니다.

유형	정의 및 특징
전용 주택 (專用住宅)	• 거주 전용으로 건축된 주택 • 전체 주택의 97.3%를 차지하며, 가장 일반적인 유형 • 사업용·농업용 공간이 결합되지 않음
상점 등 병용 주택 (店舗その他の併用住宅)	• 거주 공간과 상점·사무실·농림어업 작업 공간이 결합된 주택 • 전체의 2.7% 정도
기타 주택 (その他の住宅)	• 위 두 유형에 해당하지 않는 특수 주택(예: 임시 주택) • 비중이 매우 낮음(0.3% 미만)

자료 출처: 국토교통성 주택국 및 총무성 '住宅·土地統計調査' 기준, 2023년 기준 통계 반영

이 분류의 하위로, 소유 형태를 중심으로 더 세부적으로 구분하기도 합니다. 자택, 민영임대주택, 공영임대주택, 급여주택(회사 사택) 등으로 구분하며, 이는 부동산 거래나 정부 정책 측면에서 주로 사용합니다. 우리가 주로 살펴볼 주택은 자택이기 때문에, 더 자세한 설명은 생략합니다.

② 건축 형태에 따른 주택 유형 분류

주택의 물리적 구조를 기준으로 하며, 단독주택, 공동주택, 연립주택 등으로 구분됩니다. 국토교통성의 주택 건설 통계에서 공식 사용됩니다.

이 중 공동주택은 흔히 우리가 아는 '아파트'인데, 일본에서는 두 가지 형태로 존재합니다. 한국에서 흔히 생각하는 아파트는 '맨션'이며, 일본의 아파트는 주로 목조나 경량 철골로 지어진 2~3층짜리 저층 집합 주택입니다. 뒤에 투자의 시사점 파트에서 좀 더 부연해서 설명하겠습니다.

유형	정의 및 특징
일가구(一戸建): 단독주택(Detached houses)	• 하나의 세대가 독립적으로 사용하는 단독 건물 • 지상 2~3층 규모가 일반적. 빌라, 독채 등 독립 주택 • 전체 중 47.2%로, 여전히 비중이 가장 큼
공동주택(共同住宅): 아파트·맨션 (Apartments)	• 여러 세대가 하나의 건물을 공유. 고층 아파트 포함 • 아파트, 콘도미니엄, 맨션 등 공동주택 • 40.1% 비중으로, 최근 10여 년 사이에 빠르게 증가 중
장건물(長屋建): 연립주택 (Row houses/ Tenement houses)	• 인접 세대가 벽을 공유하는 저층 연립 건물 • 타운하우스, 연립주택 등 • 전체 중 10.5% 비중 차지
기타(その他, Others)	• 이동식 주택·임시 주택, 기숙사 등

자료: 국토교통성 주택국 및 총무성 '住宅·土地統計調査' 기준, 2023년 기준 통계 반영

③ 구조 재료에 따른 주택 유형 분류

건축 자재를 기준으로 하며, 정부에서 정하는 내진·내구성 정책에서 중요합니다. 일본은 지진 등에 취약한 지질학적 위험이 있기 때문에, 이러한 구분을 잘 아는 게 중요합니다. 게다가 이 구분이 시장에서 통

용되는 '(타워)맨션'과 '아파트'의 실질적 구분선이자, 자산 평가와 관련된 감가상각의 중요한 기준이 됩니다.

유형	정의 및 특징
목조(木造)	• 나무를 주요 자재로 한 주택. 전통적·저비용 • 법정 내구연한이 22년으로 상대적으로 감가상각비용 크게 들 수 있음 • 2023년 기준 54% 비중(34.7백만호). 계속 줄어들고 있음
비목조(非木造)	• 철근 콘크리트(RC)·철골(Steel) 등. 고층·내진 강함 • 법정 내구연한이 RC 47년, S 27년으로 상대적으로 가치 방어에 유리 • 2023년 기준 46% 비중. 계속 증가하고 있음

자료: 일본 국토교통성 주택국 및 총무성 '住宅·土地統計調査' 기준, 2023년 기준 통계 반영

(2) 투자 관점의 시사점 비교

지금까지 일본 주택시장의 일반적 구분에 대해 간략하게 살펴보았습니다. 그러면 투자 관점으로는 어떻게 바라봐야 할까요?

자금의 크기와 투자 목적에 따라 관심 있는 부동산이 다 다르겠지만, 일본 부동산 투자는 크게 2가지 앵글로 봐야 합니다. 먼저, 건축 형태 및 구조 재료를 살펴보고, 더불어 건물 하나를 단독 소유할지 아닐지 여부도 살펴야 합니다.

① 건축 형태 및 구조 재료에 따른 시사점

(우선 주로 투자하게 될 대상인) 단독주택, 공동주택(맨션, 아파트), 연립주택과 이 중에서도 최근 투자자들의 관심이 높은 맨션, 우리에게도 익숙한 용어인 아파트를 중심으로 살펴보겠습니다.

건축 형태와 구조 재료로 나누어서 간략하게 정리, 비교하여 설명하면 다음과 같습니다.

단독주택은 한국과 마찬가지로 하나의 토지 위에 한 가구만 거주하는 주택입니다. 그래서 주인에게 온전히 관리 책임이 있으며, 주로 토지 가치를 확보하기 위해 투자하는 경우가 많습니다. 공동주택과 연립주택은 건물 내에 여러 '호실'로 이루어져서, 토지 지분도 그에 따라 나뉘고 건물의 일부를 소유하게 되는 형태입니다. 이 중에서도 특히 공동주택은 앞서 언급한 바와 같이 한국과 조금 다른 부분이 있습니다. 우리가 생각하는 '아파트'가 일본에는 맨션과 아파트 두 가지 이름으로 존재하며, 이는 건물의 **구조**에 따라 나뉩니다.

- **맨션(Mansion, マンション)**: 주로 철근 콘크리트(RC, Reinforced Concrete) 또는 철골 철근 콘크리트(SRC, Steel Reinforced Concrete) 구조로 지어진 3층 이상의 집합 주택으로, 한국의 주상복합이나 일반적인 아파트에 가깝습니다. 내구성과 방음이 뛰어나며, 장기적인 투자를 고려할 때 선호됩니다.
- **아파트(Apartment, アパート)**: 주로 목조(木造)나 경량 철골(S造) 구조로 지어진 2~3층 규모의 저층 집합 주택입니다. 상대적으로 저렴한 임대료로 대학생이나 사회 초년생이 많이 거주하며, 건설비가 저렴해 투자 금액이 낮다는 장점이 있지만, 내구연한이 짧습니다.

맨션과 아파트는 법적으로 구분은 없으나, 목조/경량 철골은 보통 2층 이하의 저층 건물(아파트)에 사용됩니다. 더 쉬운 구분으로 Corpo(コーポ)나 Heights(ハイツ)와 같은 접두사가 건물 이름이나 마케팅에 자주 사용되므로 이 점을 참고해도 좋겠습니다.

	구분	투자 관점의 시사점
건축 형태	단독주택	관리 책임이 100% 있으나, 토지 가치 확보에 유리
	공동주택	임대 수익을 위한 주요 투자 대상. 공실 리스크 분산
	연립주택	비중이 낮으나, 상대적으로 높은 토지 지분을 가짐
구조 재료	맨션 (비목조)	장기 보유, 가치 방어, 안정적인 임대 수입
	아파트 (목조/비목조)	단기 감가상각을 통한 절세 효과 극대화

② 투자 단위의 구분: 구분 소유 vs 일동 소유의 전략적 차이

투자자가 부동산을 소유하는 방식은 '몇 개의 호실을 소유하는가'에 따라 **구분 소유**와 **일동 소유**로 나뉘며, 이는 곧 투자 규모, 리스크, 그리고 운용 통제권을 결정합니다.

'구분 소유'로 명명되는 단위 투자는 초보 투자자나 소액으로 시작하려는 경우, 혹은 투자 포트폴리오의 유동성을 높이고자 할 때 적합합니다. 한국 투자자가 일본 부동산에 처음 투자할 경우, 보통은 맨션의 한 호실을 매수하는 것으로 투자를 시작하는 것을 권합니다. 이를 통해 일본 부동산 매수 및 관리에 대한 전반의 경험을 쌓은 후 현금 흐름을 좀 더 키우거나 부동산을 통한 토지 자산 가치 상승까지 목표로 할 때 일동 소유(건물을 통째로 매입하여 소유)하는 것을 고려할 수 있습니다.

구분	구분 소유(区分所有, Kubun Shoyū) – 단위 투자	일동 소유(一棟所有, IttōShoyū) – 대규모 투자
투자 대상	맨션 또는 아파트의 **단 하나의 호실**	**건물 전체(일동 맨션/꼬마빌딩)** 및 토지

구분	구분 소유(区分所有, Kubun Shoyū) – 단위 투자	일동 소유(一棟所有, IttōShoyū) – 대규모 투자
투자 규모	소액(수천만 원~수억 원)	대규모(수억 원~수십억 원), 하이 리스크–하이 리턴
운용 리스크	**집중 리스크**: 공실 발생 시 수입 0	**분산 리스크**: 여러 호실로 공실 위험 분산
운용 통제권	**제한적**: 공용부 관리는 관리 조합에 의존, 개별 리모델링 제한	**전적 통제**: 건물 전체 리모델링 및 수선 계획 수립 가능
자산 가치	**토지 지분 낮음**: 건물의 감가상각에 취약	**토지 가치 우위**: 시간이 지나도 토지 가치로 총 자산 방어
유동성	**높음**: 매각 시장이 넓어 처분이 용이	**낮음**: 고가이므로 매수자층이 제한적, 처분 시간이 김

③ 일동 소유 투자 시 판단의 핵심: 신축(新築)과 구축(中古)의 세무적 의미

한편 구분 소유가 아닌 일동 소유로 투자하게 될 경우, 신축과 구축의 의미를 이해하는 것이 매우 중요합니다. 일본 부동산 시장에서 신축과 구축(중고)을 나누는 기준은 단순히 '새것'과 '헌것'을 넘어, 세무 회계상의 감가상각을 통한 절세 효과라는 중대한 의미를 가집니다.

일본에서 '신축'은 '건축 후 1년 이내'이며 '아직 아무도 거주한 적이 없는' 상태의 주택만을 의미합니다. 신축은 매입 가격이 높으며, 특히 세법상 건물이 새것이기 때문에 연간 감가상각비가 적게 잡혀 초기 몇 년간 절세 효과가 미미합니다. 즉, 빠르게 자본 차익을 기대하기는 어려운 투자 구조입니다.

한편 구축은 신축의 정의를 벗어난 모든 기존 주택을 의미하며, 건물을 통째로 투자할 때 주력 대상이 됩니다. 구축은 이미 감가상각이 상당 부분 진행된 낮은 가격으로 매입할 수 있어 안정적인 임대료 수준을 유지합니다. 특히 이미 법정 내구연한을 초과했거나 임박한 목조(내구연한 22년)나 경량 철골(내구연한 27년) 구조의 건물의 경우, 세법상 잔존 내용 연수(남은 기간)를 단기간(4년 또는 그 이하)으로 잡아 매우 높은 금액을 단기간에 감가상각 처리할 수 있습니다. 이는 장부상 대규모의 손실을 발생시켜 임대 수입에 대한 소득세를 획기적으로 줄여주며, 결과적으로 투자자의 순수 현금 흐름(Cash Flow)을 극대화하는 최고의 절세 전략이 될 수 있습니다.

[표] 일본 부동산의 신축과 구축 비교

구분	신축(新築, Shinchiku)	구축/중고(中古, Chuko)
정의	'건축 후 1년 이내'이며 '아직 아무도 거주한 적이 없는' 상태의 주택 또는 건물	신축의 정의에서 벗어난 모든 주택 또는 건물. 일본 부동산 투자의 주력 대상
투자 함의	가격 대비 감가상각 낮은 위험 상대적으로 높은 매입가격 세법상 건물이 새것이기 때문에 연간 감가상각비가 적게 잡힘 **→ 초기 절세 효과가 미미**	절세 및 현금흐름의 핵심. 이미 감가상각이 상당히 진행되어 상대적으로 낮은 가격으로 매입 **→ 단기 감가상각을 통한 세무적 절세 기회를 활용할 수 있음**

4. 맨션으로 투자 첫 걸음을!

투자의 기본 구조를 이해했다면, 이제 실질적인 자산 선택으로 넘어갈 차례입니다. 한 번의 투자를 통해 '임대 수익률'과 '자본차익' 두 마리 토끼를 잡을 수 있다면 좋겠지만, 자산마다 우선시되는 전략은 따로 있습니다. 결론부터 말씀드리면 일본 부동산 투자는 단기적인 시세 차익에 의존하기보다, 건물의 구조와 세금 제도를 치밀하게 분석하여 현금 흐름을 설계하는 전략이 전부라는 점을 감안할 필요가 있습니다.

일본 부동산에 첫 투자이고 수억 원 내외로 내 자산 포트폴리오를 다각화하고 싶을 경우에는 도쿄, 오사카 등 대도시의 맨션이 제일 매력적인 대상입니다. 안정적인 임대 수익을 확보하면서도 핵심 지역에서 토지 가치 상승에 따른 자본 차익의 가능성을 높여 장기적으로 자산 안전성 강화를 기대할 수 있습니다.

좀 더 적극적인 투자를 고려할 경우에는 법정 내용 연수가 임박하거나 초과한 구축 목조/경량 철골 아파트를 통해 기본적이고 공격적인 전략을 구사할 수 있습니다. 이를 통해, 세금 부담을 최소화하여 투자 원금을 빠르게 회수하는 데 집중합니다.

자, 그럼 어느 도시에 투자할지 각 도시의 매력을 탐구해 볼까요?

주요 도시별 매력 탐구: 어디에 투자할까?

일본은 도시별로 경제, 산업 구조, 관광 수요가 매우 뚜렷하게 구분되어 있어, 투자 전략 역시 지역에 맞추어 세워야 합니다.

1. 도쿄: 글로벌 자본이 집결하는 '동방의 수도', 그 부동의 가치

(1) 세계가 반한 도쿄, '뉴욕과 파리'를 위협하는 브랜드 파워

일본 부동산 투자를 고려할 때 가장 먼저 떠올릴 곳은 단연 도쿄입니다. 도쿄, 동경(東京)이라는 명칭은 '동방의 수도'라는 뜻인데, 1868년 메이지 유신을 기점으로 '에도를 도쿄로 삼는다'는 조서가 발표되며 탄생했습니다. 이는 단순히 지명이 바뀐 것을 넘어, 전통의 수도인 교토에 대응하는 '동방의 수도(Eastern Capital)'로서 새로운 시대의 중추가 되었음을 선포한 역사적 사건이었습니다. 그로부터 약 160년이 흐른 지금, 도쿄는 그 이름의 무게에 걸맞게 일본 경제와 금융의 심장부를 넘어 세계 프리미엄 자본이 집결하는 거대한 허브로 진화했습니다. 이런 유래와 더불어 CNN, 뉴욕타임즈 등 서구 해외 유수 언론에서는 도쿄를 동아시아의 핵심이라는 의미에서 '동방의 수도'로 별칭하기도 합니다. 도쿄의 국제적 위상을 알 수 있는 부분입니다.

한국 독자들에게 도쿄는 주말에 가볍게 다녀오는 여행지일지 모르지만, 글로벌 통계가 보여주는 도쿄의 위상은 상상 그 이상입니다. 모리 기념재단 도시전략연구소의 '2025 세계 도시 종합 경쟁력 지수(GPCI)'에 따르면 도쿄는 뉴욕을 제치고 사상 처음으로 세계 2위에 올라섰습니다(2024년에는 3위). 유로모니터 인터내셔널이 발표한 '2024 세계 관광 도시 랭킹'에서 도쿄는 파리와 마드리드에 이어 세계 3위를 차지했습니다. 로마, 밀라노, 그리고 뉴욕마저 도쿄의 뒤를 잇고 있다는 사실은 전 세계 여행객들이 도쿄를 얼마나 특별하게 여기는지 잘 보여줍니다. 더욱 놀라운 지표는 세계적인 브랜드 컨설팅사인 '사프란 브랜즈(Saffron Brands)'의 2025년 보고서입니다. 전 세계 111개 주요 도시를 대상으로 미래성과 체험, 실현 가능성을 평가한 이 조사에서 도쿄는 뉴욕에 이어 세계 종합 2위에 올랐습니다. 특히 주목할 점은 '체험(Experience)' 부문에서 압도적인 세계 1위를 기록했다는 것입니다. 에도 시대의 고즈넉한 전통부터 최첨단 팝 컬처, 세계 최고 수준의 미식과 청결한 거리, 그리고 밤늦게 돌아다녀도 안심할 수 있는 치안이 어우러진 도쿄에서의 경험은 전 세계 어디에서도 대체할 수 없는 독보적인 가치로 인정받고 있습니다.

도심 5구의 빌딩 숲을 지나 도쿄라는 도시의 내면을 들여다보면, 왜 전 세계 자본이 이곳으로 몰려드는지 그 진짜 이유를 발견하게 됩니다. 부동산 가치를 지탱하는 것은 결국 그 도시가 가진 '매력'과 '브랜드 파워'이기 때문입니다. 우리가 막연히 가깝고 친숙하게만 느꼈던 도쿄는,

사실 글로벌 무대에서 압도적인 성적표를 거머쥐며 전 세계인이 가장 동경하는 도시로 우뚝 서 있습니다.

(2) 돈과 사람이 모이는 '관광 르네상스', 부동산의 기초 체력을 만들다

이러한 브랜드 파워는 곧바로 천문학적인 경제적 수치로 이어집니다. 2024년 한 해 동안 도쿄를 방문한 외국인 관광객 수는 약 2,479만 명으로 사상 최고치를 경신했습니다. 전년 대비 무려 26.9%나 급증한 수치입니다. 더 놀라운 것은 그들이 지갑을 연 규모입니다. 외국인 관광객의 소비액은 약 4조 엔에 육박하며 1년 만에 43.6%라는 폭발적인 성장세를 보였습니다.

일본인 국내 관광객의 소비까지 합치면 도쿄의 연간 전체 관광 소비액은 약 **9조 5,000억 엔**에 달합니다. 한 도시에서 일어나는 소비액이 웬만한 국가의 예산을 상회하는 수준입니다. 고이케 유리코 도쿄도 지사가 "애니메이션, 음식, 에도 문화 등 도쿄만의 매력을 발전시켜 세계 최고의 관광도시를 실현하겠다"고 자신하는 배경에는, 이처럼 강력하고 실질적인 '돈의 흐름'이 뒷받침되고 있습니다.

이러한 브랜드 파워, 국제적 평가는 부동산 관점에서도 시사하는 바가 큽니다. 도쿄 부동산이 단순히 일본 내국민의 자산을 넘어, 전 세계 자산가들에게 뉴욕 맨해튼이나 런던과 대등한 수준의 매력적인 투자처, 그리고 '안전 자산(Safe Haven)'으로 평가받고 있음을 시사합니다.

도쿄 부동산 투자의 핵심은 이른바 '도심5구(치요다, 미나토, 시부야, 주오, 신주쿠)'에 집중되어 있습니다. 이곳은 일본의 정치, 경제, 문화가 맞물려 돌아가는 핵심지로, 뉴욕 맨해튼의 위상에 견줄 만합니다.

글로벌 기업과 각국 대사관이 밀집해 있어 프리미엄 자본이 지속적으로 유입되는 덕분에, 임대 수요가 매우 견고하며 장기적인 자산 방어력이 뛰어난 시장으로 손꼽힙니다.

현재 도쿄 부동산 시장의 분위기는 그 어느 때보다 뜨겁습니다. 오피스 빌딩과 맨션 모두에서 공실률이 눈에 띄게 하락하고 있습니다. 임대료 역시 꾸준한 상승 곡선을 그리고 있습니다. 특히 도심부 곳곳에서 진행 중인 대규모 재개발 사업은 시장 전반에 강력한 경기 회복의 기대감을 불어넣고 있습니다. 새로 공급되는 고기능 오피스 공간들은 경제 활동 정상화에 따른 수요를 빠르게 흡수하며 높은 평가를 받고 있으며, 이는 자연스럽게 전체적인 임대료 상승으로 이어지고 있습니다.

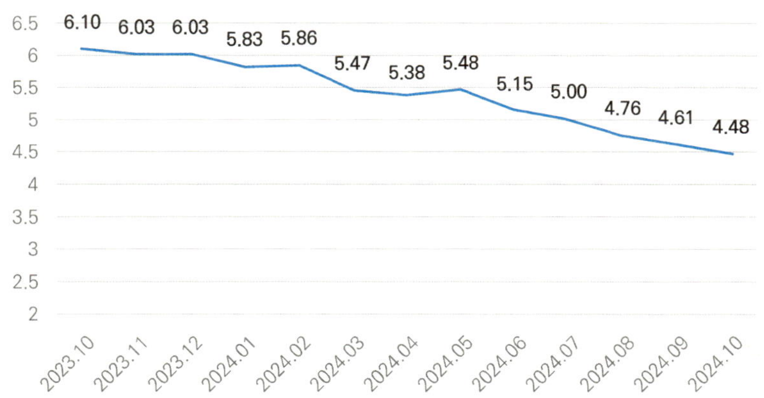

도쿄 오피스 평균 공실률 추이

자료: 미키상사 「오피스마케트」

흥미로운 점은 신축 빌딩뿐만 아니라, 상대적으로 임대료가 낮은 기존 빌딩에서도 대형 계약이 성사되고 있다는 사실입니다. 이는 도쿄라는 도시 전체의 기초 체력이 더 강화되고 있음을 의미합니다. 또한 최근 IT 기술과 AI 산업의 확산으로 급증한 스타트업들이 약속이라도 한 듯 도쿄 도심으로 모여들고 있는 점도 주목해야 합니다.

이 중에서도 미나토구와 주오구는 해외 기업의 진출과 고소득층의 거주지로 각광받으며 인구가 지속적으로 유입되고 있습니다. 시부야구는 젊은 문화의 발산지로서 세대교체가 가장 활발하게 일어나는 혁신의 상징이 되었습니다. 결국 도쿄에 투자한다는 것은 '동방의 수도'라는 역사적 정당성 위에, 세계에서 가장 강력한 도시 경쟁력이라는 미래 가치를 소유하는 일이라 할 수 있습니다.

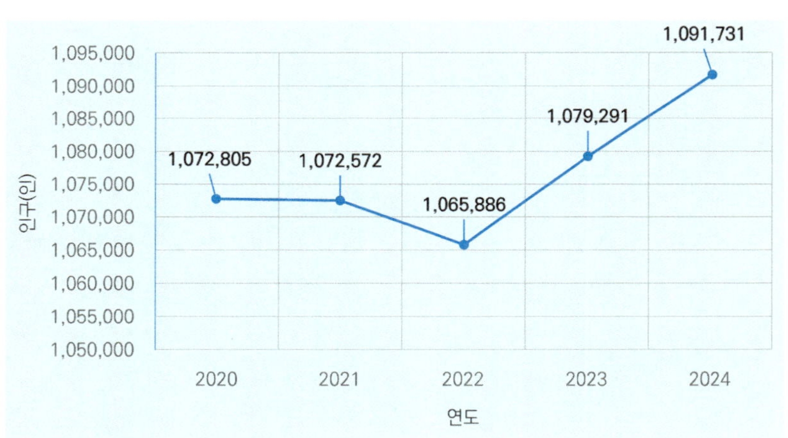

도심 5구의 인구추이

자료: 공익재단법인 특별구협외의 「23구 통계자료 23구의 인구와 세대」에서

(3) 도쿄 도심 5구 상세하게 살펴보기

도쿄의 지각 변동을 이끄는 도심 5구에 대해 좀 더 상세하게 살펴보겠습니다. 각 구(區)는 저마다의 독특한 색깔과 매력을 갖고 있어서, 투자에 앞서 이를 파악하고 이해하는 것은 중요합니다.

① **치요다: 일본의 얼굴이자 변치 않는 중추, '다이마루유'**

시부야가 역동적인 변화의 상징이라면, 치요다구는 흔들리지 않는 도쿄의 무게중심입니다. 일본 정치의 심장인 가스미가세키와 경제의 중추인 마루노우치, 오테마치가 자리한 이곳은 도쿄를 넘어 '일본의 얼굴' 그 자체입니다. 특히 마루노우치·오테마치·유라쿠초를 묶어 부르는 '다이마루유(大丸有)' 지역은 글로벌 금융기관과 대기업 본사가 밀집해 있어, 공실률이 2%대에 불과할 만큼 견고함을 자랑합니다.

치요다구를 걷다 보면 일본 경제를 선도하는 이들의 팽팽한 긴장감과 자부심이 느껴집니다. 여기에 2028년 완공 예정인 '도쿄 토치(TOKYO TORCH)' 프로젝트는 이 유서 깊은 지역에 새로운 활력을 불어넣을 준비를 하고 있습니다. 전통적인 정중함과 현대적인 장엄함이 공존하는 치요다구는, 가장 안정적인 자산을 찾는 투자자들에게는 성지와도 같은 곳입니다. 2028년, 도쿄 토치가 완성되면, 도쿄의 스카이라인이 다시 한번 바뀌게 될 것입니다. 일본에서 가장 높은 곳에서 불을 밝힐 '도쿄 토치'는, 도쿄가 왜 여전히 글로벌 자본이 가장 신뢰하는 '동방의 수도'인지를 증명하는 거대한 증거가 될 것입니다.

[도쿄 토치 프로젝트]

'도쿄 토치(횃불)'는 도쿄역 앞 도키와바시 지구를 재개발하는 거대 프로젝트로, 일본 최대 부동산 기업인 미쓰비시 지쇼(Mitsubishi Estate)가 주도하고 있습니다. 프로젝트의 핵심인 '토치 타워'는 높이 390m에 달해 2028년 완공 시 일본에서 가장 높은 마천루로 등극하며, 도쿄의 새로운 랜드마크가 될 전망입니다.
이곳은 단순한 건물을 넘어 오피스, 럭셔리 호텔, 상업 시설, 대규모 광장이 어우러진 하나의 '수직 도시(도시가 가진 다양한 기능을 수평으로 펼쳐놓는 것이 아니라,

② 미나토: 부의 정점, '3A+R'이 그리는 프리미엄 라이프

다음으로 주거용 맨션 시장에서 단연 돋보이는 곳은 미나토구입니다. 도쿄의 트렌드세터와 고소득 전문직들이 가장 살고 싶어 하는 이 지역은, 부동산 임대료 상승률이 도쿄 전체 평균의 1.4배를 상회할 만큼 뜨겁습니다. 특히 아자부, 아카사카, 아오야마를 일컫는 '3A'에 롯폰기(R)를 더한 '3A+R'은 일본 고자산가들의 자산 가치를 상징하는 고유명사가 되었습니다.

미나토구의 매력은 단순히 높은 임대료에만 있지 않습니다. 세련된 테라스 카페가 줄지어 있고, 도쿄 타워가 손에 잡힐 듯 보이는 이국적인 풍경은 보는 이로 하여금 '이곳에 살고 싶다'는 열망을 불러일으킵니다. 실제로 20~30대 전문직 여성 인구의 유입이 두드러지고, 향후 10년 뒤에도 세대수가 120% 이상 증가할 것으로 예측되는 등 미나토구는 미래 가치까지 유망합니다. 럭셔리한 도심 라이프의 정점을 보여주는 미나토구는 도쿄라는 국제도시의 매력이 가장 화려하게 꽃피는 지점입니다.

③ 시부야: '비트 밸리'의 부활과 멈추지 않는 마천루의 향연

가장 먼저 시선을 끄는 곳은 단연 시부야구입니다. 최근 도쿄 비즈니스 지구의 임대료 상승을 주도하고 있는 핵심지입니다. 도쿄 전체의 연간 임대료 상승률이 약 2% 수준인 데 반해, 시부야는 무려 8.24%라는 독보적인 수치를 기록하고 있습니다. 시부야역을 중심으로 펼쳐지는 압도적인 재개발 광경을 마주한다면 이 숫자 뒤에 숨은 에너지를 실감하게 될 것입니다.

사실 시부야는 1990년대 후반부터 IT 스타트업들이 둥지를 틀며 미국의 실리콘밸리에 빗댄 '비트 밸리(Bit Valley)'라고 불렸습니다. 일본 경제의 침체와 맞물려 한동안 잠잠했던 이 열기는 2012년부터 시작된 거대 프로젝트들과 함께 화려하게 부활했습니다. 2029년 완공될 '시부야 스크램블 스퀘어 제2기'를 향해 달려가는 이 여정은, 시부야를 '젊음의 거리'에서 '첨단 기술의 메카'로 완전히 탈바꿈하게 하는 동력입니다. 스크램블 교차로 위로 솟아오른 고기능 오피스 빌딩들은 도쿄에서 가장 가보고 싶은 세련된 스카이라인을 만들어내고 있습니다.

[시부야 스크램블 스퀘어]

시부야 스크램블 스퀘어는 시부야역 직상부에 위치한 초고층 복합 랜드마크로, 이미 완공된 제1기(동동)와 2029년 완공 예정인 제2기(중앙동·서동)로 구성된 대규모 프로젝트입니다. 야외 전망대 '시부야 스카이'로 유명한 제1기가 도쿄의 새로운 스카이라인을 열었다면, 제2기는 옛 백화점 부지를 첨단 오피스와 상업 시설로 탈바꿈시켜 시부야 재개발의 대미를 장식할 예정입니다.

이 프로젝트는 복잡한 역 주변 동선을 입체적으로 연결해 유동 인구를 흡수하는 '입체 도시'를 지향하며, 이는 시부야구가 도심 5구 중 압도적인 임대료 상승률을 기록하는 핵심 동력이 되고 있습니다. 이미 연간 8% 이상의 임대료 상승률을 기록하며 도쿄에서 가장 역동적인 성장을 보여주는 시부야지만, 전문가들은 제2기가 완공되면 시부야의 가치를 다시 한번 '퀀텀 점프'할 것으로 내다보고 있습니다.

④ 주오구: 에도의 전통과 현대적 부(富)가 만나는 '금융의 심장'

치요다구가 정치적 상징이라면, 주오구는 일본 상업과 금융의 유서 깊은 뿌리입니다. 이곳은 과거 에도 시대부터 상인들의 활기로 가득했던 곳으로, 오늘날에도 일본의 중앙은행인 일본 은행 본점과 도쿄증권거래소가 자리한 명실상부한 금융의 중심지입니다.

주오구를 가장 잘 설명하는 키워드는 단연 '긴자(Ginza)'와 '니혼바시(Nihonbashi)'입니다. 전 세계 명품 브랜드가 집결한 긴자의 거리를 걷다 보면, 화려한 쇼윈도 너머로 흐르는 도쿄의 세련된 부를 체감할 수 있습니다. 한편 니혼바시는 전통적인 도매상과 백화점이 현대적인 오피스 타워와 조화를 이루며 독특한 분위기를 자아냅니다. 최근에는 쓰키지 시장 인근과 카치도키 지역을 중심으로 대규모 타워맨션들이 들어서면서, 고소득 맞벌이 부부인 '파워 커플'들의 선호 주거지로 급부상하고 있습니다. 전통적인 상업 기반 위에 현대적인 주거 수요가 겹친 주오구는 세월이 흘러도 변치 않는 '클래식한 투자처'로서의 면모를 유감없이 보여줍니다.

⑤ 신주쿠: 하루 350만 명이 움직이는 도쿄 최고의 '에너지 센터'

마지막으로 살펴볼 신주쿠구는 도쿄에서 가장 역동적이고 유동 인구가 많은, 그야말로 '잠들지 않는 도시'입니다. 기네스북에 등재될 만큼 거대한 규모를 자랑하는 신주쿠역은 하루 평균 약 350만 명이 이용하는 교통의 요충지이자, 도쿄 서쪽 지역을 잇는 거대한 터미널입니다.

신주쿠역 서쪽으로 눈을 돌리면 도쿄 도청을 비롯한 거대한 마천루들이 장관을 이루는 니시신주쿠 오피스 지구가 나타납니다. 이곳은 대

형 오피스 빌딩들이 밀집해 있어 기업들의 선호도가 매우 높으며, 최근
에는 노후화된 빌딩들을 최첨단 복합 시설로 바꾸는 재개발 사업들이
속속 진행되며 도시의 인상을 새롭게 바꾸고 있습니다. 반면 동쪽은 이
세탄 백화점과 가부키초 등 화려한 상업 지구가 펼쳐져 전 세계 관광
객의 발길을 사로잡습니다. 상업과 업무, 교통이 완벽하게 결합된 신주
쿠는 워낙 수요가 탄탄한 덕분에 경기 변화에도 회전율이 빠르고 현금
흐름이 우수한 시장으로 평가받습니다.

도심 5구 오피스 평균 공실률 추이

자료 출처: 미키상사 「오피스마케트」

(4) 당신의 선택은 어느 '도쿄'인가요?

지금까지 살펴본 도쿄 도심 5구는 각기 다른 매력과 투자 지도를 가
지고 있습니다. 최상위 자산 방어력을 원한다면 치요다구, 프리미엄 라
이프와 장기 보유를 꿈꾼다면 미나토구, IT 혁신과 높은 투자 상승률
을 기대한다면 시부야구, 전통적인 금융 자산 투자와 동시에 도심 주거
를 원한다면 주오구, 활발한 유동성과 안정적인 현금 흐름이 중요하다

면 신주쿠구가 답이 될 것입니다.

도쿄는 160년 전 '동방의 수도'로 명명된 이후 지금까지, 멈추지 않는 재개발과 글로벌 자본의 유입을 통해 매일 새로운 역사와 가치를 써 내려가고 있습니다. 단순히 지도를 보는 것을 넘어, 이 매력적인 5개 구의 거리를 직접 걸어본다면 왜 전 세계 자본이 도쿄라는 이름 아래 집결하는지 온몸으로 느끼실 수 있을 것입니다.

도시에 활력이 넘치고 사람이 모여들면 부동산 가치는 자연스럽게 우상향합니다. 도쿄의 거리를 가득 메운 전 세계인의 활기찬 미소는, 여러분이 투자하려는 도쿄의 빌딩과 맨션의 가치가 왜 그렇게 견고한지를 증명하는 가장 확실한 증거입니다. 단순히 지표상의 1위가 아니라, 전 세계인의 마음속에서 '가장 매력적인 도시'로 자리 잡은 도쿄의 미래성(Future proof)은 지금도 실시간으로 강화되고 있습니다.

[표] 각 구의 특징 비교

구분	치요다구	미나토구	시부야구	주오구	신주쿠구
구의 성격	일본 정치·경제의 중추	글로벌 비즈니스·고급 주거 중심	IT·스타트업·젊은 문화 중심	전통 상업·금융+고급 주거	도쿄 최대 상업·교통 허브
도시 포지션	국가 기능 핵심	국제도시의 얼굴	혁신·트렌드 발신지	상업·금융의 실무 중심	다핵형 도심의 중심 거점
대표 지역	마루노우치, 오테마치, 우라쿠초	아자부, 아카사카, 아오야마, 롯폰기	시부야역 일대	긴자, 니혼바시, 츠키지, 카치도키	신주쿠, 니시신주쿠
주요 수요층	대기업 본사, 금융기관, 중앙관청	외국계 기업, 고소득 전문직	IT기업, 스타트업, 젊은 인재	상업·금융 종사자, 고소득 실수요	상업·서비스업, 외국인, 학생

구분	치요다구	미나토구	시부야구	주오구	신주쿠구
오피스 시장	초저공실·안정적	안정적이나 임대료 고가	재개발 효과로 임대료 급상승	도심 안정형, 브랜드 오피스 수요	대형 오피스 밀집, 경쟁 심화
공실률 수준	매우 낮음 (도쿄 최저 수준)	낮음	하락 추세	낮음(안정적)	중간 수준
임대료 흐름	안정적 상승	높은 수준 유지	최근 상승률 최고	완만한 상승	지역별 편차 큼
주거(맨션) 시장	제한적	도쿄 최고급 주거지	중·고급 혼재	고급 타워맨션 집중	중저가~고급 혼재
주거 수요 특징	실거주보다는 업무 중심	고소득 외국인 거주 집중	젊은 층1인 가구 비중 높음	맞벌이·도심수요	임대 수요·단기 체류 강세
유동성	낮은 유동성	인구·세대 수 증가	세대교체 유동성 매우 큼	완만한 증가· 안정	유동성 매우 큼
재개발 성격	구 주도 대형 프로젝트	업무·주거 복합 고급화	역세권 중심 대규모 재편	주거 중심 고밀도 재개발	광역 터미널· 상업 재편
대표 재개발	TOKYO TORCH	도라노몬·아자부 일대	시부야 스크램블	니혼바시· 야스에, 카치도키 타워	신주쿠 재개발 (니시신주쿠 등)
투자 리스크	수익률 제한	진입 비용 높음	경기·트렌드 민감	공급 증가 리스크	경기·상권 변화 민감
투자 성격 요약	최상위 자산 방어형	프리미엄 장기 보유형	성장·상승률 추구형	안정+ 주거 수요형	회전율· 현금흐름형

2. 오사카: 생활형 수익 부동산의 보고

(1) 국가 전략 특구 지정과 대형 프로젝트 기반의 경제 도약

도쿄가 자산의 안전성을 담보하는 시장이라면, 오사카는 높은 수익성과 강력한 개발 호재가 공존하는 기회의 땅입니다. 최근 오사카는 일본 정부로부터 「금융·자산운용 특구」로 지정되며 국제 비즈니스 도시로서의 위상을 공고히 하고 있습니다. 이는 단순히 지역 개발을 넘어 오사카가 글로벌 자본이 집결하는 금융 거점으로 도약하고 있음을 시사합니다. 특히 오사카는 도쿄, 삿포로, 후쿠오카와 함께 지정된 특구 중에서도 '미래 사회의 실현을 위한 챌린지 특구'라는 차별화된 위상을 확보하고 있습니다. 이에 따라 해외 자산운용사를 위한 세제 혜택과 행정 절차 간소화가 실행되면서, 도심 내 전문직 인구 유입과 고부가가치 오피스 수요가 급증하는 추세입니다.

이러한 정책적 기반 위에 2025년 오사카·간사이 엑스포의 성공적인 개최는 지역브랜드 가치 제고와 함께 투자 심리 개선에 긍정적인 영향을 미치고 있습니다. 또한 2030년 개장 예정된 복합 리조트(IR: Integrated Resort)를 발판삼아 긍정적인 기대는 지속될 것으로 기대됩니다. 인공섬 유메시마를 중심으로 건설 중인 아시아 최대 규모의 복합 리조트는 카지노, 컨벤션 센터, 호텔을 포함하여 연간 약 2,000만 명의 방문객과 수조 엔의 경제적 파급효과를 예고하고 있습니다. 한편, 2023년부터 개정된 '부수도 비전'에 따라 오사카는 도쿄에 집중된 수도 기능을 분담하는 강력한 경제권 형성을 목표로 하고 있어, 공공 및 민간 투자가 전례 없는 규모로 집중되고 있습니다. 이러한 대형 프로젝트들은 유메시마 같은 오사카 베이 에어리어뿐만 아니라 도심 전역의 부동산 지가를 견인하는 강력한 하방 경직성 역할을 수행합니다.

(2) 인구 구조 변화와 컴팩트 시티가 만드는 견조한 임대 수요

구체적인 투자 지역으로는 기타구(北区) 우메다 지구를 주목해야 합니다. 현재 이곳은 '100년에 한 번의 재개발'이라 불리는 '우메키타 2기(Grand Green Osaka)' 프로젝트를 통해 대규모 녹지와 초고층 빌딩군이 조화를 이루는 첨단 지구로 변모하고 있습니다. 2024년 대규모 오피스 공급에 이어, 2025년 이후에는 주오구(中央区) 요도야바시와 혼마치 지구가 금융 및 업무 기능의 중심지로 부상하며 고소득 직장인들의 배후 주거 수요를 흡수하고 있습니다. 특히 오사카는 우메다(북쪽)와 난바(남쪽)를 두 축으로 주요 상업지와 주거지가 밀접하게 연결된 컴팩트 시티(Compact City) 구조를 갖추고 있어, 직주근접을 선호하는 MZ세대와 1인 가구의 임대 수요가 매우 견조합니다.

[그랜드 그린 오사카 프로젝트]

오사카의 지도를 새롭게 그리고 있는 **그랜드 그린 오사카(Grand Green Osaka)** 프로젝트는 우메다역 북측의 옛 화물역 부지를 재개발하는 '우메키타 2기' 사업의 정식 명칭입니다. 이 프로젝트는 단순히 고층 빌딩을 짓는 것을 넘어, 세계 최대 규모의 역 직결형 도시 공원을 조성하여 도심 속에 거대한 녹지 축을 구축하는 것을 핵심으로 합니다. '미도리(녹지)와 이노베이션의 융합'이라는 콘셉트 아래, 약 45,000㎡에 달하는 대규모 공원을 중심으로 오피스, 호텔, 상업시설, 그리고 초고급 주거용 타워맨션이 조화롭게 배치되어 오사카의 새로운 랜드마크로 부상하고 있습니다.

이 프로젝트가 부동산 투자 관점에서 중요한 이유는 오사카 도심의 '부의 중심축'을 더욱 공고히 하기 때문입니다. 세계적인 건축가 안도 다다오가 설계에 참여한 문화 시설과 힐튼 그룹의 최상위 브랜드인 '월도프 아스토리아 호텔(Waldorf Astoria Osaka)', 스몰 럭셔리 호텔로 유명한 '캐노피 by 힐튼(Canopy by Hilton Osaka Umeda)' 등 럭셔리 호텔들이 입점하며 지역의 브랜드 가치를 극대화하고 있습니다. 특히 이곳에 들어서는 하이엔드 타워맨션들은 분양 당시부터 역대 최고가를 경신하며 오사카 전역의 주택 가격 상승을 견인하는 '프라이스 리더' 역할을 수행하고 있습니다.

또한 그랜드 그린 오사카는 지능형 물류, 헬스케어, 에너지 효율화 기술이 집약된 '슈퍼시티' 구상의 핵심 거점으로서 글로벌 기업들의 아시아 본부 유치에 박차를 가하고 있습니다. 2024년 9월 선행 개업을 시작으로 2027년 전체 완공을 목표로 하고 있으며, 이는 오사카가 도쿄에 대응하는 부수도로서의 기능을 수행하는 데 있어 가장 강력한 물리적 기반이 될 전망입니다. 투자자들에게 이 지역은 단순한 거주지를 넘어, 오사카의 미래 성장 잠재력이 가장 집약된 '자산 가치의 정점'으로 평가받고 있습니다.

최근의 인구 증가는 외국인 거주자의 확대가 견인하고 있다는 점에 주목해야 합니다. 오사카는 스타트업 투자 외국인을 대상으로 한 재류 자격 제도를 선제적으로 도입하여 전문 인력의 유입을 촉진하고 있습니다. 실제로 2019년 이후 외국인 인구는 지속적인 증가세를 나타내고 있으며, 이는 외국인 거주자를 대상으로 한 주택 및 임대용 부동산 공급이라는 새로운 투자 테마를 형성했습니다. 이러한 흐름 속에서 엑스포 이후 타워맨션을 중심으로 한 가격 상승 국면이 뚜렷해졌으며, 특히 기타구와 주오구 등 도심 핵심 지역에 투자가 집중되고 있습니다.

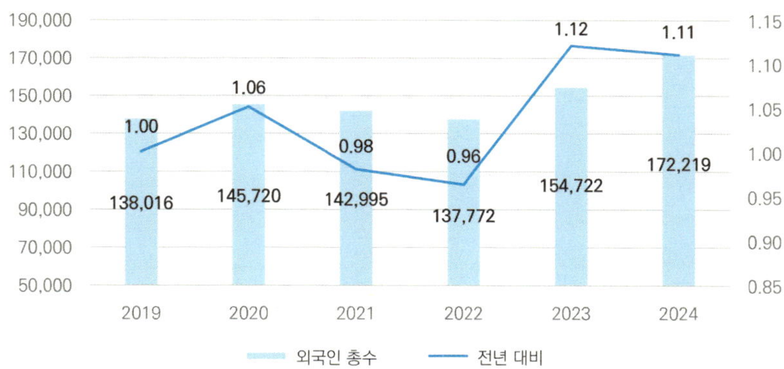

자료 출처: 오사카시 「오픈 데이터 포털 사이트」

오사카는 간사이 지방의 중심지이자 상업 중심 도시입니다. 도쿄 대비 부동산 가격이 상대적으로 저렴한 편이어서 소액 투자로도 시장 진입이 용이하고, 안정적인 임대 수익을 기대할 수 있는 생활형 수익 부동산(맨션·아파트) 물량이 풍부합니다. 많은 한국 투자자들이 첫 일본 부동산 투자처로 오사카를 고려하는 이유는 이러한 시장 여건 때문일 것입니다.

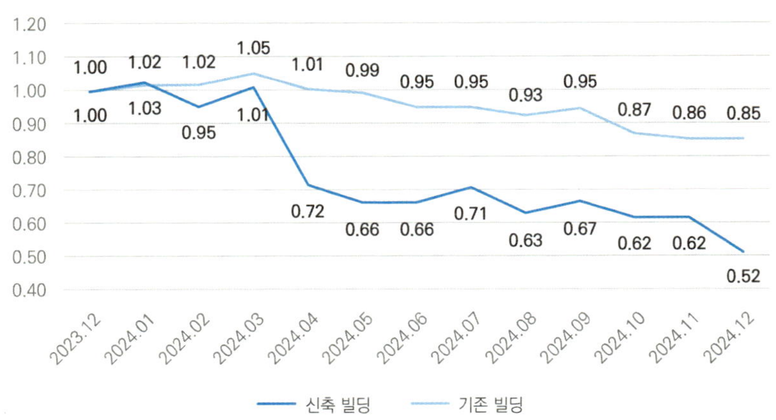

자료 출처: 미키상사 「오사카 비지니스지구」

특히 오사카는 인구 증가와 세대 수 확대가 동시에 진행되고 있으며, 이에 따라 맨션 가격 역시 상승세를 보이고 있습니다. 이러한 증가 추세가 뚜렷한 지역일수록 임대 수요가 확대되고, 그 결과 임대료 수준 또한 동반 상승하는 구조가 형성되고 있습니다.

오사카·간사이 엑스포가 성공적으로 마무리된 이후, 오사카 부동산 시장에서는 타워맨션을 중심으로 본격적인 가격 상승 국면이 나타나고 있습니다. 특히 기타구(북구)와 주오구(중앙구) 등 도심 핵심 지역에 수요와 투자가 집중되면서 당분간 인구증가와 주택 가격 상승이 동시에 지속될 가능성이 높은 것으로 판단됩니다. '100년에 한 번의 재개발', '슈퍼시티 전면 구상'이 상호작용함에 따라, 오사카시는 과거에 유례없는 성장 가능성을 보여주고 있습니다.

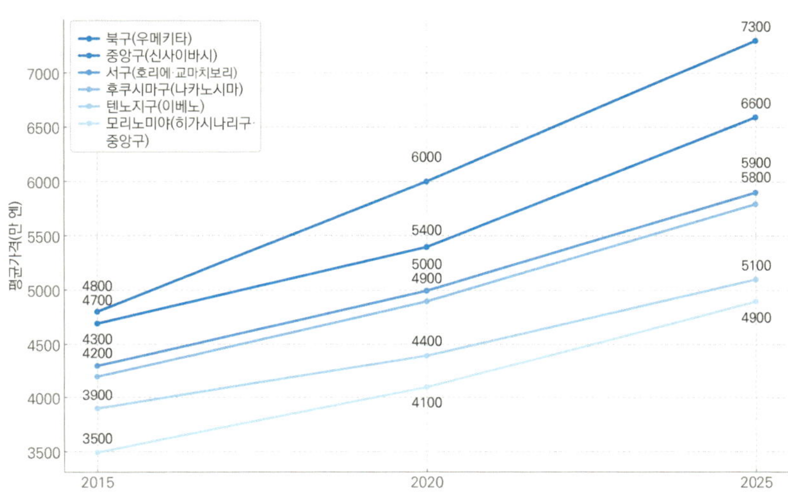

자료 출처: Erwin「오사카시 중심 5구의 중고 맨션의 시장가격」

(3) 부수도 비전과 글로벌 거주 매력도가 만드는 미래 가치

오사카는 2023년부터 「부수도 비전」을 개정하며 도쿄에 집중된 국가 기능을 분담하고, 지역의 경제적 잠재력을 극대화하는 것을 단기 목표로 설정하였습니다. 특히 2025년부터 2030년까지의 5년간을 오사카 경제의 '핵심 성장 구간'으로 규정하고 있으며, 2030년 개업 예정인 오사카 복합형 리조트(IR)를 기점으로 중장기적인 경제 성장에 대한 기대감이 최고조에 달하고 있습니다. 이러한 정책적 방향성은 단순한 도시 정비를 넘어 오사카를 아시아를 대표하는 메가시티로 도약시키고자 하는 강력한 의지의 산물입니다.

[부수도 비전 (副首都ビジョン)]

도쿄에 모든 기능이 집중된 '일극 집중' 체제의 위험을 분산하고, 오사카를 도쿄와 나란히 일본을 이끄는 **제2의 수도**로 만들겠다는 장기 국가 전략입니다. 이 비전의 핵심 내용과 부동산 시장에 미치는 함의는 다음과 같습니다.

① 부수도 비전의 핵심 목표
오사카부와 오사카시가 공동으로 추진하는 이 전략은 크게 두 가지 목적을 가지고 있습니다.

- **위기 관리(Back-up):** 거대 지진이나 재해로 인해 도쿄의 수도 기능이 마비될 경우, 오사카가 즉각적으로 그 기능을 대체하는 백업 거점이 되는 것입니다.
- **성장 견인(Growth):** 도쿄와는 차별화된 서일본 경제권의 중심지로서, 글로벌 자본과 인재를 끌어들여 일본 경제 전체의 성장을 견인하는 '서쪽의 엔진' 역할을 수행하는 것입니다.

② 구체적인 추진 내용 (4대 전략)
부수도 비전은 단순히 선언에 그치지 않고 구체적인 도시 정비와 산업 육성을 동반합니다.

- **글로벌 비즈니스 거점화:** '금융·자산운용 특구' 지정을 통해 해외 기업에 세제 혜택을 제공하고, 비즈니스 절차를 간소화하여 글로벌 금융 허브로 도약합니다.
- **인프라 대개조:** 나니와스지선(지하철 신설) 등 도심과 공항(간사이 국제공항)의 접근성을 획기적으로 개선하여 도시 전체를 컴팩트하게 연결합니다.
- **미래 산업 육성:** 라이프 사이언스(바이오), 스마트 시티, 수소 에너지 등 차세대 산업의 실증 실험장으로서 오사카를 활용합니다.
- **관광 및 MICE 거점:** 2025 엑스포와 2030 IR(복합리조트)을 통해 연간 수천만 명의 유동 인구를 수용하는 세계적인 관광 도시로 거듭납니다.

③ 부동산 시장에 주는 시사점
- **하방 경직성 확보:** 정부 주도의 강력한 수도 분산 정책은 오사카 부동산 시장에 막대한 공공 투자를 보장합니다. 이는 불황기에도 지가가 쉽게 떨어지지 않는 강력한 지지대 역할을 합니다.

- **오피스 및 고급 주거 수요 증가:** 부수도 기능 수행을 위해 대기업 지사와 글로벌 법인이 유입되면서, 고기능 오피스 빌딩과 이들을 타깃으로 한 고급 타워맨션의 수요가 지속적으로 상승하고 있습니다.
- **광역 교통망 확충의 수혜:** 부수도 비전에 따라 정비되는 신규 철도 노선 주변 지역은 향후 10년 내 가장 높은 지가 상승이 기대되는 핵심 투자처입니다.

도시의 내재적 가치를 나타내는 지표 또한 매우 긍정적입니다. 2025년 야놀자 리서치가 발표한 세계 관광도시 매력도 평가에서 오사카는 전 세계 191개 도시 중 1위를 차지하였으며, 2024년 『The Economist』의 '세계에서 가장 살기 좋은 도시' 순위에서도 9위에 이름을 올렸습니다. 이는 치안의 안전성, 수준 높은 의료 환경, 그리고 편리한 생활 인프라 등 도시의 종합적인 거주 여건이 세계적인 수준임을 입증합니다. 강화된 도시 브랜드는 지역 경쟁력을 제고할 뿐만 아니라, 지역 주민에게는 자부심을, 관광객에게는 긍정적인 체험 가치를 제공하며 인구 유입과 자본 투자가 반복되는 선순환 구조를 형성하고 있습니다.

부동산 투자 관점에서 오사카의 가장 큰 특징 중 하나는 대표적인 '컴팩트 시티(Compact City)' 모델이라는 점입니다. 약 300만 명의 인구가 거주하는 대도시임에도 불구하고, 우메다와 난바를 중심으로 주요 주거지가 핵심 상업지와 매우 가깝게 형성되어 있습니다. 이러한 직주근접의 구조는 주거 편의성과 접근성을 극대화하여 중장기적으로 주거용 부동산 수요를 안정적으로 뒷받침하는 핵심 요인이 됩니다.

다만 시장의 성숙에 따라 2027년부터 2030년 사이에는 오사카 맨션 시장 내에서도 지역별·상품별 격차가 더욱 확대될 것으로 전망됩니다. 기타구와 주오구를 비롯한 혼마치, 우메다 인근과 같은 도심 핵심

지역은 견고한 수요를 바탕으로 가격 안정성과 자산 가치를 유지할 가
능성이 큽니다. 이는 향후 오사카 투자에 있어 입지 중심의 선별적 전
략이 자산의 성패를 결정짓는 핵심 국면이 될 것임을 시사합니다.

3. 교토: 전통과 관광 수요로 빚어낸 독보적 가치

(1) '교토다움(京都らしい)'이 만드는 창조적 영감과 산업 경쟁력

교토는 전 세계 도시 브랜드 랭킹에서 늘 최상위권을 차지하는 일본의 정신적 지주이자 천년 고도입니다. 단순히 오래된 도시를 넘어 전통산업과 첨단산업이 공묘하게 공존하는 독특한 구조를 지니고 있습니다. 교토 특유의 정체성을 뜻하는 '교토스럽다(京都らしい)'라는 표현은 오늘날 교토의 고부가가치 산업을 지탱하는 핵심 동력입니다. 실제로 교토는 수많은 글로벌 혁신가들에게 영감을 주는 도시로 유명합니다. 애플의 창업자 스티브 잡스나 포켓몬GO 개발에 참여한 존 행크(John Hanke) 등은 교토의 '선(Zen)' 체험을 통해 창의적 영감을 얻었다고 알려져 있습니다.

교토가 지닌 도시 문화적 경쟁 우위에 대해 교토대학의 야마다 명예교수는 교토의 도시문화적 특성을 다섯 가지 핵심 요소로 이야기한 바 있습니다.

① **생활환경과 조화를 이루는 자연환경**: 사계절을 체감할 수 있는 경관은 다른 도시와 비교하기 어려운 경쟁우위를 지닙니다.

② **총본산·이에모토(종가)등 문화적 중심의 집적**: 일본사회에 있어서 문화적 네트워크의 핵심 조직이 집적된 도시로, 이는 본질 지향 및 진품(진짜)에 대한 의식으로 이어집니다. 사람, 정보, 자본, 상품 등 문화자원의 구심력과 원심력을 동시에 작동시키는 동력으로 기능하며,

기업 본사가 교토에 위치한다는 사실 자체가 지역브랜드 가치를 강화하는 요소로 작용합니다.

③ **문화자원의 집적**: 교토는 일본의 정치·경제·문화의 중심지로서 방대한 문화자산을 축적해 왔습니다.

④ **모노츠쿠리 산업의 집적과 공생**: 교토시는 전체 사업체 중 제조업 비중이 높은 도시로, 가격 경쟁에서 자유로운 독자적 경쟁력을 지닌 기업이 다수 존재합니다. 건강한 경쟁과 공창(共創)을 바탕으로 지속 가능한 공생적 경영환경을 의도적으로 유지하고 있습니다.

- '모노츠쿠리(ものづくり)'는 일본어로 '물건(Mono)'을 '만들기(Tsukuri)'를 합친 단어입니다. 단순히 물건을 제조한다는 기술적인 의미를 넘어, **장인 정신을 바탕으로 최고의 품질을 추구하는 일본 특유의 제조 철학**을 뜻합니다.

⑤ **창조적 인재의 집적**: 인구 구성 측면에서도 학술·예술인재의 비중이 두드러지며, 전체 인구의 약 10%가 대학생, 0.6%가 대학 교원으로 구성되어 있습니다. 공예 및 예술 종사자 비율도 높아, 이러한 인재 집적은 고도 산업 인재의 유입을 촉진하고 도시의 문화환경 전반에 큰 영향을 미치고 있습니다.

(2) 신교토전략과 희소성이 견인하는 부동산 가치의 지속성

2025년부터 추진 중인 '신교토전략'은 문화, 포용, 산업, 교육의 네 축을 중심으로 교토를 '탁월한 세계도시'로 만들겠다는 포부를 담고 있습니다. 오랜 시간 동안 교토는 폭발적인 관광 수요로 인한 '오버투어리즘(Over-tourism)' 문제, 젊은 층의 인구 유출, 그리고 경관 보존과 도시 개발 사이의 갈등이 지속되어 왔습니다. 이렇게 직면한 현실적 과제를 함께 해결하기 위해 교토시의 주도하에 학계, 산업계, 시민 대표들과 함께 머리를 맞대고 '시민의 삶의 질'과 '도시의 경제적 성장'을 양립시키기 위해 2025년부터 본격적인 시행에 들어갔습니다. 즉, 이 전략은 교토가 단순히 '과거를 보존하는 도시'를 넘어, 전 세계가 직면한 사회적 과제를 해결하고 지속 가능한 미래 가치를 창출하는 모델 도시로 거듭나기 위한 청사진입니다.

신교토전략은 향후 교토 부동산 시장에 다각적인 긍정적 변화를 불러올 것으로 전망됩니다. 우선, 이 전략은 과거 도심 특정 지역에만 편중되었던 개발 에너지를 도시 전역의 '교류 공간' 확대로 분산시키는 역할을 합니다. 이를 통해 그동안 상대적으로 소외되었던 외곽 지역의 인프라가 대폭 개선되고, 결과적으로 도시 전체의 지가가 균형 있게 상승하는 '부동산 가치의 상향 평준화'가 나타날 것으로 보입니다.

[신교토전략]

신교토전략은 교토가 직면한 현대적 위기를 극복하고 지속 가능한 미래를 설계하기 위해 탄생했습니다. 그간 교토는 폭발적인 관광 수요로 인한 '오버투어리즘(Over-tourism)'과 그에 따른 주민 생활권 침해, 그리고 보존 중심의 규제로 인한 젊은 층의 인구 유출이라는 이중고를 겪어왔습니다. 이러한 고착화된 문제를 해결하고, 단순히 '과거를 지키는 도시'에서 '미래를 선도하는 세계 도시'로 거듭나기 위해 교토시는 2025년을 기점으로 새로운 도시 발전 설계도인 신교토전략을 수립하였습니다. 이 전략의 핵심 과제는 도시의 역사적 경관을 유지하면서도 현대적 산업 경쟁력을 확보하는 '보존과 혁신의 균형'에 있습니다. 이를 위해 교토시는 도시 전역에 시민과 기업, 예술가가 자유롭게 소통할 수 있는 '교류 공간'을 확대하고, 낡은 규제를 유연하게 적용하여 도시 전체의 활력을 제고하는 것을 목표로 합니다. 결과적으로 신교토전략은 교토를 전 세계인이 동경하는 관광지를 넘어, 글로벌 인재가 모여들어 새로운 부가가치를 창출하고 시민의 삶과 조화를 이루는 '탁월한 세계도시(Excellent Global City)'로 완성하는 것을 지향하고 있습니다.

신교토전략은 크게 **문화·포용·산업·교육**이라는 네 가지 축을 중심으로 진행됩니다.

- **문화 (Culture):** 전통문화의 보존을 넘어, 이를 현대적 비즈니스나 아트테크(Art-tech)와 결합합니다. 문화 유산을 활용한 고부가가치 콘텐츠를 생성하여 전 세계인을 끌어들이는 힘을 유지합니다.
- **포용 (Inclusion):** 외국인 거주자, 고령자, 젊은 세대가 조화롭게 살 수 있는 포용적 거주 환경을 조성합니다. 특히 다문화 공생 정책을 강화하여 글로벌 인재들이 교토에 정착하기 쉬운 환경을 만듭니다.
- **산업 (Industry):** 앞서 언급한 '모노츠쿠리' 전통에 디지털 전환(DX)과 그린 전환(GX)을 입힙니다. 교토 내 스타트업 생태계를 활성화하여 대학의 연구 성과가 실제 창업으로 이어지는 '교토형 실리콘밸리'를 더욱 공고히 합니다.
- **교육 (Education):** 대학의 도시라는 강점을 활용해 학생들과 지역 사회가 교류하는 '오픈 캠퍼스 시티'를 지향합니다. 인재 교육이 곧 지역 경제 활성화로 이어지는 선순환 구조를 구축합니다.

또한 교토가 '탁월한 세계도시'를 표방하며 비즈니스 및 창업 환경을 적극적으로 개선함에 따라, 글로벌 자본의 유입 또한 더욱 가속화될 전망입니다. 이는 단순히 관광객의 방문을 넘어 해외 법인의 아시아 거점 마련이나 글로벌 투자자들의 전략적 자산 매입으로 이어지며 교토 부동산 시장의 저변을 넓히는 계기가 될 것입니다.

마지막으로, 신교토전략의 근간이 '교토다운 경관 보존'에 있는 만큼 엄격한 높이 제한과 규제는 앞으로도 유지될 가능성이 큽니다. 이러한 환경에서는 무분별한 고층 개발 대신 기존 건물의 역사적 가치를 극대화하는 리모델링이나 소규모 고품격 개발이 주를 이루게 됩니다. 이는 결국 신축 공급의 극심한 희소성을 초래하여, 기존 자산의 가치가 지속적으로 우상향하는 강력한 동력으로 작용할 것으로 기대됩니다.

(3) 외국인 투자자들도 선망하는 도시, 교토

외국인 투자가들 사이에서도 교토는 매우 인기 있는 도시입니다. 해외 부유층 투자자들에게 교토 부동산은 단순한 건물이 아닌 '가치가 하락하지 않는 문화자산'으로 평가받습니다. 특히 홍콩, 싱가포르, 타이완 등 중화권 자본은 교토의 역사적 지명도와 경관에 높은 가치를 부여합니다.

교토는 엄격한 경관 규제와 높이 제한으로 인해 타 도시처럼 대규모 신축 공급이 쉽지 않습니다. 이러한 공급의 제약은 기존 자산의 희소성을 극대화하며, 시간이 흐를수록 가치가 높아지는 구조를 만듭니다. 2020년부터 2025년까지의 상승률을 살펴보면, 나카교구와 시모교구 등 도심부는 약 12~18%, 관광 수요가 집중된 히가시야마구(기온·기요미즈 지역)는 최고 22%의 높은 상승률을 기록했습니다. 우쿄구(사가 우즈마사지역)는 외국인의 별장 수요 증가로 8~14% 상승하였고, 후시미구도 5~8%의 상승률을 보이고 있습니다. 교토의 부동산은 단기 수익률 중심의 자산이라기보다, 희소성과 장기 보유 시 문화자산으로의 가치까지 고려할 수 있는 자산이라 할 수 있습니다.

최근의 엔화 약세는 외국인 투자자들에게 더욱 유리한 진입 기회를 제공하고 있습니다. 2019년 대비 체감 가격이 약 20~30% 낮아진 시점에서 교토의 부동산은 단기 수익률을 쫓는 물건이라기보다, 장기 보유 시 문화적 가치까지 향유할 수 있는 '시간을 사는 투자'로서 그 위상을 확고히 하고 있습니다.

[표] 교토 지역별 부동산 가격 상승 동향(2020~2025)

구(지역)	주요 지역·특징	2020-2025 가격 상승률	2024-2025 동향	투자·자산 평가 포인트
나카교구/ 시모교구 (도심부)	교토 중심 업무·상업·주거 혼합 지역	약 12~18% 상승	상승 기조 지속	안정적 수요, 교통·생활 인프라 우수
히가시야마구	기온·기요미즈 관광 핵심 지역	약 15~22% 상승	상승 지속	관광 자산성·희소성 매우 높음
우쿄구	사가·우즈마사 역 일대	약 8~14% 상승	완만한 상승	외국인별장· 세컨드하우스 수요 증가
후시미구	남부 주거 지역	약 5~8% 상승	완만한 상승	실수요 중심, 가격 안정성

4. 후쿠오카: 젊은 에너지와 재개발이 빚어낸 성장의 아이콘

(1) '100년에 한 번'의 대개조, 덴진 빅뱅과 하카타 커넥티드

후쿠오카는 현재 도시 전체가 거대한 탈바꿈을 시도하고 있습니다. 후쿠오카의 도심 지도를 완전히 새롭게 그리고 있는 '덴진 빅뱅(Tenjin Big Bang)'과 '하카타 커넥티드(Hakata Connected)'는 도시의 경쟁력을 글로벌 수준으로 끌어올리기 위한 후쿠오카시의 양대 핵심 재개발 프로젝트입니다. 이 프로젝트의 핵심은 규제 완화를 통해 고기능 스마트 빌딩을 공급함으로써 글로벌 기업과 창의적인 인재를 끌어들이는 데 있습니다. 실제로 후쿠오카는 '글로벌 창업 고용 창출 특구'로 지정된 이후 아시아 비즈니스의 거점 도시로서 국내외의 뜨거운 주목을 받고 있으며, 이미 수많은 IT 기업과 스타트업이 이곳에 둥지를 틀고 있습니다.

① 덴진 빅뱅: 규제 완화를 통한 도심 혁신과 비즈니스 허브 구축

덴진 빅뱅은 후쿠오카의 최대 상업 지구인 덴진 지역을 대상으로 하는 대규모 재개발 프로젝트입니다. 이 사업의 핵심은 항공법에 따른 건축물 높이 제한을 대폭 완화하고 용적률 인센티브를 제공하여, 노후화된 저층 빌딩들을 고기능·스마트 빌딩으로 재건축하는 것입니다. '100년에 한 번'이라 불리는 이 대개조의 취지는 단순히 건물을 새로 짓는 것에 그치지 않고, 아시아의 비즈니스 거점으로서 기업과 창의적인 인재

"

가 모여들 수 있는 혁신적인 도시 공간을 창출하는 데 있습니다. 2030년까지 수십 동의 빌딩이 재탄생하며 세련된 도시 경관과 더불어 쾌적한 보행 환경이 조성될 예정입니다.

경제적 측면에서 덴진 빅뱅은 막대한 파급효과를 예고하고 있습니다. 고기능 오피스 공급이 확대됨에 따라 국내외 글로벌 기업과 IT 스타트업의 유입이 가속화되고 있으며, 이는 양질의 고용 창출과 비즈니스 생태계 확장으로 이어지고 있습니다. 부동산 시장에 미치는 함의 또한 매우 큽니다. 도심 내 핵심 입지의 자산 가치가 재평가됨은 물론, 늘어나는 전문직 종사자들을 수용하기 위한 배후 주거 수요가 폭발하며 주변 맨션 가격과 임대료 상승을 강력하게 견인하는 프라이스 리더(Price Leader) 역할을 수행하고 있습니다.

② 하카타 커넥티드: 교통의 요지를 넘어선 활력 넘치는 관문 도시

하카타 커넥티드는 규슈의 관문인 하카타역 주변 반경 500m 구역을 대상으로, 역의 활력을 주변 지역으로 확산시키기 위해 추진되는 재개발 프로젝트입니다. 하카타역은 신칸센과 지하철, 공항이 직결되는 세계적인 교통 요지임에도 불구하고 그간 주변 건물의 노후화가 과제로 남아 있었습니다. 이 프로젝트는 덴진 빅뱅과 마찬가지로 용적률 완화 등을 통해 민간 투자를 유도하며, 역세권의 기능을 고도화하고 보행 네트워크를 강화하는 것을 목표로 합니다. 이를 통해 여행객과 비즈니스맨들이 자연스럽게 머무르며 교류하는 '활력 넘치는 관문 도시'를 지향하고 있습니다.

하카타 커넥티드의 진전은 후쿠오카의 경제 지형을 더욱 견고하게 만듭니다. 하카타역 주변에 최첨단 오피스와 럭셔리 호텔이 속속 들어서면서 비즈니스와 관광이 결합된 시너지가 발생하고 있으며, 이는 MICE 산업(기업 회의(Meeting), 포상 관광(Incentives), 컨벤션(Convention), 전시(Exhibition)의 약자로, 비즈니스와 관광이 결합된 고부가가치 복합 전시 산업)의 활성화로도 이어지고 있습니다. 부동산 시장 입장에서는 하카타구의 상업용 및 주거용 부동산 가치를 동반 상승시키는 결정적인 요인이 됩니다. 특히 교통 편의성을 중시하는 젊은 세대와 외국인 투자자들에게 하카타역 인근은 가장 안정적이면서도 성장 잠재력이 높은 투자처로 인식되고 있으며, 장기적으로 도심 전체의 경쟁력을 상향 평준화하는 효과를 가져올 것으로 기대됩니다.

[그린 아시아 국제전략종합특구(Green Asia International Strategic Comprehensive Special Zone)]

① **정의:** 규슈 지역의 강점인 제조업 기반을 바탕으로, 환경 배려형 산업 혁신을 통해 아시아 경제 성장의 중심축이 되고자 하는 국가 전략 프로젝트입니다.

② **정책의 배경 및 추진 목적**
그린 아시아 국제전략종합특구는 급성장하는 아시아 시장의 환경 수요를 선점하고, 일본 제조업의 고부가가치화를 달성하기 위해 탄생했습니다. 후쿠오카현, 후쿠오카시, 기타규슈시가 공동으로 추진하며, 규슈 전역에 퍼져 있는 자동차, 반도체, 철강 등 풍부한 산업 클러스터를 '친환경(Green)' 기술과 결합하는 것이 핵심입니다. 이를 통해 환경 성능이 뛰어난 차세대 제품을 아시아 전역에 공급하고, 후쿠오카를 글로벌 기업들이 모여드는 '아시아의 그린 비즈니스 허브'로 만드는 것을 목표로 합니다.

③ **구체적인 과제와 기대효과**
이 특구 전략은 단순한 환경 보호를 넘어 파격적인 경제적 유인책을 동반합니다.

- **세제 및 금융 지원:** 특구에 진입하는 기업에게 법인세 감면, 설비 투자에 대한 특별 상각, 저금리 융자 등의 혜택을 제공합니다. 실제로 2024년 3월 말 기준, 약 80개 기업이 이 제도를 활용하고 있으며, 4,000억 엔 이상의 설비 투자와 3,000명 이상의 신규 고용 창출이라는 실질적인 성과를 거두었습니다.
- **그린 이노베이션 가속화:** 차세대 자동차(EV), 태양광 발전 기술, 자원 재활용 기술 등 환경 분야의 연구개발부터 양산까지 전 과정을 지원하여 규슈를 '친환경 제조의 성지'로 탈바꿈시키고 있습니다.
- **글로벌 인재 유입:** 스타트업 및 IT 기업의 진출이 활발해지면서, 고도의 기술력을 갖춘 전문 인력들이 후쿠오카로 모여드는 인재 집적 효과를 창출하고 있습니다.

④ 경제 및 부동산 시장에 미치는 함의

그린 아시아 특구 정책은 후쿠오카 부동산 시장의 기초 체력을 강화하는 결정적인 역할을 합니다.

- **산업용 부동산의 가치 상승:** 대규모 설비 투자와 공장 유입은 배후 산업 단지와 오피스 시장의 수요를 직접적으로 견인합니다. 특히 IT와 그린 기술이 융합된 고기능 오피스에 대한 수요가 급증하며 하카타와 덴진 지역의 공실률 저하에 크게 기여하고 있습니다.
- **고소득 실거주 수요 창출:** 특구를 통해 창출된 양질의 일자리는 젊은 전문직 종사자들을 후쿠오카로 불러 모읍니다. 이는 도심 내 중고급 렌털 맨션의 수요를 안정적으로 뒷받침하며, 장기적으로 임대료 수준을 상향 평준화하는 동력이 됩니다.
- **자산 가치의 상향 안정화:** 국가 주도의 전략 특구라는 타이틀은 투자자들에게 높은 신뢰를 제공합니다. 경기 변동에 민감한 관광업에만 의존하지 않고 탄탄한 제조업 및 기술 기반을 갖추고 있다는 점은 후쿠오카 부동산이 가진 '성장성과 안정성'을 동시에 보장하는 강력한 지표가 됩니다.

⑤ **결론:** 그린 아시아 국제전략종합특구는 후쿠오카를 단순한 지방 도시에서 '친환경 기술로 무장한 글로벌 산업 거점'으로 격상시키고 있습니다. 부동산 투자자 입장에서는 이러한 산업적 기반이 탄탄한 지역을 중심으로 포트폴리오를 구성할 때, 보다 안정적이고 지속적인 수익 창출이 가능할 것으로 보입니다.

이러한 적극적인 노력은 수치로도 증명됩니다. 2024년 9월 말 기준 세대 수는 2019년 대비 8.68% 증가했으며, 매년 1만 8천 명 이상의 전입 초과 상태가 지속되며 젊은 인구가 끊임없이 유입되고 있습니다. 특히 '그린 아시아 국제전략종합특구' 지원을 통해 4,000억 엔 이상의 설비 투자와 3,000명 이상의 신규 고용이 창출되는 등 경제적 파급효과가 실질적인 지가 상승으로 이어지고 있습니다. 2024년 말 기준 오피스 공실률은 낮아지고 있으며, 고기능 오피스에 대한 수요는 공급이 따라가지 못할 정도로 폭발적입니다. 이는 삿포로, 센다이, 히로시마 등 이른바 지방 4대 도시 중에서도 후쿠오카가 지가 상승률과 기업 진출 측면에서 압도적인 1위를 기록하고 있는 점에서도 알 수 있습니다.

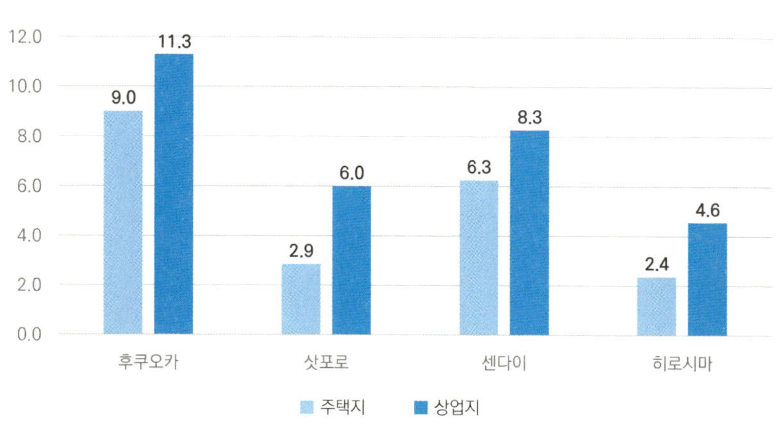

지방 4대 시 레이와 7년(2025) 지가공시가격 전년 대비 변동률

자료 출처: 국토교통성 「레이와 7년(2025년) 지가 공시의 개요」

이와 같은 성장은 단기적인 현상에 그치지 않고 향후 수십 년간 지속될 것으로 전망됩니다. 후쿠오카시의 장래 인구 추계에 따르면, 일본의 전반적인 인구 감소 추세와는 대조적으로 후쿠오카는 2040년경 약

170만 명으로 정점에 도달할 것으로 보입니다. 특히 주목해야 할 지표는 세대 구조의 급격한 변화입니다. 2020년 기준 약 83만 세대였던 후쿠오카의 세대 수는 1인 가구의 비중이 비약적으로 확대됨에 따라 2050년경 약 118.6만 세대까지 증가할 것으로 예측됩니다. 특히 현재 약 51.9%인 1인 세대 비율이 2050년에는 65.9%에 육박할 것으로 예상되는데, 이러한 소형 가구의 폭발적인 증가는 렌털 맨션을 중심으로 한 주거용 부동산 시장에 강력하고 안정적인 임차 수요를 제공할 것입니다. 이미 하카타 등 핵심 지역의 임대료가 전년 대비 약 13% 상승하며 공실률이 최저치를 기록하고 있는 만큼, 미래의 가구 구조 변화와 맞물린 후쿠오카 임대 시장은 장기 우상향의 안정적인 흐름을 지속할 것으로 판단됩니다.

[표] 후쿠오카의 현재와 미래 전망

항목	현재(2025)	미래 (2040~2050)
인구	165만 명	2040년에는170만 명 예측
세대수	2020년: 약 83만 세대 (1인 세대 51.9%)	2050년: 약 118.6만 세대 (1인 세대 65.9%)
임차수요/ 가격	하카타 지역 임대료 13% 상승 공실률 저하	1인 세대 증가로 인한 수요지속 임대시장은 안정적

인구 유입에 따른 임대 수요의 확대는 자연스럽게 임대료 상승으로 이어지고 있으며, 지역별로 차별화된 양극화 양상을 보이고 있습니다. 후쿠오카시의 월세 가격을 살펴보면, 기업 오피스와 상업 시설이 밀집한 주오구(中央区)의 평방미터(㎡)당 단가가 3,210엔으로 가장 높은

수준을 형성하며 시장을 주도하고 있습니다. 이어 주요 교통 관문이자 재개발 호재가 집중된 하카타구(博多区)와 쾌적한 주거 환경 및 교육 여건으로 인기가 높은 사와라구(早良区) 역시 2,000엔대 중후반의 임대료를 형성하며 견조한 상승세를 유지하고 있습니다. 후쿠오카시 전체 평균 임대료 수준이 꾸준히 상승하는 가운데, 덴진 빅뱅과 하카타 커넥티드 프로젝트의 영향권에 있는 이들 핵심 지역은 앞으로도 수요가 집중되며 타 지역 대비 높은 임대료 상승률을 기록할 것으로 전망됩니다.

후쿠오카시 임대맨션 평균임대료(㎡단위)

주오구	사와라구	하카타	히가시구	니시구	미나미구	조난구	평균
3,210	2,022	1,971	1,786	1,764	1,575	1,426	1,965

자료 출처: 하트마크 「전국 통계 데이터」

(2) 세계 최고의 접근성과 '먹거리의 보물창고'가 만드는 삶의 질

후쿠오카 부동산 시장의 미래가 유망한 또 다른 이유는 독보적인 도시 효율성에 있습니다. 공항에서 지하철로 하카타역까지 5분, 도심인 덴진까지 11분 만에 연결되는 세계 최고 수준의 접근성은 후쿠오카를 완벽한 '컴팩트 시티'로 만듭니다. 도심의 편리함과 바다, 산 등 풍부한 자연환경을 1시간 이내에 모두 누릴 수 있는 주거 환경은 최근 디지털 노마드들이 후쿠오카를 거점 도시로 선택하게 하는 강력한 유인책이 되고 있습니다. 시 당국 역시 디지털 노마드 유치 프로그램을 적극 추진하며 도시의 외연을 세계로 확장하고 있습니다.

또한 후쿠오카는 '미식의 도시'로서 파리나 밀라노에 필적할 만한 풍부한 먹거리 자산을 보유하고 있습니다. 신선한 식자재와 다양한 레스토랑이 즐비한 '먹거리의 보물창고'라는 명성은 관광 수요를 견인하는 핵심 요소입니다. 실제로 외국인 관광객 수는 390만 명을 돌파하며 전년 대비 1.4배 성장했으며, 특히 한국인 관광객 비중이 57.3%에 달할 정도로 압도적인 지지를 받고 있습니다. 외국인 관광객의 카드 소비액이 전년 대비 65% 증가하며 쇼핑과 외식 산업이 활성화되는 선순환 구조는 상업용 부동산의 가치를 더욱 공고히 합니다.

임대차 시장에서는 지역별 양극화가 뚜렷하게 나타나고 있습니다. 기업 오피스가 집중된 주오구의 평방미터당 임대료 단가는 3,210엔으로 가장 높으며, 하카타구 역시 재개발 이슈와 맞물려 가파른 상승세가 예상됩니다. 도쿄나 오사카에 비해 상대적으로 낮은 초기 투자 비용으로 진입할 수 있으면서도, 국가전략특구 지정과 첨단산업 진출이라는 강력한 정책적 뒷받침이 있는 후쿠오카는 장기적인 자산 성장을 목표로 하는 투자자에게 최적의 선택지가 될 것입니다.

첫 발을 떼기 전, 준비와 절차

1. 기본정보: 일본등기와 임대차제도의 특징

일본 부동산 시장에 발을 들이기 전, 한국의 상식과 가장 충돌하는 지점이 바로 등기와 임대차 제도입니다. 일본은 철저히 '실제 사용권'과 '권리관계의 투명성'을 중시하는 시장입니다.

(1) 토지와 건물의 등기가 분리된 시장

한국과 마찬가지로 일본도 토지와 건물의 등기부가 각각 존재합니다. 하지만 실무적으로 주의할 점이 있습니다.

- **소유권의 확실성:** 일본은 법무국에서 관리하는 등기 시스템이 매우 체계적입니다. 외국인이라도 인감증명서(또는 서명인증서)와 주소증명서만 있다면 일본인과 동일한 권리를 보호받으며 등기할 수 있습니다.
- **아파트(맨션)의 부지권:** 단독주택과 달리 현대식 맨션은 한국처럼 토지 지분이 건물에 귀속된 '부지권(敷地権)' 형태가 일반적입니다. 매수 시 건물의 전유부분과 토지 사용권이 일체화되어 있는지 확인이 필요합니다.
- **대항력의 발생:** 일본에서는 임차인이 실제로 건물을 점유하고 있는 경우, 별도의 등기 없이도 제3자에 대한 임차권 주장이 폭넓게 인정되는 경향이 강합니다. 그 결과, 투자자가 해당 부동산을 매수할 경우 기존 임차인의 지위를 원칙적으로 그대로 승계하게 되며, 이는 매입 후 임대 전략 변경이나 명도가 한국보다 훨씬 까다롭다는 점을 의미합니다.

(2) '전세'가 없는 100% 월세 시장

한국 투자자에게 가장 생소한 점은 일본에는 '전세' 제도가 아예 없다는 사실입니다.

- **모든 수익은 월세 기반:** 일본의 임대차는 매달 월세를 받는 구조입니다. 따라서 목돈을 굴려 수익을 내는 방식이 아니라, 안정적인 현금 흐름(Cash-flow)을 창출하는 것이 투자의 핵심입니다.
- **투자 구조의 차이:** 이는 일본 부동산 투자가 한국식 레버리지 중심의 단기 차익형 투자보다는, 보유 기간 동안의 장기적이고 안정적인 현금 흐름을 중시하는 시장임을 의미합니다.
- **시키킹(보증금)의 성격:** 보증금이 존재하긴 하지만, 월세의 1~2개월분 수준으로 매우 소액입니다. 이는 한국처럼 보증금을 끼고 집을 사는 '갭투자'가 사실상 불가능하다는 것을 뜻합니다.

(3) 임차인의 권리를 강력하게 보호하는 '차지차가법'

일본의 임대차 제도는 기본적으로 '차지차가법(借地借家法)'이라는 법령에 의해 운영됩니다. 이 법의 핵심 기조는 '약자인 임차인을 보호'하는 것입니다. 그러나 2000년에 정기 임대차 계약이 도입되면서, 임대인은 사정에 맞게 세입자에게 임대를 할 수 있는 선택권이 생겼습니다.

① 보통 임대차 계약(Ordinary Lease, 普通借家契約)

보통 임대차는 일본의 '차지차가법'에 따라 임차인을 강력하게 보호하는 고전적인 방식입니다. 임차인의 거주권이 우선되는 사실상의 장기·반영구적 운용 방식이기 때문에, 투자자에게는 일종의 수동적인 관리 체계가 요구됩니다.

- **투자 메커니즘:** 계약 기간이 끝나더라도 임차인이 갱신을 원하면 임대인은 이를 거부할 수 없습니다. 임대인이 갱신을 거절하려면 '정당한 사유'가 있어야 하는데, 법원은 임대인의 필요성뿐만 아니라 임차인의 거주 기간, 대체 주거 가능성, 이전 보상(퇴거료) 여부 등을 종합적으로 고려하므로 해지 문턱이 매우 높습니다.
- **수익적 관점:** 임대료 인상이 매우 어렵습니다. 장기간 시세 괴리가 누적된 경우에는 법원을 통해 조정을 시도할 수 있으나, 그 폭은 시장 상승률보다 상당히 보수적으로 결정되는 것이 일반적입니다.
- **매각 시 제약(Exit):** 실거주자가 아닌 투자자에게만 매도할 수 있는 '오너 체인지' 물건이 됩니다. 매수 타깃층이 좁아지며, 실거주용 매물보다 낮은 가격에 거래되는 경향이 있어 환금성 면에서 불리할 수 있습니다.

② 정기 임대차 계약(Fixed-term Lease, 定期借家契約)

2000년에 도입된 정기 임대차는 계약 기간이 끝나면 확정적으로 계약이 종료되는 방식입니다. 한국의 임대차 계약과 비슷한 개념으로, 보통 임대차 계약보다 임대인이 타임라인을 통제하는 능동적이고 수익 최적화된 방식으로 볼 수 있습니다. 임대료 최적화와 매각 프리미엄을 기대할 수 있다는 장점이 있지만, 투자자가 감당해야 하는 단점도 있습니다. 이를테면, 세입자 확보를 위해 상대적으로 임대료를 낮게 책정하거나 절차 관리에 어려움이 있을 수 있습니다.

장점	• **시세 반영의 용이성:** '갱신'이 아닌 '신규 재계약' 형태이므로, 시장 임대료를 온전히 반영한 조건 제시가 가능. 상승장에서 수익률을 극대화하기에 최적 • **환금성 극대화:** 매각 시점에 계약을 종료시켜 '빈집' 상태로 인도가 가능. 이는 실거주 목적의 매수자(End-user)에게 시세대로 팔 수 있음을 의미하며, 지역 및 시황에 따라 투자자 대상 매도 시보다 높은 프리미엄을 기대할 수 있음
단점	• **초기 수익 희생:** 주거 불안정성으로 인해 보통 임대차보다 월세를 5~10% 정도 낮게 책정해야 임차인이 확보되는 경우가 많음. 이는 명도 권리를 사기 위한 기회비용으로 간주해야 함 • **절차적 무효 리스크:** 정기 임대차는 절차 관리가 핵심. 계약 전 별도의 서면 고지 의무를 누락하거나, 기간 만료 6개월 전 종료 통지를 하지 않는 등 절차상 하자가 발생하면 법정 계약 즉시 '보통 임대차'로 강제 전환되는 치명적인 리스크가 있음 • **수요층의 한계:** 이사 빈도가 낮은 개인 임차인은 기피하는 경향이 있어, 법인 사택 수요가 없는 지역에서는 공실 기간이 길어질 수 있음

정기 임대차는 '계약서 한 장'의 문제가 아니라 '절차 관리'의 문제입니다. 도심 핵심 지역에서 수익률을 높이고자 한다면 정기 임대차를 선택하되, 반드시 이러한 행정 절차를 완벽히 수행할 수 있는 검증된 전문 관리회사(PM)와 파트너십을 맺어야 합니다. 반면, 일본 현지 관리가 어렵고 장기적인 안정성을 중시한다면 보통 임대차를 통해 관리 부담을 낮추는 것이 전략적일 수 있습니다.

핵심 지표	보통 임대차(Stable/Passive)	정기 임대차(Yield/Active)
운용 목적	장기 공실 방지 및 관리 편의성	수익률 극대화 및 엑시트 가치 제고
임대료 조정력	매우 낮음(보수적 조정)	매우 높음(재계약 시 시세 반영)
자산 유연성	낮음(임차인 퇴거 통제 불가)	높음(원하는 시기에 명도 가능)
적합한 매물	지방 도시, 구축 소형 맨션	도심 핵심 지역, 신축급, 대형 평수

(4) 등기부등본을 통해 부동산의 건강 상태를 확인하자

일본 등기부등본은 권리관계 외에도 해당 부동산의 '건강 상태'를 보여줍니다.

- **압류 및 가압류:** 일본은 세금 체납에 따른 압류 처리가 매우 빠릅니다.

- **관리비 및 수선적립금 체납:** 가장 주의할 점은 관리비나 수선적립금 체납 사실은 **등기부등본상에서 확인되지 않는다**는 점입니다. 이는 반드시 관리조합에서 발행하는 '체납 확인서'를 통해 별도로 검증해야 합니다. 일본 구분소유법(建物の区分所有等に関する法律) 제8조에 따라 특정승계인(매수인)은 구분 소유자가 규약에 따라 부담하는 채무를 승계하므로, 전 소유자의 체납액이 새 주인에게 그대로 승계됩니다. 계약 전 이 부분을 놓치면 예상치 못한 부채를 떠안게 될 수 있습니다.

- **장기수선계획의 확인:** 등기부에는 나오지 않으나 향후 예정된 대규모 수선 공사가 있는지, 그로 인해 수선적립금이 인상될 계획이 있는지 '중요사항 설명서'를 통해 반드시 점검해야 실질 수익률을 지킬 수 있습니다.

2. 일본 부동산 등기부등본의 구조 이해

(1) 기본편: 표제부 - 갑구 - 을구의 역할

일본 부동산 투자에서 가장 먼저 확인해야 할 문서는 등기사항증명서(登記事項証明書, 이하 등기부)입니다. 생김새는 한국의 등기부등본과 유사해 보이지만, 구조와 해석 방식은 상당히 다릅니다. 일본의 등기부는 크게 표제부와 권리부로 구성되며, 권리부는 다시 갑구(甲区)와 을구(乙区)로 나뉩니다. 이 세 영역의 역할을 정확히 구분해 이해하는 것은 매우 중요합니다.

① 표제부(表題部): 부동산의 객관적 현황

표제부에는 해당 부동산의 물리적·객관적 정보가 기재됩니다. 토지의 경우 소재지, 지번, 지목, 면적이 기재되며, 건물의 경우에는 구조, 용도, 연면적, 건축 연도 등이 중심입니다. 여기서 한국 투자자가 반드시 기억해야 할 점은, **일본은 토지와 건물을 각각 독립된 부동산으로 취급한다**는 사실입니다. 하나의 주택이더라도 토지 등기부와 건물 등기부를 각각 확인해야 하며, 이 중 하나라도 누락되면 권리관계를 오인할 수 있습니다.

② 권리부 갑구(甲区): 소유권에 관한 사항

갑구에는 해당 부동산의 소유권에 관한 모든 사항이 기재됩니다. 최초 소유권 보존등기부터 매매·상속·증여에 따른 소유권 이전까지, 권리 변동의 내역이 시간 순서대로 누적됩니다. 일본 등기의 특징은 권리 변동 이력이 매우 명확하게 기록된다는 점입니다. 따라서 갑구를 통해 현재 소유자뿐 아니라, 어떤 경로를 통해 소유권이 이전되어 왔는지, 과거 이력까지 확인할 수 있습니다. 외국인 역시 일본인과 동일하게 갑구상 소유자로 등기될 수 있으며, 일본은 외국인의 부동산 소유에 대해 별도의 제한을 두지 않는 국가 중 하나입니다.

③ 권리부 을구(乙区): 담보권에 관한 사항

을구에는 저당권, 근저당권 등 담보권이 기재됩니다. 실무적으로 일본 부동산 투자에서 가장 중요한 부분이 바로 이 을구입니다. 을구에 담보권이 설정되어 있다면, 해당 부동산은 금융기관 등에 담보로 잡혀 있다는 의미입니다. 매입 시에는 담보의 존재 여부와 함께, 매매 과정에서 말소가 확실히 이루어지는지를 반드시 확인해야 합니다.

[일본 등기사항증명서]

東京都特別区南都町１丁目１０１ 　　　　　　　　　　全部事項証明書 　　　（土地）

表　題　部 　（土地の表示）	調製 [余白]		不動産番号	０００００００００００００
地図番号 [余白]		筆界特定 [余白]		
所　在 　特別区南都町一丁目		[余白]		

①　地　番	②地　目	③　地　　積　　㎡	原因及びその日付〔登記の日付〕
１０１番	宅地	３０００：００	不詳 〔平成２０年１０月１４日〕

所　有　者　　特別区南都町一丁目１番１号　甲　野　太　郎

権　利　部　（甲　区） 　　（所　有　権　に　関　す　る　事　項）			
順位番号	登　記　の　目　的	受付年月日・受付番号	権　利　者　そ　の　他　の　事　項
１	所有権保存	平成２０年１０月１５日 第６３７号	所有者　特別区南都町一丁目１番１号 　甲　野　太　郎
２	所有権移転	令和１年５月７日 第８０６号	原因　令和１年５月７日売買 所有者　特別区南都町一丁目５番５号 　法　務　五　郎

権　利　部　（乙　区） 　　（所　有　権　以　外　の　権　利　に　関　す　る　事　項）			
順位番号	登　記　の　目　的	受付年月日・受付番号	権　利　者　そ　の　他　の　事　項
１	抵当権設定	令和１年５月７日 第８０７号	原因　令和１年５月７日金銭消費貸借同日設定 債権額　金４，０００万円 利息　年２・６％（年３６５日日割計算） 損害金　年１４・５％（年３６５日日割計算） 債務者　特別区南都町一丁目５番５号 　法　務　五　郎 抵当権者　特別区北都町三丁目３番３号 　株　式　会　社　南　北　銀　行 　（取扱店　南都支店） 共同担保　目録(あ)第２３４０号

共　同　担　保　目　録			
記号及び番号	(あ)第２３４０号		調製　令和１年５月７日

番　号	担保の目的である権利の表示	順位番号	予　　　備
１	特別区南都町一丁目　１０１番の土地	１	[余白]
２	特別区南都町一丁目　１０１番地　家屋番号　１０１番の建物	１	[余白]

(2) 심화편: '확인'에서 '판단'으로

기본편에서 등기부의 구조를 이해했다면, 이제는 그 정보를 어디까지 읽어야 투자 판단이 가능한지를 살펴볼 차례입니다. 등기부는 단순한 확인 서류가 아니라, 과거의 거래 이력과 잠재적 리스크를 동시에 담고 있는 문서입니다.

表題部（土地の表示）			調整	平成○年○月○日	不動産番号	××
地図番号	余白		筆界特定			
所在	品川区下大崎三丁目			余白		
①地番	②地目	③地積　　㎡		原因及びその日付〔登記の日付〕		
3210番226	宅地	1134:47		平成○年○月○日 〔平成○年○月○日〕		
所有者	大阪市大淀川区伊倉1丁目1番1号　　坂根大介					

権利部（甲区）（所有権に関する事項）			
順位番号	登記の目的	受付年月日・受付番号	【権利者その他の事項】
1	所有権敷地権	余白	建物の表示 品川区下大崎三丁目3210番地226 一棟の建物の番号　マンションエナカス 平成○年○月○日登記

権利部（乙区）（所有権以外の権利に関する事項）			
順位番号	登記の目的	受付年月日・受付番号	【権利者その他の事項】
1	地役権設定	平成3年2月10日	目的　通行 範囲　東側20㎡ 要役地　品川区下大崎三丁目19番1 地役権図面　第19号

① 표제부 심화: 숫자보다 중요한 정합성과 면적의 비밀

우선 건물 구조와 실제 현황이 일치하는지, 연면적과 도면 및 분양 자료 간에 차이는 없는지, 증축·개축 흔적이 있음에도 등기상 반영되지 않은 부분은 없는지 점검해야 합니다.

특히 아파트(맨션) 투자 시 주의할 점은 **면적의 산출 방식**입니다. 분양 카탈로그에는 벽의 중심을 기준으로 하는 '벽심(壁芯) 면적'이 기재되지만, 등기부에는 벽 안쪽 면적만 측정하는 '내법(內法) 면적'이 기재됩니다. 따라서 등기부상 면적이 카탈로그보다 작게 나오는 것은 자연스러운 현상이며, 이를 미리 알고 있어야 불필요한 오해를 줄일 수 있습니다. 이러한 점검은 향후 매각이나 담보 설정 과정에서 분쟁 가능성을 줄이는 중요한 사전 작업입니다.

② 갑구 심화: 현재 소유자보다 '이전 과정'의 맥락

갑구는 단순히 "누가 소유자인가"를 확인하는 곳이 아닙니다. 심화 단계에서는 왜 이 사람이 소유자가 되었는지를 읽어야 합니다.

- **소유권 이전 사유의 흐름:** 소유권 이전의 원인(매매, 상속, 증여 등)이 반복적으로 나타난다면, 그 자체로 해당 부동산의 자금 활용 이력을 보여줍니다. 단기간 내 반복 매매, 특정 개인·법인을 중심으로 한 순환 이전, 소유권 이전 직후 담보 설정이 이어지는 구조 등은 해당 부동산이 투자·금융 목적 자산으로 활용되어 왔을 가능성을 시사합니다.

- **가등기(仮登記)와 권리의 불완전성:** 갑구에 가등기가 남아 있다면, 이는 장래의 권리 변동 가능성이 완전히 해소되지 않았다는 신호입니다. 가등기는 작은 표시처럼 보이지만, 실무에서는 권리 분쟁의 출발점이 되는 경우가 많습니다. 매입 전 반드시 본등기로의 전환 여부나 말소 책임 주체를 확인해야 합니다.

③ 을구 심화: 담보의 '성격'과 '공동담보'의 함정

을구는 일본 부동산 투자에서 핵심 판단 영역입니다.

- **근저당권 중심 구조:** 일본에서는 특정 채무액을 기준으로 한 저당권보다, 채권 최고액을 설정하는 근저당권이 일반적입니다. 채권 최

고액이 과도하게 설정되어 있다면, 해당 부동산은 잠재적으로 높은 금융 리스크를 안고 있다고 볼 수 있습니다.

- **공동담보목록(共同担保目録) 확인:** 일본 부동산은 여러 채의 부동산을 묶어 대출을 받는 경우가 많습니다. 이때 등기부 을구 하단에 '공동담보목록'이 있는지 반드시 확인해야 합니다. 만약 목록이 있다면 내가 매수하는 물건 외에 다른 부동산이 함께 담보로 잡혀 있다는 뜻이므로, 잔금 시 내 물건에 대한 담보권만 정확히 말소되는지 법무사를 통해 철저히 검증해야 합니다.

- **'말소 예정'이라는 표현의 한계:** '잔금일에 말소 예정'이라는 표현은 등기부상 사실이 아니라 계약상의 약속에 불과합니다. 등기부에 남아 있는 담보권은 말소되기 전까지 완전한 법적 효력을 유지합니다. 따라서 말소 책임과 기한은 반드시 계약서에 명시해야 합니다.

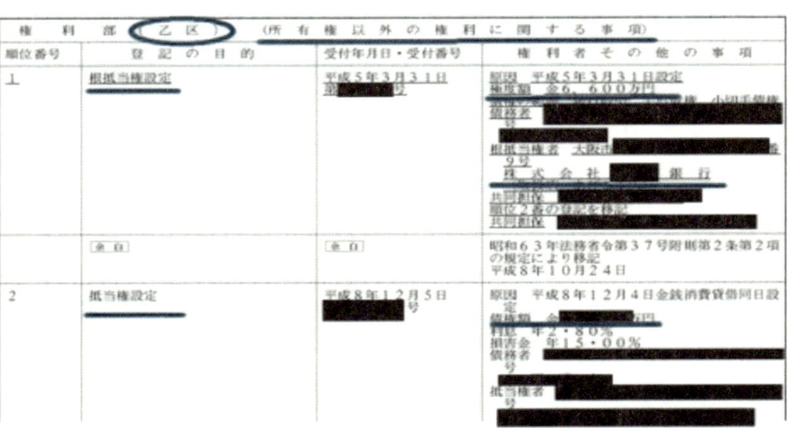

権　利　部　（乙　区）		（所　有　権　以　外　の　権　利　に　関　す　る　事　項）
順位番号	登　記　の　目　的	受付年月日・受付番号	権　利　者　そ　の　他　の　事　項
1	根抵当権設定	平成5年3月31日 第　　　　号	原因　平成5年3月31日設定 極度額　金6，600万円 債務者 根抵当権者　大阪市 株式会社　　　　銀行 共同担保 順位2番の付記を移記 共同担保
	余白	余白	昭和63年法務省令第37号附則第2条第2項の規定により移記 平成8年10月24日
2	抵当権設定	平成8年12月5日 第　　　号	原因　平成8年12月4日金銭消費貸借同日設定 債権額　金　　　　万円 利息　年2・80% 損害金　年15・00% 債務者 抵当権者

④ 토지·건물 분리 등기의 구조적 리스크

일본은 토지와 건물을 각각 독립된 부동산으로 취급합니다. 그 결과 다음과 같은 구조가 발생할 수 있습니다.

- 토지와 건물의 소유자가 다른 경우
- 건물에만 담보권이 설정된 경우
- 토지에 지상권·사용권(차지권)이 설정된 경우

이러한 구조는 임대 수익의 안정성과 향후 매각 시 환금성에 직접적인 영향을 미칩니다. 특히 건물만 사고 토지는 임대료를 내야 하는 상황인지 여부를 반드시 파악해야 합니다. '집을 샀다'는 감각과 실제 권리 구조는 다를 수 있다는 점을 명확히 인식해야 합니다.

3. 내부 구조 및 면적 이해하기

일본의 도면을 읽는 법은 한국과 비슷하면서도 숫자의 의미가 다릅니다. 이 차이를 모르면 실제보다 집이 좁거나 넓다고 오해하기 쉽습니다. 특히 한국 투자자에게 낯선 단위와 구조적 특징을 정확히 파악하는 것이 성공적인 투자의 첫걸음입니다.

(1) LDK 구조와 공간의 명칭

일본 매물 정보의 LDK는 Living(거실), Dining(식사 공간), Kitchen(주방)의 약자입니다. 앞의 숫자는 '침실'의 개수입니다.

① 1R, 1K, 1DK, 1LDK의 구분 기준

구분 기준	설명
1R (One Room)	현관, 주방, 방이 구분 없이 하나로 이어진 형태
1K (Kitchen)	주방과 방이 중문이나 벽으로 분리된 형태 (주방 면적 4.5조 미만)
1DK (Dining Kitchen)	식사 공간이 확보된 주방과 독립된 방 1개 (주방 면적 4.5조~8조 미만)
1LDK (Living Dining Kitchen)	거실 기능이 강화된 주방과 방 1개(주방 면적 8조 이상)
2LDK / 3LDK	각각 방 2개, 방 3개를 의미하며 숫자가 커질수록 가족 단위의 우량 임차인을 확보하기 유리

② 서비스 룸(S)의 투자적 가치

도면을 보다 보면 '1LDK+S' 혹은 '2LDK+S'처럼 숫자 뒤에 'S'가 붙은 경우를 볼 수 있습니다. 이는 한국 투자자에게 생소한 서비스 룸(Service Room, S)을 의미합니다.

일본 건축기준법상 '거실(居室)'로 인정받으려면 채광과 환기창의 면적이 방 면적의 일정 비율(통상 1/7) 이상이어야 합니다. 이 기준을 충족하지 못하면 아무리 공간이 넓어도 법적으로 '방'으로 표기할 수 없으며, 대신 '서비스 룸(S)' 또는 '납입고(納戶, 난도)'로 표기합니다.

- **구조적 특징:** 창문이 아예 없거나, 복도 쪽으로 아주 작은 창만 있어 채광이 확보되지 않는 경우가 많습니다. 한국 투자자 눈에는 방 3개짜리(3LDK)처럼 보여도 도면상 '2LDK+S'로 되어 있다면, 하나는 창고나 취미방 용도로 설계된 '막방'임을 인지해야 합니다.
- **실무적 가치:** 서비스 룸으로 분류되면 정식 방(Bedroom)이 많은 매물보다 매매가가 다소 저렴하게 책정되는 경향이 있습니다. 하지만 실제 임차인들은 이를 일반적인 방처럼 사용하는 경우가 많습니다. **따라서 '2LDK+S'는 무조건 피할 대상이 아니라, 가격 할인 폭이 충분할 경우 오히려 수익률을 높일 수 있는 구조로 평가해야 합니다.**

(2) 면적과 난방의 디테일

① 조(J): 지역별(에도마 vs 교마) 규격 차이와 가성비 분석

일본 도면에서 방 크기를 나타내는 '조(帖/畳)'는 다다미 한 장의 넓이를 의미합니다.

구분 기준	설명
1조(J)	0.5평. 성인 한 명이 눕기에 딱 맞는 크기
6조(6J)	약 3평. 일본 원룸(1K)의 가장 표준적인 방 크기로, 한국 아파트의 '작은 방' 정도
8조(8J)	약 4평. 한국 아파트의 '안방' 정도 크기이며, 침대 외에 소파나 TV장을 둘 수 있어 임대 경쟁력이 우수함

조(J)는 지역마다 크기에 차이가 있습니다. 도쿄 쪽의 관동 지역은 상대적으로 작은 편이며, 오사카가 있는 간사이 지역이 가장 규격이 큽니다. 같은 '6조' 방이라도 **오사카 매물이 도쿄 매물보다 약 15% 이상(약 0.5~1평 가까이) 더 넓을 수 있습니다.** 최근에는 1.62㎡를 표준으로 보기도 하지만, 연식이 있는 건물은 지역별 실측 차이가 분명히 존재하므로 간사이 지역 투자 시 큰 장점이 됩니다.

[표] 조(J)의 지역별 크기 차이

구분	지역명	크기(1조당)	특징
에도마(江戸間)	관동/도쿄	약 1.55㎡	상대적으로 작은 편
교마(京間)	간사이/오사카	약 1.82㎡	가장 큰 규격

② 유카단보(바닥 난방): 일본 임대 시장에서의 프리미엄 가치

한국인에게 온돌은 당연한 기본 옵션이지만, 일본에서 바닥 난방인 '유카단보'는 고급 옵션에 해당합니다.

- **희소성 있는 프리미엄:** 일본은 주로 에어컨(냉난방기)의 온풍으로 난방을 합니다. 바닥이 따뜻해지는 유카단보는 신축 맨션이나 고급 매물에 주로 설치되며, 도면에는 '床暖房'이라고 명확히 기재됩니다.

- **임대 프리미엄:** 에어컨 난방의 건조함을 꺼리는 임차인들에게 강력한 어필 포인트가 됩니다. 한국 투자자 입장에서는 유카단보가 설치된 매물을 확보할 경우 차별화된 고급 매물로서 더 높은 임대료를 기대할 수 있습니다.

- **주의사항: 단, 유카단보는 관리비 및 난방비가 상대적으로 높을 수 있으므로, 임대료 프리미엄이 이를 상쇄하는지 반드시 검토해야 합니다.**

③ 면적 계산: 전유 면적과 벽심(壁芯) vs 내법(內法)

- **전유면적(專有面積):** 현관 안쪽의 실제 사용 공간입니다.
- **계산 방식의 차이:** 벽심(壁芯, 헤키신)은 벽의 중심선을 기준으로 계산한 면적이며, 매물 정보지(마이소쿠)에 주로 쓰입니다. 내법(內法, 우치노리)은 벽의 안쪽 면을 기준으로 계산한 실제 유효 면적으로, 등기부등본에 기록됩니다.
- **결론:** 등기부상 면적은 마이소쿠 표기보다 약 5~10% 정도 작게 나옵니다. **취득세 감면이나 주택론 공제 기준(전유 면적 50㎡ 이상)** 등을 확인할 때 이 미세한 차이로 혜택을 못 받을 수 있으니, 50㎡ 안팎의 매물은 반드시 등기부상 '내법 면적'을 확인해야 합니다.

④ 발코니: 한국과는 다른 '공용 부분'의 개념

한국 투자자들이 가장 많이 실수하는 부분 중 하나가 발코니입니다.

- **전유 면적 제외:** 일본에서 발코니는 공용 부분입니다. 소유권은 없으나 나만 쓸 수 있는 '전용 사용권'이 부여된 공간이므로 전유 면

적에 포함되지 않습니다.

- **확장 불가 및 피난 경로:** 한국처럼 발코니를 확장하여 거실로 쓰는 것은 불법입니다. 일본 맨션의 발코니는 화재 시 이웃집으로 탈출하는 피난 경로로 설계되어 있어, 경계벽이 쉽게 부서지는 재질이거나 피난 해치가 설치되어 있습니다. 물건 적재가 엄격히 제한되는 이유이기도 합니다.

(3) 임대 수익을 높이는 실내 디테일

① 세퍼레이트(BT: Bath/Toilet) vs 유닛배스(UB: Unit Bath)

- **세퍼레이트(BT):** 화장실과 욕실이 물리적으로 분리된 구조입니다. 일본인들이 집을 구할 때 필터링 1순위로 거는 조건이며, 수익형 부동산이라면 반드시 갖춰야 할 필수 요소입니다.
- **유닛배스(UB):** 변기, 세면대, 욕조가 한 공간에 모여 있는 일체형 구조입니다.
- **주의:** 한국인에게는 호텔식 화장실로 익숙해 거부감이 없으나, 일본인(특히 젊은 층)은 욕조 밖으로 물이 튀거나 습기 관리가 어려운UB 구조를 기피하는 경향이 매우 강합니다.
- **투자적 관점:** UB 매물은 가격이 저렴할 수 있으나 공실 리스크가 큽니다. 리모델링 시 UB를 BT로 개조하는 것만으로도 임대료를 대폭 올릴 수 있는 포인트가 되기도 합니다.

② 독립 세면대(独立洗面台)

욕실 안이 아닌 바깥 복도 등에 세면대가 따로 나와 있는 구조입니다. 특히 여성 임차인에게 소구력이 강해 공실 방어 및 임대료 상승의 강력한 엣지가 됩니다.

③ 실내 세탁기 공간(洗濯機置き場)

도면에 'W'로 표기되는 세탁기 자리가 실내에 있는지 확인하십시오. 외부 세탁기 매물은 겨울철 동파나 소음 문제로 젊은 층 임차인이 기피하는 요소입니다.

(4) 최종 체크리스트

필수 확인 사항	√
도면에 'S(서비스 룸)'가 있다면 가격 할인 폭을 확인하고 전략적 가성비 매물로 검토했는가?	
방 크기가 최소 6조 이상이며, 지역별 규격(**교마 vs 에도마**)을 고려했는가?	
유카단보(바닥 난방)의 임대료 프리미엄이 **높은 관리비/난방비**를 상쇄하는가?	
욕실과 화장실이 분리된 **세퍼레이트(BT)**구조인가? (유닛배스 리스크 확인)	
광고 면적이 아닌 **등기부상 내법 면적**이 세제 혜택 기준(50㎡)을 충족하는가?	
발코니가 피난 경로임을 인지하고 확장 불가함을 이해했는가?	
실내 세탁기 공간과 독립 세면대 같은 '엣지'가 있는가?	

(5) 실전 사례 분석: 도쿄권 신축 맨션(70.24㎡, 3LDK) 도면 심층 해부

間取りの概要／特徴

価格		未定
間取り		3LDK+ウゴクロ
専有面積		70.24m²
バルコニーまたは テラス面積		10.57m²
特徴	キッチン	ディスポーザー 浄水器or活水器
	設備・構造	光ファイバー対応 床暖房

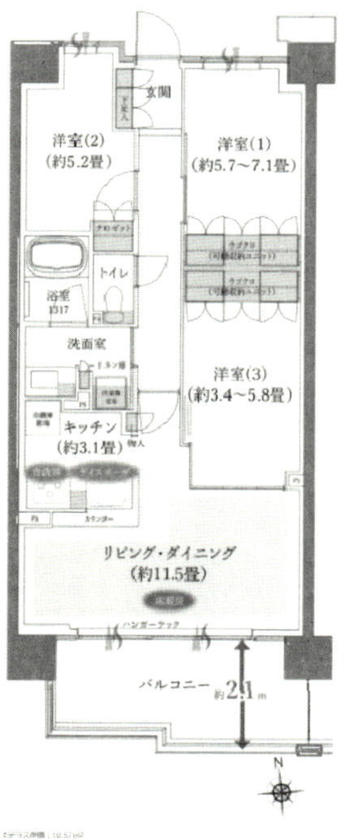

앞서 배운 이론을 실제 도면에 대입해 보겠습니다. 예시 매물은 한국 투자자들이 가장 선호하는 가족형 평면이면서도, 일본 신축 맨션 특유의 '엣지'가 곳곳에 숨어 있는 우량 사례입니다.

① 공간 활용의 엣지: '가동식 수납(우고크로)'

도면 중앙의 양실(1)과 양실(3) 사이를 보면, 변형할 수 있는 '우고크로(ウゴクロ, 가동식 수납 유닛)'라는 표기가 보입니다. 우고크로는 일본어의 '움직이다(우고쿠, 動く)'와 '클로젯(쿠로젯토, クローゼット)'을 합친 일종의 합성어로, 움직이는 수납장(Moveable Closet)을 말합니다.

- **실무 분석:** 우고크로는 바닥이나 천장에 고정된 벽이 아니라, 하단에 바퀴나 레일이 달려 있어 방의 크기를 조절할 수 있는 가구입니다. 필요에 따라 방 두 개를 하나로 합쳐 거대한 마스터룸(약 7.1조)으로 쓰거나, 수납장을 이동시켜 각각의 독립된 방으로 분리할 수 있습니다.

- **투자 가치:** 신혼부부부터 아이가 있는 가족까지 다양한 임차 수요를 흡수할 수 있는 강력한 무기입니다. 라이프스타일 변화에 유연하게 대응하는 구조는 공실률을 낮추는 핵심 요인입니다.

② 수익성을 높이는 프리미엄 옵션: '유카단보와 주방 설비'

한국인 투자자에게는 익숙하지만, 일본 임대 시장에서는 임대료를 '업그레이드' 할 수 있는 포인트들입니다.

- **거실 유카단보(床暖房):** 도면상 거실(LD) 바닥에 음영 또는 바닥에 회색으로 표시된 영역입니다. 에어컨 난방의 건조함을 싫어하는 일본 고소득층 임차인에게 높은 점수를 받습니다. 참고로 한국의 온돌에 해당하는 유카단보가 거실에만 설치되어 있고 방에는 설치

되어 있지 않으니 조심하셔야 합니다.

- **주방의 3대 엣지:** 도면 좌측 주방(Kitchen)에는 **디스포저(음식물 처리기), 식기세척기, 3구 가스레인지**가 설치되어 있습니다. 특히 디스포저는 단지 전체에 정화 시설이 있어야 가능한 옵션으로, 해당 맨션이 고급 단지임을 증명하는 지표가 됩니다.

③ 위생 공간의 철저한 분리: '세퍼레이트의 정석'

도면 중앙의 위생 공간은 일본인들이 가장 선호하는 완벽한 분리형 구조를 보여줍니다.

- **욕실(浴室):** 1418 사이즈(1.4m × 1.8m)로 욕조가 넉넉합니다.
- **세면실(洗面室):** 욕실과 화장실 사이에 별도의 공간이 있어, 한 명이 샤워할 때 다른 한 명은 세면대를 사용하거나 세탁기를 돌릴 수 있습니다.
- **독립 화장실:** 복도에서 바로 진입하는 독립된 화장실(トイレ) 구조는 손님이 방문했을 때나 바쁜 아침 시간에 매우 효율적입니다.

④ 발코니와 채광: '공용 부분의 가치'

- **광폭 발코니:** 폭이 약 2.1m에 달하는 광폭 설계입니다. 한국 투자자가 오해하지 말아야 할 점은, 이 넓은 서비스 공간(10.57㎡)이 전유 면적 70.24㎡에 포함되지 않은 '덤'이라는 점입니다.
- **피난 경로:** 발코니 바닥의 사다리 모양(피난 해치)과 옆집과의 경계판을 확인하십시오. 이는 비상시 탈출로이므로 임대 관리 시 이곳에 무거운 짐을 쌓아두지 않도록 임차인 교육이 필요한 부분입니다.

⑤ **세제 혜택 확인: '내법 면적 50㎡ 사수'**

이 매물의 전유 면적은 70.24㎡(벽심 기준)입니다.

– **판단:** 벽심과 내법의 차이를 10%로 크게 잡아도 약 63㎡ 수준입니다. 일본의 취득세 및 등록면허세 감면 기준인 '내법 면적 50㎡ 이상'을 여유 있게 충족하므로, 초기 투자 비용을 절감할 수 있는 절세형 매물로 분류됩니다.

4. 외국인의 일본 부동산 취득 절차

(1) 한눈에 보는 취득 프로세스

일본 부동산 취득 프로세스는 한국과 유사해 보이지만, 국가 간 자금 이동이 수반되는 만큼 '서류 공증'과 '사후 보고' 과정이 핵심입니다. 전체 과정은 보통 1개월에서 3개월 정도 소요됩니다.

1) 매수신청서(구매의향서) 제출: 매수 희망 가격과 대금 지불 조건을 명시하여 제출

2) 중요사항 설명 및 계약: 면허를 가진 택지건물거래사가 물건의 법적·물리적 상태를 설명 후 계약 체결

3) 취득 자금 송금: 외국환은행을 통한 해외부동산 취득 신고 및 대금 송금
   ※ 주의: 해외부동산 취득을 위한 송금은 반드시 '선(先) 신고, 후(後) 송금' 원칙을 준수해야 합니다. 지정거래 외국환은행에 신고하여 신고필증을 발급받기 전에 단 1엔이라도 송금하면 외국환거래법 위반으로, 위반 금액의 2~4%에 달하는 과태료 부과 및 검찰 고발 대상이 될 수 있습니다. 사후 보완은 불가능하므로 반드시 신고필증을 먼저 확보하십시오.

4) 잔금 지급 및 등기: 사법서사(법무사) 입회하에 잔금 치름과 동시에 등기 신청

5) 사후 보고: 취득 후 일본과 한국 양국에 각각 세무 보고

(2) 계약 체결까지 단계별 핵심 체크포인트

① 매수신청서(買付証明書) 제출

마음에 드는 물건을 찾았다면 가장 먼저 '매수신청서'를 보냅니다. 일본은 한국처럼 구두로 가계약을 하는 것이 아니라, 서면으로 의사를 전달하는 것이 원칙입니다. 인기 있는 물건은 신청서가 들어온 순서대로 우선권이 주어지므로 결정은 신중하되 서류 제출은 신속해야 합니다.

② 중요사항 설명서(重説) 확인

일본 부동산 거래의 꽃이라 불리는 단계입니다. 계약 전, 국가 공인 자격자인 '택지건물거래사'가 등기부상 권리관계, 도시계획법상 제한, 수선적립금 현황 등을 상세히 설명합니다. (상세 내용은 하단의 ⑤ **[심화 학습]** 참조)

③ 필요 서류 준비(비거주자 기준)

일본에 주소지가 없는 한국 거주자는 일본인들이 사용하는 '주민표'를 발급받을 수 없습니다. 따라서 이를 대체하기 위해 다음의 서류를 준비해야 합니다.

– 개인으로 구입할 경우: 한국 인감증명서와 아포스티유(Apostille)

한국은 일본과 유사한 인감 증명 제도를 운용하고 있습니다. 따라서 번거로운 별도의 선서진술서(Affidavit) 대신, 한국 동주민센터에서 발급받은 국문 인감증명서와 주민등록등본에 '아포스티유'를 첨부하여 제출하면 됩니다. '아포스티유'는 외교부가 인증하는 공문서용 국제 프리패스(인증서)를 말합니다.

– 법인으로 구입할 경우: 법인 인감증명서

한국 법인 명의라면 법인 인감증명서와 등본(공증/아포스티유 필요)을, 일본 현지 법인을 설립했다면 일본 법무국 발행 법인 인감증명서를 준비합니다.

④ 자금 송금 시 주의사항: 일본의 은행 시스템 이해

한국은 당일 실시간 송금이 당연하지만, 일본은 고액 송금 시 보안과 확인 절차로 인해 당일 처리가 안 되는 경우가 많습니다.

– 익일 입금 원칙: 일본 은행 시스템은 사고 방지를 위해 고액 거래 시 엄격한 확인 절차를 거칩니다. 이 때문에 송금을 실행해도 상대방 계좌에는 다음 날 입금되는 것이 일반적입니다.

– 계약서상의 날짜 표기: 이러한 시스템적 특성 때문에 계약서상 '계약금 입금 날짜'가 계약 체결일 당일이 아닌 '그다음 날'로 명시되는 경우가 많습니다. 이는 실무적인 입금 확인 시점을 반영한 것이므로 당황하지 않으셔도 됩니다.

– 일정 수립: 잔금일 역시 실제 등기 신청이 가능한 '입금 확인 시점'을 고려하여 사법서사와 협의 후 여유 있게 잡아야 합니다.

⑤ 심화학습: 일본 부동산 거래의 핵심, 중요사항 설명서(重說) 완벽 이해

일본에서는 계약서에 도장을 찍기 전, 반드시 택지건물거래사가 매수인에게 물건의 현황을 설명해야 합니다.

– 권리관계: 저당권 등 소유권 침해 요소 확인. 일본은 '안쪽 벽(내법

면적)’ 기준으로 등기하여 실측 면적과 차이가 있을 수 있습니다.

- **법령상 제한:** 건폐율, 용적률 및 재건축 가능 여부를 결정짓는 접도 조건(도로 2m 이상 접함)을 체크합니다.

- **맨션 특유 항목 및 에어비앤비(민박) 규제:** 관리비 및 수선적립금 미납금 총액과 인상 계획, 반려동물 가능 여부를 확인합니다. **특히 수익형 부동산으로 고려 중이라면 ‘관리규약’에 민박 금지 조항이 있는지 반드시 확인해야 합니다. 일본은 주택숙박사업법(민박법)과 별개로 관리조합의 규약이 우선시되므로, 규약에서 금지할 경우 에어비앤비 운영이 원천적으로 불가능합니다.**

- **해저드 맵(Hazard Map):** 침수, 토사재해, 지진 흔들림 정도를 지도로 확인하여 자연재해 리스크를 점검합니다.

(3) 계약 체결 이후 실무 프로세스

계약서 날인과 계약금 지급이 완료되었다면, 이제 안정적인 소유권 이전(잔금)과 **효율적인 운영 체계 구축**을 준비해야 합니다.

① 사법서사(법무사) 선정 및 등기 준비

일본 부동산 거래의 소유권 이전 등기는 국가 공인 자격사인 ‘사법서사(司法書士)’가 전담하며, 매수인의 권리를 보호하는 핵심 역할을 합니다.

- **권리 확인:** 잔금 당일 매도인의 등기필증, 인감증명서 등을 확인하고 대금 지불과 동시에 등기 신청을 수행하여 이중 매매 등의 리스크를 차단합니다.

- **비거주자 특화 서비스:** 한국 거주자를 위해 등기 원인 증명 정보 작성, 번역, 아포스티유(Apostille) 확인 등 외국인 등기 경험이 풍부한 서사를 선정하는 것이 필수적입니다.

② 부동산 관리업체(PM) 선정

일본에 상주하지 않는 투자자에게는 현지에서 건물을 관리할 '관리회사'가 사실상 투자 수익률을 결정하는 파트너입니다.

- **업무 범위:** 임대료 징수 및 송금, 입주자 모집, 민원 대응, 건물 유지보수 보고
- **수수료:** 통상 월 임대료의 5% 내외(소비세 별도)이며, 공실 관리 역량이 뛰어난 업체를 선정해야 합니다.
- **연계성:** 잔금 지급 전 관리계약을 체결하여 소유권 이전 즉시 관리 공백을 방지합니다.

③ 임대인 변경 고지 및 권리 승계

수익형 부동산 매수 시, 기존 임차인과의 계약 관계를 매끄럽게 승계하는 절차입니다.

- **임대인 변경 통지:** 매도인·매수인 공동명의의 통지서를 발송하여 신뢰를 구축합니다.
- **송금처 지정:** 임대료가 입금될 관리계좌를 정확히 고지합니다.
- **보증금 확인:** 매도인이 보유하던 임대보증금 반환 채무가 매수인에게 얼마만큼 승계되는지 최종 정산서에서 재확인합니다.

④ 고정자산세 및 수익 정산

- **안분 계산:** 일본은 1월 1일 소유자에게 연간 세금이 부과됩니다. 잔금일을 기준으로 매도인(점유기간)과 매수인(잔여기간)이 일할 계산하여 정산합니다.
- **정산 항목:** 관리비, 수선적립금, 해당 월 임대료 등을 잔금일 기준으로 정산하여 최종 매매대금에 가감합니다.

⑤ 취득 후 세무 리스크 관리

소유권 등기보다 중요한 것이 **사후 세무 리스크 관리**입니다. 다음 3단계는 반드시 이행해야 합니다.

- 취득가 2억 원↑: 해외부동산 명세서 제출
- 일본계좌 5억 원↑: 해외금융계좌 신고
- 일본 측: 취득일 20일 이내 재무대신 보고

[표] 취득 후 '세무적 사후 관리' 핵심 체크리스트

단계	주요항목	상세내용
일본 현지	납세관리인 설정	일본 세무서에 '납세관리인 계출서' 제출 (세금 고지서 수령 및 확정신고 대행)
일본 현지	부동산 취득세	등기 후 3~6개월 뒤 부과되는 일회성 세금(예산 확보 필요)
일본 현지	재무대신 보고	비거주자가 부동산을 취득한 경우, 취득일(잔금일)부터 20일 이내에 일본 은행을 경유하여 재무대신에게 '부동산 취득 보고서'를 제출해야 함(일본 외환법).
한국 국내	해외부동산 취득 신고	취득 후 3개월 이내 외국환은행에 '해외부동산 취득 보고서' 제출

단계	주요항목	상세내용
한국 국내	해외부동산 명세서	취득가 2억 원 이상시 해외부동산 명세서 제출
한국 국내	보유 및 수익 신고	매년 5월 종합소득세 신고 시 '해외부동산 보유 현황' 및 임대소득 합산 신고
한국 국내	해외금융계좌 신고	일본 계좌 잔액이 매월 말일 기준 5억 원을 초과하는 경우, 다음 해 6월까지 국세청에 해외금융계좌를 신고해야 함(국제조세조정에 관한 법률).

5. 명의 설정 전략: 개인 vs 법인

일본 부동산 쇼핑을 마치고 매수 의향서(인장)를 제출하기 직전, 투자자가 마주하는 가장 전략적인 갈림길은 '누구의 이름으로 등기할 것인가'입니다. 이는 단순히 이름을 정하는 문제를 넘어, 향후 수년 간의 세금 구조, 대출의 파괴력, 그리고 최종적인 엑시트(Exit) 수익률을 결정짓는 중대한 기로입니다. 세무 전문가의 시선으로 개인과 법인의 명암을 심층 분석해 드립니다.

(1) 개인 명의: '관리가 편한' 장기 투자의 정석

개인 명의 취득은 가장 직관적인 방법이며 초기 비용이 저렴하다는 장점이 있습니다. 특히 일본 부동산을 처음 접하는 입문자들에게 선호되지만, 일본의 독특한 양도세 구조를 반드시 이해해야 합니다.

- **보유 기간 5년의 마법(양도소득세):** 일본은 부동산 단기 투기에 매우 엄격합니다. 보유 기간이 5년 이하(단기)인 경우 양도소득세율이 약 30.63%에 달하지만, 5년을 넘기는 순간(장기) 15.315%로 절반 가까이 뚝 떨어집니다. 위 세율은 본서의 독자인 한국 거주자(일본 비거주자) 기준이며, 일본 거주자의 경우 주민세가 추가되어 단기 39.63%, 장기 20.315%가 적용됩니다. 비거주자는 일본에 주소가 없으므로 주민세가 비과세되어 거주자보다 양도세 부담이 낮은 것이 특징입니다. 따라서 단기 시세 차익보다는 꾸준한 월세 수익을 노리며 5년 이상 긴 호흡으로 가져갈 투자자에게 개인 명의가 적합합니다.

- **세무 행정의 단순함:** 법인에 비하면 유지비가 거의 들지 않습니다. 매년 법인 결산을 위해 지출해야 하는 기장료나 법인 주민세 부담이 없으며, 한국 내 해외부동산 취득 및 임대소득 신고 절차도 비교적 정형화되어 있어 관리가 용이합니다.

(2) 법인 명의: 레버리지와 승계를 고려한 '사업가'의 선택

단순히 건물을 소유하는 것을 넘어 하나의 비즈니스 시스템을 구축하고자 한다면 일본 현지 법인 설립은 필수적인 선택지입니다.

① 금융권의 우호적인 눈높이와 대출 한도

최근 일본 은행들은 외국인 개인보다 일본 내에 주소를 둔 법인에 훨씬 전향적인 태도를 보입니다. 개인보다 대출 한도(LTV)를 높게 가져갈 수 있다는 것은, 적은 내 돈(Equity)으로 더 큰 자산을 굴릴 수 있는 '레버리지의 엣지'를 확보한다는 뜻입니다.

② 비용 처리의 마법

법인은 건물의 감가상각비는 기본이며, 투자를 위한 일본 출장 항공권, 현지 교통비, 통신비 등을 비용으로 인정받을 수 있습니다. 이는 실질 소득을 낮추어 절세 효과를 극대화하는 강력한 도구가 됩니다. 다만, 비용으로 인정받기 위해서는 법인의 사업 목적과의 관련성을 입증할 수 있어야 합니다. 예를 들어 임대 관리와 무관한 관광 목적의 출장비, 과도한 접대비 등은 세무조사 시 부인될 수 있으므로 영수증 및 업무일지 관리가 필수적입니다.

③ 상속 및 증여의 전략적 요충지

법인 명의의 가장 큰 엣지 중 하나는 **자산 승계의 유연성**입니다. 부동산을 개인 명의로 물려줄 때는 실거래가 기반의 높은 상속·증여세가 발생하지만, 법인은 '주식' 형태로 자산을 넘길 수 있습니다. 자녀를 법인 주주로 참여시키거나 주식 가치를 조절하여 승계할 경우, 직접적인 부동산 증여보다 훨씬 정교한 절세 설계가 가능합니다. 특히 일본 내 자산을 법인화해 두면 한국과 일본 양국에서의 상속세 부담을 최적화하는 구조를 짤 수 있어 자산가들에게 필수적인 전략입니다.

④ 주식회사 vs 합동회사의 선택 기준

법인 설립을 결정했다면 그다음 고민은 형태입니다. 많은 분이 '합동회사가 무조건 좋은 것 아니냐'고 묻지만, 투자 규모와 목적에 따라 선택이 달라집니다.

- **주식회사 – 대출의 파괴력을 키우는 '공신력':** 수십억 원 단위의 대출을 끌어와 공격적으로 자산을 늘려갈 계획이라면, 보수적인 일본 금융권이 가장 신뢰하는 주식회사가 유리합니다. 향후 제3자에게 법인 자체를 매각(M&A)하거나 투자자를 모집할 때도 훨씬 수월합니다.
- **합동회사 – 수익 회수와 승계의 '치트키':** 가장 큰 매력은 '이익 배분의 자유'입니다. 주식회사는 지분율만큼만 배당할 수 있지만, 합동회사는 정관에 명시함으로써 자녀에게 지분율 이상의 이익을 배분할 수 있습니다(차등배당). 이는 매각 차익을 자녀에게 자연스럽게 넘겨주는 증여 전략으로 활용됩니다.

비교 항목	주식회사(株式會社)	합동회사(蛤洞會社)
설립 비용	약 20~25만 엔 이상 (높음)	약 6~10만 엔 이상 (낮음)
대외 신용도	매우 높음 (대출 심사 시 유리)	보통 (소규모 투자에 적합)
의사 결정	주주총회 등 법적 절차 엄격	사원(출자자) 간 합의로 신속함
임원 임기	2~10년마다 갱신 등기 필요	임기 제한 없음 (갱신 비용 절감)
이익 배분	**지분율에 비례하여 배당**	**정관 설정 시 지분율과 상관없이 배분 가능**

(3) 세무 전문가의 실전 팁: 나갈 때(Exit)를 생각하라

단순히 법인세율만 보면 두 법인의 차이는 없습니다. 하지만 부동산을 팔고 돈을 한국으로 가져올 때 전략의 깊이가 달라집니다.

- **수익 회수 포트폴리오:** 매각 이익 전체를 배당으로 잡기보다, 초기 출자금의 환급과 적정한 임원 보수를 섞어야 전체 세금 부담을 낮출 수 있습니다. 이 정교한 설계는 정관 변경과 이익 배분이 자유로운 **합동회사**가 실행하기에 훨씬 수월합니다.
- **상세 세무 가이드 안내:** 개인과 법인의 구체적인 세율 시뮬레이션, 비거주자 원천징수, 한국-일본 간 이중과세 방지 협정 등 심화된 세금 이야기는 본서의 제6장에서 아주 자세하게 다룰 예정입니다. 명의 결정에 앞서 세무적 디테일이 궁금하신 분들은 해당 장을 반드시 참고해 주시기 바랍니다.

(4) [Self-Test] 나에게 맞는 명의는 무엇인가?

아래 항목 중 본인에게 해당하는 곳에 체크해 보십시오. 체크가 많이 된 쪽이 현재 본인의 상황에 더 적합한 명의 전략입니다.

① 개인 명의가 유리한 경우

필수 확인 사항	√
장기 보유형: 최소 5년 이상 매각 계획 없이 안정적인 월세 수익(Yield)을 추구한다.	
관리 단순화: 일본 법인 설립 절차나 매년 들어가는 유지비(기장료 등)가 부담스럽다.	
소규모 투자: 총 투자 자산 규모가 10억 원 미만이며, 대출 비중을 낮게 가져갈 예정이다.	
명확한 송금: 매각 시 대금을 한국으로 회수하는 절차를 가장 간소화하고 싶다.	
한국 내 소득: 현재 한국 내 소득 구간이 낮아 일본 임대소득이 합산되어도 세율 타격이 크지 않다.	

② 법인 명의(주식회사/합동회사)가 유리한 경우

필수 확인 사항	√
레버리지 극대화: 일본 금융권의 대출을 70~80% 이상 최대한 끌어올 계획이다.	
단기 엑시트 고려: 5년 이내라도 시장 상황이 좋으면 언제든 매각하여 차익(Capital Gain)을 실현하고 싶다.	
적극적 비용 처리: 일본 출장비, 통신비, 감가상각 등을 활용해 과세 표준을 적극적으로 낮추고 싶다.	
자산 승계 전략: 자녀에게 주식(지분) 형태로 자산을 증여하여 상속·증여세를 절세하고 싶다.	
포트폴리오 확장: 이번 매입을 시작으로 일본 내 건물을 지속적으로 늘려갈 계획이다.	

③ 법인 형태 선택 가이드

필수 확인 사항	√
주식회사: '나는 신용도가 가장 중요하다.' (대형 빌딩 매입, 대규모 대출, 향후 법인 매각 계획 시)	
합동회사: '나는 실속과 배당이 중요하다.' (가족 법인, 자녀에게 지분율 이상 배당, 설립/유지 비용 절감 시)	

6. 좋은 부동산을 찾는 실전 기술

(1) 입지 선정의 절대 기준

어떤 부동산이 좋은 부동산일까요? 단순히 매매가가 저렴하거나 겉모습이 화려한 물건이 좋은 물건은 아닙니다. 일본 시장에서 '좋은 부동산'이란 **공실 리스크가 낮고, 자산 가치가 방어되며, 무엇보다 내가 원할 때 언제든 팔 수 있는 '출구 전략(Exit)'이 명확한 물건**을 의미합니다. 현지인만큼 날카롭게 매물을 선별하고 검증할 수 있는 실전 노하우를 정리해 드립니다.

① 역세권 재정의: 도보 10분의 마지노선과 급행 정차역

일본은 철도 중심의 사회입니다. 하지만 모든 역세권이 황금알을 낳지는 않습니다.

- **도보 10분의 법칙:** 일본 세입자들은 역에서 도보 10분 이내를 '마지노선'으로 봅니다. 1분이라도 멀어질수록 공실률은 기하급수적으로 높아지며, 도보 15분이 넘어가는 순간 임대 시장에서의 경쟁력은 급격히 상실됩니다.
- **급행 정차역의 가치:** 단순히 역이 가깝다고 다가 아닙니다. 완행열차만 서는 역보다는 급행이나 특급이 정차하는 '주요 거점 역' 근처를 노려야 합니다. 실제 이동 시간은 비슷해도 배차 간격과 역세권 내 상업 시설의 인프라 차이가 임대료 격차를 만듭니다.
- **복수 노선의 위력:** 도쿄의 야마노테선이나 오사카의 미도스지선처

럼 여러 노선이 겹치는 환승역은 불황기에도 가격 방어력이 압도
적입니다.

② 재개발 추진 구역 및 지자체 도시계획 정보 확인법

일본 부동산 투자에서 실패하지 않는 법은 '정부와 지자체가 돈을 쓰
는 곳'을 찾는 것입니다. 단순히 현재의 모습이 아닌, 10년 후의 지도
를 그려보아야 합니다.

- **재개발(再開発) 추진 구역:** '시가지 재개발 사업'이 예정된 곳은 인
  프라가 획기적으로 개선됩니다. 특히 도쿄의 시부야, 토라노몬처
  럼 대규모 복합 시설이 들어서는 지역 인근은 자산 가치 상승의 보
  증수표입니다.

- **정보를 찾는 구체적인 방법**
  - **지자체 홈페이지 '도시계획도(都市計画圖)':** 각 구청(区役所) 홈페
    이지에서 '도시계획정보'를 검색하면 용도지역은 물론 재개발
    예정 지구를 지도로 확인할 수 있습니다.
  - **재개발 정보 포털:** '도시재생기구(UR)'나 '도쿄도 도시정비국' 사
    이트에서 현재 진행 중인 대규모 프로젝트 리스트를 정기적으로
    체크합니다.
  - **현장 표지판 확인:** 실제 매물 근처에 '건축계획 알림(建築計画の
    お知らせ)' 표지판이 보인다면, 어떤 규모의 건물이 언제 들어오
    는지 확인하는 것은 기본입니다.

③ 명문 학군지 프리미엄

한국과 마찬가지로 일본에서도 '맹모(孟母)'들의 수요는 집값을 결정하는 핵심 변수입니다. 일본의 국·공립 초등학교는 주소지에 따라 학교가 결정되는 '학구제'가 엄격하기 때문에 명문 학교가 위치한 동네는 불황에도 가격이 떨어지지 않습니다.

- **브랜드 학군지**: 도쿄의 '3A(아자부, 아오야마, 아카사카)' 지역이나 교육열이 높은 문쿄구(文京区) 등은 전통적으로 선호도가 높습니다.
- **학력 격차와 자산 가치**: 명문 초등학교 배정 구역인지 여부는 임대 수요의 질과 향후 매각 가격에 결정적인 영향을 미칩니다.

④ 생활 밀착형 인프라: 일본식 '쾌적성'의 기준

일본은 자전거와 도보 중심의 생활권이 발달해 있어 생활 편의 시설의 거리에 매우 민감합니다.

- **슈퍼마켓과 편의점**: 일본은 외식보다 편의점 음식이나 슈퍼마켓의 반조리 식품 문화가 발달해 있습니다. 특히 '슈퍼마켓(대형 마트)'이 도보 5~7분 내에 있는지는 임차인의 만족도와 직결됩니다.
- **보육 및 교육 시설**: 맞벌이 부부를 위한 **보육원(유치원)** 접근성과 등굣길이 안전한 **초등학교** 인접 여부는 가족 단위 세입자를 확보하는 핵심 경쟁력입니다.

(2) 리스크 필터링과 임장 전략

① 일본 특유의 입지 리스크: '묘지'와 조망권

한국 투자자들이 가장 당황하는 점 중 하나는 도심 주택가 한복판에 묘지가 있다는 사실입니다.

- **심리적 거리감과 임대료:** 창문을 열었을 때 바로 묘지가 보이는 '데 드 뷰(Dead View)'는 임대료 하락과 매각 지연의 원인이 됩니다.
- **가상 임장의 중요성:** 구글 스트리트뷰로 건물 주변뿐만 아니라 '위 성 사진'을 반드시 확인합니다. 건물 뒤편에 가려진 사찰(寺)이나 묘지가 있는지 체크하는 것은 필수입니다.

② 수익률의 함정을 피하라: 표면 수익률 vs 실질 수익률

부동산 사이트에 적힌 높은 수익률(Surface Yield)은 독이 든 성배 가 될 수 있습니다.

- **보이지 않는 고정비:** 특히 타워맨션이나 노후 건물의 경우, 매달 나 가는 관리비와 수선적립금이 월세의 20~30%를 차지하기도 합니 다. 이를 제외하지 않은 수익률은 가짜입니다.
- **대규모 수선 이력:** 일본 건물은 12~15년 주기로 건물 전체를 수리 하는 '대규모 수선'을 실시합니다. 이 계획이 체계적이고 적립금이 충분한 건물이 진짜 우량주입니다.

③ '건축 연도'가 대출과 매각을 결정한다

- **신내진(新耐震) 기준:** 1981년 6월 이후 착공된 건물(신내진 기준)

인지는 선택이 아닌 필수입니다. 구내진 건물은 지진 리스크가 클 뿐만 아니라, 일본 주요 은행에서 대출 승인이 거의 나지 않아 나중에 팔 때도 매수자를 찾기 어렵습니다.

(3) 실전! 임장 가기 전 해야 할 '가상 임장' (심화 학습)

무작정 비행기를 타기 전, 한국에서 충분히 할 수 있는 '사전 필터링'이 당신의 시간을 아껴줍니다. 일본에는 부동산 매물을 볼 수 있는 사이트가 잘 정리되어 있습니다. 자주 사이트를 방문해서 매물 정보와 부동산 시장 분위기를 파악할 수 있습니다.

① 일본 3대 부동산 포털 활용 가이드

SUUMO (스모) – suumo.jp	일본 최대 매물 보유량. 지역별 평균 시세와 공급량 파악에 최적
LIFULL HOME'S (홈즈) – homes.co.jp	정보 정확도가 높고 '참고 임대료' 서비스 제공
at home (앳홈) – athome.co.jp	지역 밀착형 중개업소의 숨은 매물 및 급매물 확인

② 구글 스트리트뷰: 시간을 되돌리는 타임머신

- **과거 이력 추적:** 스트리트뷰의 '과거 사진 보기' 기능을 활용합니다. 5년 전, 10년 전의 건물 모습과 현재를 비교하면 건물주가 외벽 도색이나 보수를 꾸준히 해왔는지, 즉 '관리에 진심인지'가 단번에 드러납니다.

- **주변 환경의 변화:** 낙서나 유흥 시설의 증가, 혹은 조망을 가리는 신

축 건물 여부를 파악합니다.

- **건물 전면의 디테일:** 우편함 관리 상태, 자전거 방치 여부, 그리고 주변에 숨겨진 묘지나 유해 시설이 없는지 꼼꼼히 훑어야 합니다.
- **해저드맵(Hazard Map):** 지자체 홈페이지에서 침수, 토사 재해, 지진 위험도를 반드시 확인합니다.

③ 현장에서 잡아내는 '진짜 리스크': 한국 투자자의 눈으로 검증하라

일본 부동산은 서류보다 현장에서 결정됩니다. 한국인의 깔끔한 관리 기준에 비추어 디테일을 읽어내야 합니다.

- **공용부의 컨디션(우편함과 쓰레기장):** 우편함에 전단지가 쌓여 있거나 분리수거장이 엉망이라면 관리가 포기된 건물입니다. 이는 벌레 및 악취 리스크와 직결됩니다.
- **소음과 냄새의 역습:** 일본의 목조나 경량철골조 매물은 방음에 취약합니다. 1층에 음식점(야키토리, 라멘집 등)이 있다면 냄새와 해충 문제로 인해 임차인 기피 1순위가 됩니다.
- **밤길 보안과 여성 수요:** 가로등 유무와 오토락(Auto-lock), CCTV 설치 여부는 여성 1인 가구 수요와 직결되는 핵심 요소입니다.
- **외벽 크랙과 타일 들뜸:** 창틀 주변이나 모서리에 사선으로 간 굵은 균열(Crack)은 구조적 결함일 확률이 높으며, 추후 막대한 보수 비용을 예고합니다.

④ 한국인 vs 일본인, 부동산을 보는 시각의 차이

현지인들이 목숨처럼 따지는 포인트를 알면 매물의 가치가 새로 보입니다.

- **사생활 보호(Privacy):** 한국인은 '남향'을 중시하지만, 일본인은 남향이더라도 앞 건물과 마주 보고 있다면 가차 없이 외면합니다. '앞 동과의 거리'와 '발코니에서 보이는 탁 트인 시야'가 임대료 방어에 더 유리합니다.

- **배스·토일렛 분리(BT 분리):** 일본인은 욕조가 있는 욕실과 변기가 있는 화장실이 분리된 구조를 압도적으로 선호합니다. 아무리 리모델링이 잘 되어도 화장실과 욕실이 한 공간에 있는 '일체형(유닛 배스)'은 인기가 급격히 떨어집니다.

- **수납공간(Storage):** 일본 세입자들은 전용 면적이 작더라도 짐을 효율적으로 넣을 수 있는 '워인클로젯(WIC)' 유무를 매우 중요하게 생각합니다.

- **주차장(주차 스페이스) 확보의 함정:** 일본은 '차고지 증명제'가 엄격합니다. 특히 도쿄나 오사카는 신축 타워맨션조차 주차장 부족 현상이 심각합니다. '즉시 사용 가능한 구획이 있는지' 혹은 "대기가 얼마나 걸리는지"를 반드시 확인해야 합니다. 대기가 길어 주차장을 확보하지 못하면 실거주 수요층을 놓칠 수 있어 매각 시 출구 전략에 큰 차질이 생깁니다.

(4) 관리 조합의 건전성: 건물의 미래를 결정하는 '통장 잔고'

한국의 아파트 관리 주체보다 일본의 '관리조합(管理組合)'은 훨씬 더 강력한 권한과 책임을 가집니다.

- **수선적립금의 규모:** 건물이 늙어가도 가치를 유지하려면 돈이 필요합니다. 관리조합이 수선적립금을 제대로 걷고 있는지, 향후 계획

된 '대규모 수선' 비용을 충당할 만큼 통장 잔고가 충분한지 확인합니다.

- **체납률 체크:** 만약 관리비나 수선적립금 체납률이 높다면, 그 건물은 향후 슬럼화될 가능성이 큽니다. 이는 나중에 매각할 때 매수자 측 은행에서 대출을 거부하는 사유가 되기도 합니다.
- **중요사항 조사보고서:** 매수 전 중개사를 통해 이 보고서를 받아 조합의 운영 형태와 적립금 현황을 세밀하게 파악해야 합니다.

(5) [최종 점검] 실패 없는 매물 분석 체크리스트

① 입지 및 주변 환경

필수 확인 사항	√
주요 역에서 도보 10분 이내이며 보행 환경이 쾌적한가?	
도보 5~7분 내에 슈퍼마켓과 편의점이 위치해 있는가?	
보육원이나 초등학교가 가깝고 등굣길이 안전한가?	
지자체 도시계획도 및 개발계획 상 가치 상승 호재가 있는가?	
조망을 가리거나 심리적 거부감을 주는 '묘지'가 인접해 있지 않은가?	
발코니 앞에 시야를 가리는 건물이 없어 사생활 보호와 조망이 확보되는가?	
주차장을 즉시 사용할 수 있는가? 만약 대기 중이라면 예상 대기 기간은 얼마인가?	
해저드맵 상 위험 지역에 해당하지 않는가?	

② 건물 및 내부 관리 상태

필수 확인 사항	√
1981년 6월 이후 지어진 '신내진' 건물인가?	
화장실과 욕실이 분리(BT 분리)된 구조인가?	
관리조합의 수선적립금이 충분히 쌓여 있고 체납률이 낮은가?	
평면도상 넉넉한 수납공간(WIC 등)이 확보되어 경쟁력이 있는가?	
스트리트뷰 과거 사진 대비 건물의 외관 관리가 지속적으로 이루어지고 있는가?	
우편함, 쓰레기장 등 공용부가 청결하며 관리 상태가 양호한가?	
외벽에 심각한 균열이 없고 장기수선계획이 수립되어 있는가	

③ 수익성 및 출구 전략

필수 확인 사항	√
각종 세금과 관리비를 제외한 '실질 수익률'이 타당한가?	
일본 시중 은행에서 대출이 가능한 연식과 입지인가?	
5~10년 후 일본 현지인이 매수할 만한 보편성이 있는가?	

7. 중개업자 활용 전략: 든든한 현지 파트너를 만드는 법

일본 부동산 투자의 성패는 '어떤 건물을 사느냐'만큼이나 '누구와 함께 하느냐'에 달려 있습니다. 낯선 땅, 생소한 법규 속에서 중개업자는 단순한 매매 대리인이 아닌, 투자자의 눈과 귀가 되어주는 전략적 파트너이기 때문입니다. 많은 투자자가 현지 시장의 흐름을 정확히 읽어내고 유능한 중개인을 내 편으로 만드는 실전 노하우를 정리해 드립니다.

(1) 중개 시장의 구조 이해: 대기업 자산가 모델 vs 지역 밀착 모델

한국 부동산 시장이 골목마다 위치한 개인 중개업소 중심의 '점조직' 형태라면, 일본은 거대 자본을 가진 대기업 자회사들이 시장의 상단을 장악하고 있습니다. 따라서 투자자는 본인의 자산 규모와 목표에 따라 이들을 전략적으로 선택해야 합니다.

① 대기업형 중개사(미쓰이, 스미토모 등): 시스템과 안정성을 사는 길

미쓰이(三井) 부동산 리얼티, 스미토모(住友) 부동산 판매와 같은 대기업 자회사들은 한국의 개인 업소와는 차원이 다른 규모를 자랑합니다. 이들은 단순히 매물을 중개하는 것을 넘어, 방대한 거래 데이터와 고도의 법률 검토 시스템을 갖추고 있습니다.

- **장점:** 초보 투자자에게 가장 큰 진입장벽인 '대출'에서 압도적인 우위를 점합니다. 일본 주요 시중 은행들은 대기업 중개사가 검증한 매물에 대해 더 높은 신뢰를 보이며 대출 승인에 긍정적인 경우가

많습니다. 또한, 표준화된 서비스 덕분에 외국인이라 해서 부당한
수수료를 청구받거나 권리관계가 불투명한 물건을 떠안을 위험이
거의 없습니다.

- **추천 대상:** 안정적인 주거용 맨션이나 구조가 투명한 수익형 빌딩
  을 선호하며, 보수적인 대출 승인을 통해 리스크를 최소화하고 싶
  은 투자자에게 적합합니다.

② 지역 밀착형 로컬 업체: '미공개 매물'의 발원지

소위 '지역 고인물'로 불리는 이들은 특정 지역에서 수십 년간 건물
주들과 신뢰를 쌓아온 업체들입니다.

- **장점:** 대형 포털이나 공인 전산망(REINS)에 올리기 전, 상속이나
  급한 부채 해결을 위해 처분해야 하는 알짜 정보를 가장 먼저 확보
  합니다. 시장 가격보다 저렴한 급매물이나 지주가 직접 내놓는 '오
  프 마켓(Off-market)' 물건을 잡으려면 이들과의 유대가 필수적
  입니다.
- **추천 대상:** 고수익을 목표로 하는 상업용 빌딩이나 매각 차익
  (Capital Gain)을 노리는 공격적인 투자자, 혹은 특정 지역의 상
  권을 샅샅이 파악하고 있는 중급 이상의 투자자에게 유리합니다.

③ 한국인 중개인 이용하기: 전략적 활용과 리스크 관리

일본어가 서툰 투자자들에게 한국인 중개인은 언어와 문화의 장벽을
낮춰주는 훌륭한 파트너가 됩니다. 다만, 투자 성과를 극대화하기 위해
서는 한국인 중개인을 활용하는 목적과 발생 가능한 리스크를 명확히

인지해야 합니다.

- **정보의 원천과 매물 확보의 한계:** 폐쇄적인 일본 부동산 시장의 특성상, 핵심 매물은 오랫동안 신뢰를 쌓아온 현지 로컬 네트워크 안에서 먼저 소화됩니다. 서울 강남의 노른자 아파트 매물을 외국인 중개업자가 선점하기 어렵듯이, 일본의 알짜 매물 역시 현지 대형사나 지역 토착 업체가 쥐고 있을 확률이 압도적으로 높습니다. 한국인 중개인이 제안하는 물건이 '시장 전체'가 아닌 '외국인에게 오픈된 일부'일 수 있음을 경계해야 합니다.

- **비용의 불투명성 리스크:** '언어의 편리함'이라는 명목하에 일본 현지 법정 수수료보다 높은 수수료를 청구하거나, 각종 컨설팅 비용을 추가하는 경우가 발생할 수 있습니다. 또한, 중개인이 자사 보유 매물만을 우선적으로 권하는 '양손 중개(료테)'에 집중할 경우, 투자자는 더 좋은 조건의 로컬 매물을 구경조차 못 할 위험이 있습니다.

- **검증되지 않은 네트워크:** 일부 중개인은 매매에만 집중한 나머지, 사후 관리에 필수적인 현지 세무사, 법무사, 건물 관리 회사와의 네트워크가 부실한 경우가 있습니다. 투자자 입장에서는 매수 이후 닥칠 세무 리스크와 공실 리스크를 방어해 줄 수 있는 '진짜 네트워크'를 보유했는지 냉정하게 따져봐야 합니다.

(2) 수수료를 '지출'이 아닌 '투자'로 바라보는 법

일본 부동산 시장은 법정 수수료 상한(매매가 3% + 6만 엔+ 소비세)이 정해져 있으며, 이를 대하는 태도가 투자의 질을 결정합니다.

- **정보의 우선순위:** 중개업자에게 수수료는 서비스 품질의 척도입니다. 무조건 수수료를 깎으려는 투자자보다는 정당한 대가를 지불하는 투자자에게 더 가치 있는 정보와 강력한 매매가 네고 권한이 돌아가는 구조입니다.

- **전략적 파트너십 구축:** 수수료를 아끼기보다, 중개인을 내 편으로 만들어 매매가를 낮추거나 공실 리스크를 줄일 수 있는 핵심 정보를 선점하는 것이 훨씬 이득입니다. 또한, 유능한 중개인은 현지 은행 대출 연결부터 일본 내 세무사·법무사 네트워크까지 갖추고 있어, 복잡한 취득 절차와 사후 관리 비용을 낮춰주는 '종합 컨설턴트' 역할을 수행합니다.

(3) 중개인을 내 편으로 만드는 프로의 에티켓: 투자 의도의 명확화

일본은 비즈니스 신용과 효율성을 매우 중시합니다. 막연하게 "좋은 물건 추천해달라"는 식의 접근은 중개인의 힘을 빼놓을 뿐입니다. 준비된 투자자라는 인상을 주어야 중개인도 자신의 '비장의 카드'를 꺼냅니다. 이를 위해 다음과 같은 투자 기준(Criteria)을 구체적으로 서면화하여 소통하면 좋습니다.

- **목적의 명확화:** 안정적인 임대 수익(Yield)을 원하는지, 향후 자산 가치 상승에 따른 매각 차익(Capital Gain)을 노리는지를 분명히 정합니다. 이에 따라 추천받는 지역과 건물의 성격이 완전히 달라집니다.

- **용도와 규모:** 주거용(맨션, 아파트)인지 상업용(오피스, 점포)인지를 결정해야 합니다. 또한, 가동 가능한 자기자본(Equity)과 대출

희망 범위를 포함한 총 예산을 수치로 제시합니다.

- **신뢰와 시간 엄수:** 일본 부동산 시장에서는 약속 시간 1분이 곧 신용입니다. 신용이 확인된 고객에게만 광고 전의 '미공개 매물'이 가장 먼저 제안된다는 사실을 기억해야 합니다.

(4) 최종 체크리스트

필수 확인 사항	√
면허 번호 확인: 명함의 괄호 안 숫자(갱신 횟수)가 3 이상인 업체인가? (업력 10~15년 이상의 베테랑인지 확인)	
투자 명세서(Criteria) 준비: 용도(주거/상업), 예산(자기자본/대출), 목표 수익률 및 출구 전략(매각차익/월세수익)을 문서화했는가?	
로컬 협업 능력: 일본 현지 대형 중개사나 관리 회사와 유연한 정보 공유 네트워크를 구축하고 있는가?	
전문가 네트워크 보유: 대출 가능한 금융권 연계 및 외국인 투자를 지원할 현지 세무사·법무사 네트워크를 갖추었는가?	
리스크 대응 능력: "실질 수익률", "수선 적립금 미납 여부", "장기 수선 계획서" 등 날카로운 질문에 투명한 근거 자료를 제시하는가?	
세컨드 오피니언 활용: 중요한 결정 전에는 독립적인 제3의 전문가에게 매물 평가를 의뢰하여 리스크를 최소화하고 있는가?	

8. 매매계약서에서 놓치기 쉬운 포인트: 보이지 않는 리스크를 읽는 법

계약서에 도장을 찍는 순간 모든 협상은 종료됩니다. 일본 부동산 계약은 '중요사항설명'이라는 절차를 거치며 꼼꼼히 진행되지만, 워낙 서류가 많다 보니 정작 중요한 독소 조항이나 유리한 권리를 놓치는 경우가 많습니다. 특히 한국과는 다른 일본만의 관행 속에서 투자자가 가져갈 수 있는 전략적 포인트들을 짚어드립니다.

(1) 론 특약(Loan Clause): 불장 속에서 '현금 동원력'으로 승부하기

'론 특약'은 매수인이 은행 대출을 신청했으나 최종적으로 부결되었을 때, 위약금 없이 계약을 해제하고 이미 지급한 계약금을 전액 돌려받는다는 조항입니다.

- **한국 투자자의 차별점:** 최근 도쿄와 오사카 등 주요 도시가 '매도 우위 시장'이 되면서 매도인들이 론 특약이 있는 계약을 기피하는 경향이 강합니다. 이때 한국 내 자산이나 일본 현지 은행과의 사전 심사(Pre-approval)를 마쳐 '론 특약 없는 계약'을 제안할 수 있다면, 가격 협상에서 유리한 고지를 점하거나 경쟁자들을 물리치고 우선 협상권을 따낼 수 있는 강력한 차별점이 됩니다.

(2) 세금 및 공과금의 정산: '일할 계산'의 원칙

한국에서는 재산세 정산 시 특정 기준일(6월 1일) 소유자가 전액 부담하는 경우가 많지만, 일본은 매매 잔금일을 기준으로 '일할 계산(日

割計算)'을 하는 것이 일반적인 관례입니다.

- **고정자산세 정산:** 일본의 고정자산세는 1월 1일 기준 소유자에게 부과됩니다. 매매 시에는 해당 연도의 세액을 365일로 나누어, 잔금일 전날까지는 매도인이, 잔금일부터는 매수인이 부담하도록 계약서에 명시합니다. 관동(1월 1일 시작)과 관서(4월 1일 시작)의 기산일 차이를 명확히 확인하여 불필요한 비용 지불을 막아야 합니다.

(3) 세입자 보증금 반환의 독특한 관행

수익형 부동산을 매수할 때 한국 투자자들이 가장 당혹스러워 하는 부분 중 하나가 보증금 처리 방식입니다.

- **보증금의 실질적 이동:** 한국은 매매 시 보증금을 매매가에서 제외하고 차액만 지불하는 '승계' 방식이 보편적입니다. 하지만 일본에서는 매도인이 기존 세입자에게 보증금을 실제로 반환하고, 매수인이 세입자로부터 새로운 보증금을 다시 예치 받는 절차를 거치는 케이스가 흔합니다.
- **실무적 주의사항:** 실질적인 자금의 흐름이 발생할 수 있으므로, 잔금 시점에 세입자별 보증금 현황과 반환 의무의 소재를 계약서 특약으로 명확히 정리해 두어야 향후 퇴거 시 분쟁을 예방할 수 있습니다.

(4) 타워맨션 투자 시 필수 체크: 관리규약과 수선적립금

화려한 외관의 타워맨션은 일반 맨션보다 훨씬 꼼꼼한 관리규약(管理規約) 체크가 필요합니다. 규약 한 줄이 수익률을 깎아 먹거나 매각을 어렵게 만들 수 있기 때문입니다.

- **관리비 및 수선적립금의 계단식 인상:** 타워맨션은 대규모 수선비용이 막대하기 때문에 시간이 갈수록 수선적립금이 기하급수적으로 인상되는 '계단식' 구조가 많습니다. 현재의 낮은 적립금만 보고 수익률을 계산했다가 낭패를 볼 수 있으므로, 향후 10~20년의 '장기수선계획안'을 반드시 요청해 확인해야 합니다.

- **외국인 및 숙박업 제한 규정:** 최근 도쿄의 일부 타워맨션은 외국인 소유자의 의결권을 제한하거나, 에어비앤비(민박)를 엄격히 금지하는 조항을 규약에 넣는 경우가 많습니다. 또한, 펫 사육 규정이나 주차장 이용권 승계 여부 등 실질적인 자산 가치에 영향을 주는 세부 조항도 꼭 확인해야 합니다.

(5) 최종 체크리스트

필수 확인 사항	√
론 특약 유무 결정: 은행 사전 심사를 완료하여 '특약 없는 빠른 계약'으로 우선권을 확보할 준비가 되었는가?	
고정자산세 일할 계산: 지역별 기산일(1/1 또는 4/1)에 따른 세금 정산 금액이 정확히 산출되었는가?	
보증금 처리 방식 확정: 단순 승계인지, 실질적인 반환 및 재예치 과정을 거치는지 확인했는가?	
타워맨션 관리규약 정독: 외국인 제한, 민박 금지, 수선적립금 인상 계획 등 독소 조항은 없는가?	
세무/법률 전문가 검토: 계약 당일 중개사의 '중요사항설명' 내용을 사전에 번역본으로 받아 전문가에게 검토받았는가?	

수익을 만드는 법, 관리의 기술

한국의 부동산 시장이 '전세'라는 레버리지를 활용한 시세차익(Capital Gain) 중심이라면, 일본 부동산 시장은 매달 들어오는 월세 수입(Income Gain)이 자산가치를 결정하는 철저한 '수익환원법(收益還元法)' 중심의 시장입니다. 따라서 어떤 임대전략(賃貸戰略)을 수립하고, 운영비용(Running Cost)을 어떻게 통제하는지에 따라 5년, 10년 뒤의 최종수익률은 천차만별이 됩니다. 이 장에서는 먼저 임대 전략을 장기와 중단기 전략으로 나누어서 살펴본 후 임대 수익 계산법 및 부동산 관리의 기술에 대해 살펴보겠습니다.

보통 일본 부동산 투자 과정(그림 참조)은 주인이 관리회사(PM)를 통해 물건의 운영을 위탁하는 구조로 시작됩니다. 이때 투자 성향에 따라 보통 임대차나 정기 임대차 방식의 '장기 임대'를 통해 안정적인 월세 수입을 얻거나, 민박 및 먼슬리 방식의 '단기·중기 임대'를 통해 게스트로부터 숙박 수입을 창출하는 두 가지 경로를 선택할 수 있습니다. 이렇게 발생한 총수입에서 관리비, 수선적립금, PM 수수료 및 각종 보유세 등 운영 비용(OPEX)을 차감하면 실제 수익인 순 영업소득(NOI)이 산출되며, 최종적으로 대출 원리금을 상환하고 남은 금액이 투자자의 주머니로 들어오는 실질적인 현금 흐름(Cash Flow)이 됩니다.

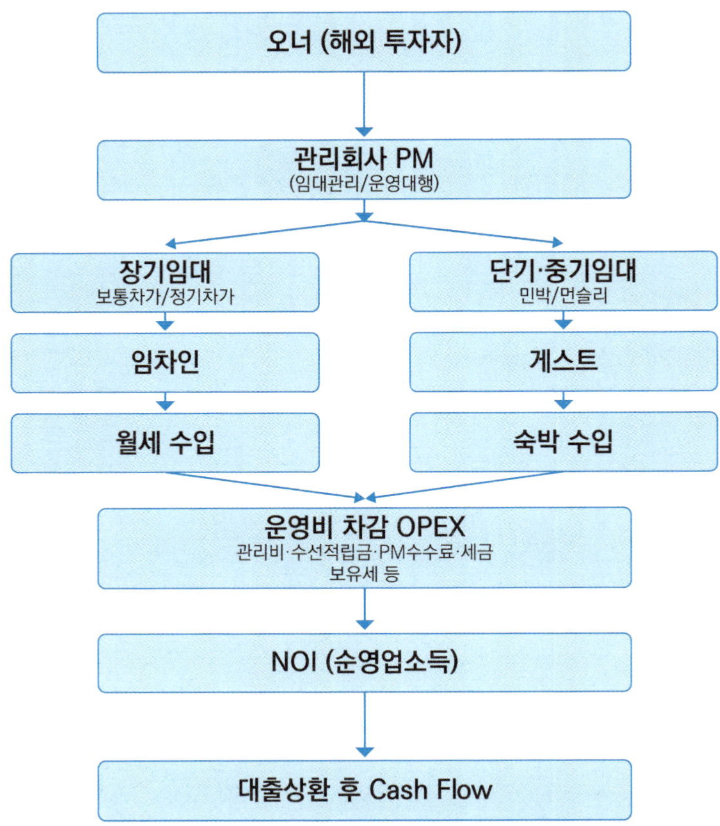

일본 부동산을 매입한 후 선택할 수 있는 운용 방식은 크게 세 가지로 나뉩니다. 안정적인 현금 흐름을 중시하는 '일반임대차(一般賃貸借)', 수익성을 극대화하는 '민박(民泊)', 그리고 그 사이의 틈새를 공략하는 '중단기임대(먼슬리 등)'입니다. 투자자는 자신의 물건 입지와 성향에 맞는 옷을 입혀야 합니다.

1. 장기 임대 전략

(1) 장기 임대 전략: 보통 임대차 계약과 정기 임대차 계약의 실전 활용

일본의 임대차 시장을 규정하는 '차지차가법'은 임차인의 권리를 강력하게 보호합니다. 앞서 살펴본 보통 임대차 계약과 정기 임대차 계약의 개념을 실전 투자 전략에 어떻게 녹여낼지가 수익률의 성패를 가릅니다.

일반적인 'Income gain(임대 수익)'형 투자자라면 시장의 90% 이상을 차지하는 보통 임대차 계약을 선택하는 것이 정석입니다. 임차인 모집이 수월하고 공실 리스크를 최소화할 수 있기 때문입니다. 다만, 이때 투자자가 반드시 인지해야 할 현실은 일본 법원이 적용하는 '정당한 사유'의 엄격함입니다. 한국과 달리 '내가 직접 살겠다'거나 '매각을 위해 비워달라'는 요구는 정당한 사유로 인정받기 매우 어렵습니다.

만약 노후 건물을 매입해 향후 재건축을 계획하고 있다면, 보통 임대차 계약은 자칫 독이 될 수 있습니다. 임차인을 내보내기 위해 막대한 퇴거 보상금(타치노키료)을 지불해야 하기 때문입니다. 통상 월세의 6~10개월 분에 이사 비용까지 얹어주어야 합의가 가능하므로, 재건축이나 전용(Private use) 계획이 있다면 임대료를 5~10% 낮추더라도 반드시 정기 임대차 계약을 맺어 계약 종료 시점을 확정 짓는 전략이 필요합니다.

(2) 임대 수익의 극대화: 월세 인상과 갱신료 전략

보통 임대차 계약 체결 시 한국 투자자들이 가장 자주 묻는 질문은 '2년 뒤 갱신 때 월세를 얼마나 올릴 수 있는가'입니다. 결론부터 말하자면, 일본에서는 기존 임차인에게 월세를 인상하는 것이 매우 어렵습니다. 합의가 원칙이나 임차인이 거부하면 강제할 수단이 마땅치 않기 때문입니다.

따라서 실전에서는 월세 인상에 매달리기보다 2년마다 들어오는 '갱신료(更新料)'를 챙기는 것에 집중해야 합니다. 도쿄 등 수도권에서는 관행적으로 월세 1달 치를 갱신료로 받는데, 이는 장기 보유 시 수익률을 약 0.2~0.3%p 끌어올리는 효자 노릇을 합니다. 월세 인상은 임차인이 교체되는 시점에 시장 상황을 반영해 진행하는 것이 가장 매끄러운 전략입니다.

(3) 입거심사(入居審査): 우량 임차인을 선별하는 법

'한 번 들이면 내보내기 힘들다'는 말은 역설적으로 '처음 들일 때 완벽하게 골라야 한다'는 뜻입니다. 이를 위해 일본 특유의 '입거 심사' 단계를 전략적으로 활용해야 합니다. 관리 회사로부터 신청서를 받으면 단순 지불 능력을 넘어 다음 세 가지를 입체적으로 체크해야 합니다.

첫째는 직업의 안정성입니다. 연봉이 높더라도 변동성이 큰 프리랜서보다는, 급여가 적더라도 꼬박꼬박 입금되는 정규직이나 공무원이 임대인 입장에서는 훨씬 우량한 고객입니다.

둘째는 생활 패턴(속성)입니다. 1인 가구 전용 물건에 동거인이 있거나 심야 활동이 잦은 업종 종사자의 경우 소음 민원으로 인해 기존 우량 임차인들이 이탈할 리스크가 있습니다.

마지막으로 가장 중요한 것은 인성입니다. 집을 보러 왔을 때 태도가 고압적이거나 사소한 트집을 잡는 입주 희망자는 추후 악성 클레임을 제기할 확률이 높으므로, 관리 담당자를 통해 현장 분위기를 반드시 피드백 받아야 합니다.

(4) 초기 비용(Initial Cost)을 활용한 보너스 수익

일본 임대차 시장에는 월세 외에도 시키킹(보증금), 레이킹(사례금)이라는 독특한 초기 비용 구조가 존재합니다.

- **시키킹:** 퇴거 시 원상회복 비용을 공제하고 돌려주는 돈입니다. 오사카 등 간사이 지역에서는 '시키비키'라는 특약을 통해 일정 금액을 무조건 공제하는 관행이 있어 사실상 추가 수익이 됩니다.
- **레이킹:** 집을 빌려준 것에 대한 사례금으로, 집주인의 순수익입니다. 인기 지역 신축일수록 레이킹을 1~2개월분 확보할 수 있어 초기 투자금을 일부 회수하는 효과가 있습니다. 최근에는 공실 해소를 위해 '레이킹 제로'를 내세우기도 하지만, 입지가 좋은 곳이라면 레이킹 설정을 통해 수익률을 보전하는 전략을 구사해야 합니다.

2. 중·단기 임대 전략

(1) 중·단기 임대 모델 비교(아파트 호텔, 먼슬리 맨션, 민박)

최근 일본 부동산 시장에서는 일반적인 장기 임대 외에도 관광객과 비즈니스 수요를 겨냥한 중·단기 임대 모델이 각광받고 있습니다. 특히 아파트 호텔, 먼슬리 맨션, 민박은 비슷해 보이지만 적용 법규와 운영 방식이 완전히 다르므로, 투자자는 자신의 물건이 가진 법적 조건을 먼저 파악해야 합니다.

첫째, 수익성이 가장 높은 '아파트 호텔'입니다. 이는 '여관업법'의 적용을 받는 숙박 시설로, 일반 주택이 아닌 상업 시설에 가깝습니다. 객실 내에 취사 시설과 세탁기를 갖추어 가족 단위 관광객에게 인기가 높습니다. 365일 제한 없이 영업할 수 있고 객단가가 가장 높지만, 프런트 설치 의무나 용도지역 제한 등 인·허가 조건이 매우 까다롭습니다. 따라서 개인이 기존 맨션을 사서 운영하기보다는 처음부터 이 용도로 지어진 물건을 매입하는 전략이 유효합니다.

둘째, 규제에서 자유로운 '먼슬리 맨션(Monthly Mansion)'입니다. 법적으로는 일반 임대차와 같은 '차지차가법'을 따르지만, 30일 이상의 단기 체류를 목적으로 합니다. 가구와 가전이 완비된 '풀옵션' 상태로 제공하며, 별도의 숙박업 허가가 필요 없다는 것이 큰 장점입니다. 최근 '도쿄 한 달 살기'와 같은 롱스테이 수요를 흡수하며 일반 월세 대비 1.3~1.5배 높은 수익을 올리는 핵심 전략으로 부상하고 있습니다. 특히 외국인 주재원이나 장기 출장자를 타깃으로 할 때 유리합니다.

셋째, 유연한 운영이 가능한 '민박(Minpaku)'입니다. '주택숙박사업법(민박신법)'에 근거하며, 주거용 맨션에서도 비교적 쉽게 신고 후 운영할 수 있습니다. 1박 단위 투숙이 가능해 성수기 수익률은 극대화되지만, 연간 영업일수가 180일로 제한된다는 치명적인 단점이 있습니다. 따라서 민박은 단독 운영보다는 다른 모델과의 조합을 고려해야 합니다.

구분	아파트 호텔 (Apartment Hotel)	먼슬리 맨션 (Monthly Mansion)	민박 (Minpaku)
법적 근거	여관업법	차지차가법 (일시사용임대차)	주택숙박사업법
허가 요건	매우 엄격(프런트 설치, 용도지역 제한)	별도 허가 불필요 (일반 임대 계약)	신고제(주거전용지역 가능, 요건 완화)
운영 기간	1박부터 가능 (365일 영업)	최소 30일 이상 계약	1박부터 가능 (연간 180일 제한)
타깃	단기 관광객 (인바운드)	장기 출장, 인테리어 기간 임시 거주, 한 달 살기	관광객
수익성	최상(객단가 높음)	상(일반 월세의 1.3~1.5배)	상(단, 가동 일수 제한 있음)
비용 구조	청소/리넨 매일 발생 (고비용)	입·퇴거 시 1회 발생 (저비용)	숙박 건별 발생 (중비용)

(2) 수익 극대화의 핵심: 하이브리드 운영 전략

현명한 투자자들은 앞서 언급한 모델들을 섞어 쓰는 '하이브리드 전략'으로 민박에 적용되는 180일 영업 제한의 벽을 넘습니다. 예를 들어, 벚꽃 시즌이나 연말연시처럼 객단가가 높은 성수기 180일은 민박으로 운영해 수익을 몰아치고, 나머지 비수기 기간은 30일 이상의 먼슬리 맨션으로 전환하여 공실을 메우는 방식입니다.

하지만 이 전략은 '고난도 퍼즐'과 같습니다. 호텔급 청소가 필요한 민박과 일반 생활 청소가 들어가는 먼슬리의 관리 기준이 서로 다르며, 예약 스케줄이 꼬일 경우 대응 비용이 더 발생할 수 있기 때문입니다. 또한 분양 맨션의 경우 관리조합 규약에서 민박을 금지하는 사례가 많으므로 매입 전 반드시 규약을 확인해야 합니다. 초보 투자자라면 전문 운영사에 위탁하거나, 블랙스톤 같은 글로벌 펀드들이 주력하는 '가구 포함 풀옵션 임대' 모델을 통해 안정적인 고수익을 노리는 것부터 시작하는 것이 안전합니다.

[여기서 잠깐] 글로벌 트렌드: 해외 펀드의 진입: '롱스테이' 시장을 선점하다

최근 블랙스톤(Blackstone) 등 글로벌 초대형 펀드들이 일본의 주거용 빌딩을 '통매입'하여 기업형 롱스테이 모델로 운영하는 사례가 폭증하고 있습니다. 개인 투자자들도 이들이 왜 '일본 주거 시장'에 베팅하는지 주목해야 합니다.

- **블랙스톤 그룹(미국):** 최근 몇 년간 일본 주거용 부동산에 수조 원 단위의 자금을 쏟아부었습니다. 도쿄와 오사카의 역세권 맨션을 매입해 리모델링 후 임대료를 높이는 밸류애드(Value-add) 전략을 구사하며, 안정적인 엔화 현금 흐름을 확보하고 있습니다.
- **캐피탈랜드-아스콧(싱가포르):** 세계적인 서비스 레지던스 운영사인 아스콧(Ascott)은 일본 내 'lyf(라이프)' 브랜드를 런칭했습니다. 이는 호텔과 공유 주택의 중간 형태로, 공용 라운지와 코워킹 스페이스를 갖춘 '코리빙(Co-living)' 컨셉입니다. 단순 숙박이 아닌 '커뮤니티와 롱스테이'를 원하는 디지털 노마드와 영 프로페셔널(Young Professional)을 타깃으로 하여 공실률을 획기적으로 낮췄습니다.

- **햄릿(Hmlet, 미쓰비시지쇼 파트너):** 싱가포르의 코리빙 스타트업 '햄릿'은 일본 최대 디벨로퍼 미쓰비시지쇼와 손잡고 도쿄 도심에 진출했습니다. 까다로운 보증금/사례금 문화를 없애고, '최소 1개월부터 계약 가능한 프리미엄 주거'를 제공하여 외국인 주재원과 고소득 IT 종사자들을 흡수하고 있습니다.
- **【Insight】:** 해외펀드들은 '유연함(Flexibility)'과 '편의성(Furnished)'이 미래 임대 시장의 핵심임을 간파했습니다. 개인 투자자 또한 단순 월세 놓기에 그치지 말고, 가구 포함 옵션이나 유연한 계약 조건을 통해 물건의 차별화를 꾀해야 합니다.

3. 임대 수익 계산법: 표면 수익률의 함정을 피하라

일본 부동산 광고 전단인 마이소쿠(マイソク)에 기재된 '표면 수익률(Surface Yield)'은 투자 판단을 위한 최소한의 참고치일 뿐, 그 수치 자체가 수익을 보장하지는 않습니다. 성공적인 투자를 위해서는 관리비와 세금 등 실질적인 지출을 제외한 순영업 소득(NOI)은 물론, 대출 원리금까지 차감한 최종적인 세후 현금 흐름(Cash Flow)을 정밀하게 시뮬레이션할 수 있어야 합니다.

이를 위해 수입과 지출의 상세 내역을 정확히 파악하는 것이 우선입니다.

(1) 수익(Income)과 비용(Expense)의 상세 구조

① 주요 수입 항목: 단순 월세 그 이상의 가치

- **야칭(家賃, 월세):** 가장 기본이 되는 매달의 임대료 수입입니다.
- **쿄에키히(共益費, 공익비):** 엘리베이터 운영, 복도 청소 등 건물 공용부 관리를 위해 임차인이 납부하는 비용으로, 이 또한 집주인의 수입에 포함됩니다.
- **기타 부대 수입:** 주차장 및 자전거 보관소 이용료는 물론, 일본 특유의 관행인 갱신료(2년마다 1회)와 **레이킹(입주 시 사례금)** 등은 장기적인 수익률을 끌어올리는 중요한 보너스 수입원이 됩니다.

② 주요 지출 항목(Running Cost): 수익률의 실질적 결정자

도쿄 도심의 구분 맨션 투자를 기준으로 할 때, 통상적으로 **총수입의 15~25% 정도**가 고정 비용으로 지출됩니다.

- **건물 유지비:** 관리비와 수선적립금 등 건물 유지에 필수적인 비용
- **위탁 수수료:** 임대 관리 회사(PM)에 지불하는 관리 수수료
- **공과금 및 세금:** 고정자산세, 도시계획세 등 보유 관련 세금

이러한 고정 지출을 간과한 채 표면 수익률만 보고 진입할 경우, 장부상으로는 흑자이나 실제로는 적자인 투자가 될 위험이 큽니다. 따라서 지출 항목을 꼼꼼히 따져 '내 통장에 남는 진짜 돈'을 계산하는 것이 일본 부동산 실전 투자의 첫걸음입니다.

[표] 주요 지출 항목

항목	내용 및 특징	비고
관리비 (管理費)	건물 전체 유지보수, 청소, 방범 등	구분 소유자가 관리조합(관리단)에 납부
수선적립금 (修繕積立金)	대규모 수선(외벽 도색, 배관 교체)을 위한 저축	전액 소유자 부담 (임차인 전가 불가). 건물이 오래될수록 인상되는 경향이 있음
PM 수수료 (管理委託費)	임대 관리 회사에 지불하는 위탁 수수료	통상 임대료의 3~7% + 소비세 (공실일 땐 발생하지 않음)
고정자산세 /도시계획세	보유세 (매년 1월 1일 소유자에게 부과)	과세표준액(課稅標準額)의 약 1.4%(고정) + 0.3%(도시). 통상 실거래가의 60~70% 수준에서 과세표준이 잡힘

항목	내용 및 특징	비고
원상회복비 (原状回復費)	임차인 퇴거 시 발생하는 수리/청소 비용	도쿄 룰(東京ルール)에 따라 자연 마모는 집주인 부담. 퇴거 시 3~8만 엔 수준
광고료 (AD, 広告料)	신규 임차인 모집 시 중개사에 주는 인센티브	통상 월세의 1개월분 (비인기 지역이나 급할 때는 2~3개월분을 주기도 함)

(2) 일본 부동산 수익 계산(Yield Structure)

일본 부동산 임대사업의 전반적인 운영 프로세스와 그에 따른 단계별 수익을 살펴보겠습니다. 앞서 언급했듯이 일본 부동산 임대사업은 해외 투자자인 오너가 현지 관리회사(PM)에 운영을 위탁하면서 시작되며, 물건의 성격에 따라 임차인을 통한 월세 수입(장기 임대)이나 게스트를 통한 숙박 수입(단기·중기 임대)을 창출하게 됩니다. 이렇게 발생한 연간 총 잠재 수입(GPI)에서 공실률을 반영한 유효 총소득(EGI)을 먼저 산출하고, 여기에 관리비·수선적립금·PM 수수료·보유세 등 제반 운영 비용(OPEX)을 차감하면 비로소 물건의 실제 수익력을 나타내는 순영업 소득(NOI)이 결정됩니다. 최종적으로 대출에 따른 이자와 같은 금융 비용까지 제외하고 나면 투자자가 실제로 손에 쥐게 되는 세전 현금 흐름(Cash Flow)이 완성되는데, 이 일련의 과정을 정확히 이해해야 겉으로 보이는 수익률에 현혹되지 않는 성공적인 투자가 가능합니다.

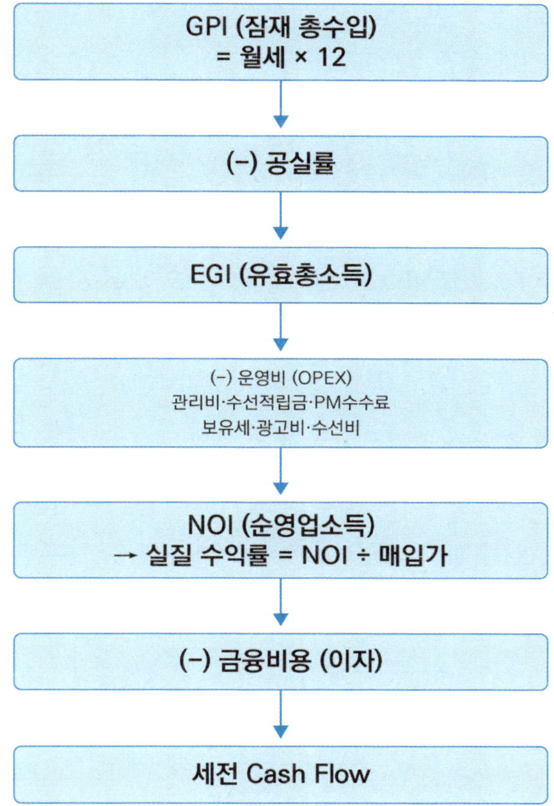

(3) 실전 수익률 시뮬레이션(상세)

[시뮬레이션] 데이터로 본 일본 부동산의 실전 수익 구조

도쿄 도심의 3,000만 엔대 구축 맨션을 예로 들어 실질적인 수익 구조를 살펴보겠습니다. 월세 12만 엔을 기준으로 할 때, 연간 총수입(GPI)은 144만 엔이며 우리가 흔히 말하는 표면 수익률은 4.8%가 됩니다. 하지만 이는 말 그대로 '표면'일 뿐입니다. 실제 수익을 계산하려면 5% 수준의 공실 리스크는 물론 건물 관리비, 수선적립금, PM 수수료,

고정자산세 등 연간 약 45만 엔에 달하는 운영 비용(OPEX)을 반드시 차감해야 합니다.

그 결과, 투자자가 손에 쥐는 진정한 수익인 순영업 소득(NOI)은 91.8만 엔으로 집계되며, 최종적인 실질 수익률(Net Yield)은 3.06%로 수렴합니다. 결국 일본 부동산 투자의 핵심은 화려한 겉보기 수익률이 아니라, 각종 유지 비용을 걷어낸 뒤 남는 '진짜 현금 흐름'을 정확히 파악하는 데 있습니다.

[투자 판단] 숫자에 숨겨진 '1인치'의 기회

그렇다면 이 3%대의 수익률은 매력적인 숫자일까요? 판단의 기준은 금리와의 차이, 즉 일드 갭(Yield Gap)에 있습니다. 만약 대출 금리가 2.0%라면, 투자자는 1.06%의 안정적인 마진을 확보하게 됩니다.

구분	항목	금액(엔)	비고
기본 정보	매매 가격	3,000만	도쿄 도심 역세권 표준 구축 사례
수입 (A)	연간 총 잠재 수입 (GPI)	144만	월세 12만 엔 가정 (표면 수익률 4.8%)
	공실 손실 및 미수금	−7.2만	공실률 5% 가정
(A) 합계	유효 총소득 (EGI)	136.8만	실제 발생 가능한 총수입
비용 (B)	건물 관리비 + 수선적립금	−24만	월 2만 엔 × 12개월
	PM(관리회사) 수수료	−7.92만	월 6,600엔 × 12개월
	고정자산세 / 도시계획세	−8만	연간 보유세 추정치
	기타 수선비 예비비	−5만	연간 유지보수 예비비

구분	항목	금액(엔)	비고
(B) 합계	연간 운영 비용 (OPEX)	약 45만	총수입의 약 31~33% 수준
최종 수익	순 영업소득 (NOI)	91.8만	(A) – (B)
수익률	실질 수익률 (NOI Yield)	3.06%	세전 실질 투자 수익률

여기서 주목해야 할 점은 이것이 끝이 아니라는 사실입니다. 2년마다 돌아오는 갱신료와 신규 입주 시 발생하는 레이킹(사례금)을 계산에 넣으면, 실질 수익률은 3% 중반대까지 상승합니다. 이처럼 평면적인 수치 너머에 존재하는 추가 수익 구간, 이것이 바로 일본 부동산 투자의 성패를 가르는 '숨은 1인치'입니다.

4. 부동산 관리의 기술: 리스크를 통제하고 가치를 높이는 힘

해외 투자자에게 '관리'는 곧 '신뢰할 수 있는 파트너의 선정'과 같습니다. 일본 현지에 상주하지 않고도 시스템을 통해 건물을 완벽하게 장악하기 위해서는 임대 전략에 최적화된 관리 체계를 구축해야 합니다.

(1) 관리의 핵심: '임대 관리'와 '운영 대행'

많은 투자자가 보통 임대차 계약을 맺으면서도 관리회사(PM)가 필요한지, 혹은 민박 운영 시에도 같은 업체에 맡길 수 있는지 궁금해합니다. 결론부터 말씀드리면, 해외 투자자에게 PM은 선택이 아닌 필수입니다. 다만, 선택한 임대 전략에 따라 PM의 역할과 수수료 체계는 완전히 달라집니다.

일반적인 장기 임대의 경우, PM은 '집주인의 대리인' 역할을 수행합니다. 매달 월세 입금을 확인하고, 설비 고장 시 수리 업체를 섭외하는 등 업무 강도가 상대적으로 낮아 수수료가 저렴합니다. 반면, 민박이나 호텔 운영 시 PM은 '호텔 지배인'이 되어야 합니다. 게스트의 메시지에 즉각 응대하고 청소 상태를 정밀 검수하며, 시즌별로 숙박 요금을 조절하는 고도의 전략을 구사해야 하므로 수수료가 훨씬 높게 책정됩니다. 그 중간 형태인 먼슬리는 비대면 계약 위주지만 입·퇴거가 빈번하므로, 공실 최소화를 위해 반드시 먼슬리 전문 운영사를 파트너로 삼아야 합니다.

구분	일반 임대 관리 (보통/정기 임대차)	운영 대행 (민박/호텔)	먼슬리 맨션 위탁
핵심성격	임대관리: 부동산 자산 관리	숙박운영: 서비스업/접객업	하이브리드: 단기임대+청소
PM의 역할	임차인 모집, 월세 수금, 불만 대응, 갱신계약, 퇴거정산	예약관리, 게스트 응대 (다국어), 청소/리넨, 가격조정, 법적신고	온라인계약, 가구 관리, 퇴거 후 청소, 입주자 매칭
필요성	필수(해외에서 월세수금/민원 해결 불가능)	필수(24시간 대응 및 현장 운영 필수)	필수(잦은 입·퇴거 관리 필요)
수수료	월세의 3~5% (+소비세)	매출의 15~25% (+청소비 별도)	매출의 10~20% 수준

(2) 파트너 선정을 위한 필수 체크리스트

성공적인 운영을 위해서는 내 물건의 성격에 맞는 핵심 역량을 가진 업체를 골라야 합니다. 우선 공통적으로는 **외국인 오너 대응력**이 중요합니다. 한국어 소통이 가능하거나 라인(LINE) 등으로 실시간 리포팅을 제공하는지, 그리고 IT 시스템을 통해 수지 내역을 투명하게 공개하는지 확인해야 합니다. 야간 누수 등 비상 상황에 대비한 **24시간 콜센터 작동 여부**도 필수 체크 항목입니다.

전략별로는 더 날카로운 잣대가 필요합니다. 장기 임대라면 자사 홈페이지뿐만 아니라 '수우모(SUUMO)' 같은 외부 포털에 매물을 적극적으로 공유해 공실을 해소하는지, 보증 회사와의 연계를 통해 체납 발생 시 즉각적인 대위변제 청구 시스템을 갖췄는지 따져야 합니다. 반면 민박이나 먼슬리는 리뷰 점수를 좌우하는 청소 퀄리티와 다국어 응대팀의 반응 속도, 그리고 수익을 극대화하는 탄력적 가격 정책(Dynamic

Pricing) 노하우가 선정의 기준이 됩니다.

① 공통체크리스트: 기본기편

필수 확인 사항	√
외국인 오너 대응: 한국어 가능한 담당자가 있거나, 라인(LINE) 등으로 실시간 소통이 가능한가?	
IT 리포팅: 종이 명세서 대신, 전용 앱(App)이나 웹으로 수지 내역을 투명하게 공개하는가?	
긴급대응: 야간/주말 누수 등 사고 발생 시 24시간 콜센터가 작동하는가?	

② 일반임대(장기) 선택 시

필수 확인 사항	√
객관적 공실 해소 능력: 자사 홈페이지에만 매물을 가두지 않고, '레인즈(REINS)'와 'SUUMO' 등 포털에 적극적으로 공개하여 다른 부동산의 손님도 끌어오는가?	
체납 관리 프로세스: 보증 회사 가입을 의무화하고, 체납 발생 시 즉각적인 대위변제(代位弁済) 청구 시스템이 갖춰져 있는가?	

③ 민박/먼슬리(단기) 선택 시

필수 확인 사항	√
청소 및 리넨품질: 호텔급 청소 퀄리티를 유지할 수 있는 전문인력을 보유하고 있는가? (가장 중요한 리뷰 요소)	
다국어 게스트 응대: 에어비앤비 메시지 등에 10분 이내로 응답가능한 24시간 대응팀이 있는가?	
유연한 가격 정책: 성수기/비수기, 주말/평일에 따라 숙박 요금을 탄력적으로 조정(Dynamic Pricing)하는 노하우가 있는가?	

(3) 월세 체납 리스크의 완벽한 방패: 보증 회사 활용법

　과거 일본 임대차 시장의 장벽이었던 연대보증인 제도는 이제 '임대 보증 회사'가 대체하고 있습니다. 임차인이 가입비를 내고 보증을 신청하면, 체납 발생 시 보증 회사가 집주인에게 월세를 대납(대위변제)하고 직접 추심을 진행하는 구조입니다.

　여기서 투자자가 놓치지 말아야 할 디테일은 **보장 범위**입니다. 단순히 월세만 보장하는 상품보다는 소송 비용과 명도 집행 비용까지 전액 커버되는 상품을 골라야 합니다. 또한, 일부 저렴한 상품은 보장 기간을 최대 6개월로 제한하기도 하므로, 반드시 퇴거 시까지 무제한으로 보장되는 '풀 커버리지' 상품에 가입하도록 관리 회사에 명확히 지시해야 합니다.

(4) 퇴거 분쟁을 예방하는 가이드라인: '도쿄 룰'의 이해

　임대차 분쟁의 상당수는 퇴거 시 원상회복 비용 정산에서 발생합니다. 이를 방지하기 위해 도쿄도는 '경년 변화와 통상적인 마모는 집주인이 부담한다'는 원칙의 도쿄 룰(Tokyo Rule)을 제정했습니다. 햇빛에 바랜 벽지나 가구 무게로 눌린 카펫 자국, 다음 세입자를 위한 열쇠 교체 비용 등은 원칙적으로 오너의 몫입니다. 반면 흡연으로 인한 변색, 청소 불량으로 생긴 곰팡이, 애완동물의 스크래치 등은 임차인에게 당당히 청구할 수 있습니다. 이 기준을 명확히 숙지하고 있어야 관리 회사의 정산 업무를 적절히 감독할 수 있습니다.

(5) 해외 투자자의 의무: 납세관리인 지정과 원천징수

일본에 주소가 없는 투자자는 세무 우편물 수령과 신고를 대행할 **납세 관리인**을 지정해야 합니다. 대개 세리사나 관리 회사가 이 역할을 맡습니다. 이때 주의할 점은 임차인이 법인인 경우 월세의 20.42%를 소득세로 원천징수하고 지급한다는 사실입니다. 이는 추후 확정신고를 통해 환급받거나 정산해야 하는 금액이므로 세무 대리인과의 긴밀한 소통이 필요합니다. 또한, 매매가가 1억 엔을 초과하는 물건을 비거주자가 매각할 때도 매각대금의 10.21%가 원천징수될 수 있으므로 사전에 매도 전략을 점검해야 합니다.

5. 수익의 격차를 만드는 힘: 오너의 마인드셋

일본 부동산 투자의 성패는 결국 물건이 아닌 '주인의 태도'에서 갈립니다. 많은 이들이 해외 투자를 단순히 통장에 찍히는 '불로소득(Unearned Income)'으로 오해하곤 하지만, 실질적인 수익의 완성은 이것을 철저한 '임대 사업(Rental Business)'으로 인식하는 데서 시작됩니다.

일본 부동산 시장의 가장 큰 매력은 리스크를 투자자의 직관이 아닌 '시스템'으로 완벽하게 제어할 수 있다는 점입니다. 과거 집주인의 골칫거리였던 월세 체납은 이제 '보증 회사(保証会社)' 시스템을 통해 원천적으로 차단되었으며, 불투명한 명도 리스크 또한 '정기 임대차 계약'을 전략적으로 활용함으로써 충분히 통제 가능한 범주 안에 둘 수 있습니다. 즉, 투자자가 리스크를 헤지(Hedge)할 수 있는 모든 도구는 이미 시장에 마련되어 있습니다.

그러나 이 도구를 휘두르는 주체는 결국 오너 자신입니다. "관리 회사가 알아서 하겠지"라는 방관자적 태도는 수익률을 갉아먹는 가장 큰 적입니다. 매달 전달되는 월차 보고서(月次報告書)의 행간을 읽어내고, 공실 발생 시 선제적으로 광고비(AD)를 조정하거나 시장 상황에 맞춰 '레이킹 제로 캠페인'을 먼저 제안하는 등의 적극적인 오너십(Ownership)이 필요합니다. 시스템을 이해하고 주도적으로 운용할 때, 일본 부동산은 비로소 흔들리지 않는 견고한 자산으로 화답할 것입니다.

일본 부동산 투자 실무

Part 2

상세 실무
(자금조달/세금/법률)

자금조달전략과 투자의 구조화

1. 금융을 지배하는 자가 부동산을 지배한다

일본 부동산 시장은 전 세계 어디에서도 찾아볼 수 없는 독특한 금융 환경을 제공합니다. 투자자들 사이에서 회자되는 '일본 부동산은 은행 돈으로 산다'는 격언은 단순한 요령이 아니라, 일본 시장의 본질을 꿰뚫는 핵심 키워드입니다. 결국 성공적인 투자는 좋은 건물을 고르는 안목을 넘어, 그 투자를 지탱할 최적의 금융 구조를 설계하는 능력에서 판가름납니다.

일본 은행(BOJ)은 2025년 12월 정책금리를 0.75%로 인상하며 금리 정상화에 속도를 내고 있습니다. 글로벌 기준으로는 여전히 낮지만, 과거 '제로 금리' 시대를 지나 3%대 대출 금리 시대를 눈앞에 둔 지금, 레버리지의 기회는 존재하되 활용 난이도는 이전보다 훨씬 높아졌습니다. 단순히 돈을 빌려 건물을 사는 것만으로는 성공을 장담할 수 없는 시대가 된 것입니다.

실제로 시장의 문턱도 높아졌습니다. 자금세탁방지(AML) 규정이 엄격해졌고, 2025년 10월 비자 요건이 강화되면서 신설 법인의 시장 진입도 까다로워졌습니다. 여기에 높은 양도소득세는 단기 시세차익을 노리는 개인 투자의 실효성을 떨어뜨리고 있습니다. 하지만 변화된 환경은 준비된 투자자에게 오히려 기회가 됩니다. 한국의 외국환거래법 개정으로 송금 한도가 늘어났고, 일본 정부의 부동산 세제 혜택 연장은 새로운 돌파구를 제공하고 있습니다.

이 장에서는 복잡해진 시장 환경 속에서 한국인 투자자가 반드시 숙지해야 할 자금 조달(Financing)의 정석과 세금·송금 문제를 해결하기 위한 고도화된 투자 구조(Structuring)를 심층적으로 다룹니다. 이제는 단순히 '매수자'에 머물지 않고, 전문가와 협업하여 금융 시스템을 직접 설계하는 '스마트 인베스터'로 거듭나야 합니다. 2026년의 시장에서 검증된 파트너와 함께하는 것은 선택이 아닌, 투자의 필수 생존 전략입니다.

2. 지금 조달의 미학: 레버리지와 리스크 관리

(1) 레버리지 전략: 금리 인상기를 이기는 '일드 갭(Yield Gap)'의 마법

부동산 투자의 본질은 단순히 건물을 소유하는 것을 넘어, 자기자본(Equity)과 타인자본(Debt)을 정교하게 조합하여 자산 가치를 극대화하는 시스템 설계에 있습니다. 특히 일본 시장이 글로벌 투자자들에게 여전히 매력적인 이유는 임대 수익률(Cap Rate)과 대출 이자율 사이의 차이, 즉 '스프레드(Yield Gap)'가 플러스(+)를 견고하게 유지하고 있기 때문입니다. 이 스프레드가 살아있는 한, 대출은 단순한 부채가 아니라 수익을 증폭시키는 강력한 엔진 역할을 하게 됩니다.

최근 몇 년 사이 글로벌 부동산 시장의 지형도는 급격히 변했습니다. 특히 그동안 한국 투자자들의 관심이 높던 미국의 경우 대출 금리가 6~9%대까지 치솟으며 임대 수익률(3~4%)을 훌쩍 상회하는 '역레버리지(Negative Leverage)' 현상이 고착화되었습니다. 이 구조에서는 대출을 받을수록 손해를 보기 때문에, 결국 자산 가치가 오르기만을 기다리는 불안정한 투자를 이어갈 수밖에 없습니다. 반면 일본은 2026년 금리 인상 기조 속에서도 여전히 대출을 활용하여 자기자본 수익률(ROE)을 높일 수 있는 여지가 남아 있습니다. 금리가 완만하게 올랐지만, 임대 수익이 이자 비용을 덮고도 추가 수익을 남겨주는 '스프레드의 힘'이 여전히 살아있기 때문입니다.

레버리지의 실제 위력은 수치로 명확히 드러납니다. 예를 들어 보겠습니다. 실질 수익률 4.5%인 1억 엔짜리 건물을 내 돈으로만 산다면,

연간 450만 엔을 벌어 4.5%의 자기자본 수익률(ROE)을 얻습니다. 하지만 2026년 현재 금리인 2.5%(보수적 가정)로 자금의 60%(6,000만 엔)를 대출받고 내 돈은 4,000만 엔만 들인다면 결과는 완전히 달라집니다. 이자 150만 엔을 내고도 300만 엔이 손에 남기 때문입니다. 이때 내 투자금 대비 수익률(ROE)은 7.5%로 껑충 뛰어오릅니다.

[표] 투자 시뮬레이션 비교: 1억 엔 건물 매입 시 (실질 수익률 4.5% 가정)

Case A (100% 현금매입)	Case B (60% 대출활용, 대출금리 2.5% 가정)
투자금: 1억 엔 순수익: 450만 엔	자기자본: 4,000만 엔/ 대출금: 6,000만 엔 이자비용: 150만 엔(6,000만 엔×2.5%) 세전 순수익: 300만 엔(450만 엔−150만 엔)
자기자본 수익률(ROE): 4.5%	자기자본 수익률(ROE): 7.5%

초저금리 시대보다 레버리지 효과가 줄어든 것은 사실이지만, 대출을 활용할 때의 수익률이 현금 투자보다 여전히 유리합니다. 우리가 금리 인상기라는 파도 속에서도 일본 투자를 멈출 수 없는 이유가 바로 여기에 있습니다. 결국 금리 수치 자체에 흔들리기보다, 오른 금리를 가뿐히 넘어서는 우량 매물을 골라내는 안목이 핵심입니다. 남의 돈(대출)을 효율적으로 활용해 내 수익을 극대화하는 이 탄탄한 구조야말로 일본 시장이 주는 최고의 기회입니다.

(2) 금리 인상기와 DSCR 관리의 중요성

그러나 2026년 현재 금융 환경에서는 '무조건적인 대출'은 경계해야 합니다. 변동금리 리스크가 현실화되고 있기 때문입니다. 따라서 투자자는 단순히 LTV(Loan To Value, 담보인정비율)를 높여 현금을 아

끼는 것보다 적절한 DSCR(Debt Service Coverage Ratio, 부채상
환계수) 관리에 집중해야 합니다.

- **DSCR 공식: 순 영업소득(NOI) ÷ 연간 원리금 상환액**
- **권장 기준:** 일본 금융기관은 통상 DSCR 1.2배 이상을 안정권으로
  봅니다. 즉, 월세 수입이 대출 원리금 상환액의 1.2배는 되어야 공
  실이 발생하거나 금리가 올라도 대출을 갚으며 버틸 수 있다는 뜻
  입니다.
- **스트레스 테스트:** 2026년 현재 대출 금리가 3%를 향해 상승 중입
  니다. 변동금리 선택 시 향후 금리가 1~2%p 추가 상승하더라도
  DSCR이 1.0 밑으로 떨어지지 않는지 시뮬레이션 해보는 보수적
  인 자금 계획이 필수적입니다. 자기자본 비율을 기존보다 조금 더
  높여(40~50%) 현금 흐름을 방어하는 전략이 안전합니다.

3. 대출의 해부: 금리, 비용, 그리고 상환 조건

많은 투자자가 '금리가 몇 퍼센트인가?'에만 집중하지만, 실제 수익률을 갉아먹는 복병은 초기 부대비용(Closing Costs)과 대출기간(Tenor) 등의 조건입니다. 일본 부동산대출의 실체를 살펴보겠습니다.

(1) 금리의 구성: 기준금리와 스프레드

일본의 대출 금리는 '기준금리(Base Rate) + 가산금리(Spread)' 구조입니다. 하지만 한국의 COFIX처럼 단일화된 기준이 아니라, 대출의 성격(개인 vs 법인)에 따라 다양한 기준금리가 적용되므로 그 메커니즘을 이해해야 합니다.

종류	주요 내용
일본 은행 정책금리	• **일본 은행의 정책금리(BOJ Policy Rate)는 모든 금리의 뿌리** • **정의:** 일본 중앙은행이 금융기관에 자금을 공급할 때 적용하는 금리로, 모든 시중 금리의 바닥(Floor) 역할을 함(2026. 1월 현재 연 0.75%) • **영향:** 정책금리 상승 시 시장 금리인 TIBOR는 연쇄 반응하여 상승하고, 은행이 결정하는 단기 프라임 레이트는 시차를 두고 후행하여 오름
TIBOR	• **TIBOR(Tokyo Interbank Offered Rate) – 법인/PF 대출의 기준** • **정의:** 도쿄 금융시장에서 은행 간에 자금을 빌려줄 때 적용하는 금리. 주로 '3개월물(3M TIBOR)' 또는 '6개월물(6M TIBOR)'이 기준이 됨 • **특징:** 시장 상황을 실시간으로 반영하여 변동성이 큼. 법인 대출, 대규모 프로젝트 파이낸싱(PF), 논리코스 론(Non-recourse Loan)은 대부분 TIBOR에 연동됨. 따라서 법인 투자자는 금리 인상기에

종류	주요 내용
	이자 비용이 가장 먼저, 그리고 민감하게 늘어나는 구조임을 인지해야 함
단기 프라임 레이트	• **단기 프라임 레이트(Short-term Prime Rate) – 개인/주택론의 기준** • **정의:** 은행이 최우량 기업에 1년 미만 단기로 대출할 때 적용하는 최우대 금리. 현장에서는 줄여서 '단프라(Tan-pura)'라고 칭함 • **특징:** 일본의 개인 주택론(변동금리)과 일반적인 중소기업 부동산 담보 대출의 기준이 됨. 시장 금리(TIBOR)와 달리 은행이 정책적으로 결정하는 '고시 금리' 성격이 강해, 시장 금리가 올라도 즉각 올리지 않고 버티는 경향(Sticky)이 있음. 개인 투자자의 체감 금리 인상 속도가 법인보다 느린 이유가 여기에 있음 • **일본의 장기 프라임 레이트는 2.5~2.8% 범위**
가산금리	• **가산금리(Spread) – 은행의 마진** • 차주의 신용도(Attribute)와 물건의 담보가치에 따라 기준금리에 얹는 은행의 수익 • **공식:** 대출 금리= 기준금리(TIBOR or 단프라) + 스프레드(0.5~2.0%) • **전략:** 가산금리는 투자자의 협상력(자산 규모, 사업 계획)에 따라 0.1%p 단위로 깎을 수 있는 영역임. 우대금리를 제대로 적용받을 경우 단프라에서 마이너스 스프레드를 적용받을 수도 있음

금리 시뮬레이션을 통해 레버리지의 효과를 확인했다면, 이제 이를 실제 투자 현장에서 어떻게 적용하고 확보할 것인지 고민해야 할 때입니다. 2026년 현재, 일본 금융시장의 금리 지형도는 투자자의 조건과 협상 역량에 따라 크게 두 갈래로 나뉩니다.

우선 개인 자격으로 접근하는 일반적인 리테일(Retail) 금융의 경우, 최근의 기준금리 인상분이 고스란히 반영되어 있습니다. 외국인 개인이 일본 현지에서 자금을 빌릴 때 변동금리 기준으로 최대 연 2.7%에서 3.8% 사이의 금리가 적용될 수 있습니다. '일본 금리는 1%대'라는 과거의 상식만 믿고 접근했다가는 높아진 이자 비용에 당황할 수 있습니다.

하지만 법인 형태의 기업 금융이나 신용도가 우량한 차주에게는 여전히 다른 세상이 열려 있습니다. 이른바 협상(Negotiated Deal)의 영역입니다. 시장 기준 금리인 TIBOR(도쿄 은행 간 금리)에 가산금리를 붙이는 방식으로 접근하면, 여전히 2% 초중반대의 금리를 끌어낼 수 있습니다. 특히 '30년 상환'이라는 장기 대출 조건에 '3년 만기 갱신'과 같은 유연한 옵션을 결합하면 금리 협상에서 훨씬 유리한 고지를 선점하게 됩니다.

결국 '2%대 금리 시대는 끝났다'는 말은 시장 전체를 아우르는 일반론일 뿐, 준비된 투자자에게는 여전히 기회의 틈새가 열려 있습니다. 내가 어떤 구조(Structure)로 은행 앞에 서느냐에 따라 수익률의 앞자리가 달라진다는 사실을 잊지 말아야 합니다.

[여기서 잠깐] **금리 혼동 주의: 0.6%와 3.2% 사이, 내 금리는 얼마일까?**

일본 부동산 관련 기사나 광고를 보다 보면 0%대부터 4%대까지 제각각인 금리 수치 때문에 혼란을 겪곤 합니다. 하지만 핵심은 '대출의 목적'과 '누가 빌리는가(차주)'에 있습니다. 내가 받을 수 있는 진짜 금리가 무엇인지 명확히 구분해야 정확한 수익 설계가 가능합니다.

- **0.3~1.2% (초저금리):** 본인이 직접 거주할 집을 살 때만 적용되는 '실거주용 주택론(Home Loan)'입니다. 일본 은행들이 내 집 마련을 장려하기 위해 내놓은 일종의 특가 상품이죠. 실제 실행 평균은 변동금리 기준 0.5~0.9% 수준이며, 안정적인 소득이 있는 비영주권자라면 0.9~1.5% 내외로 가능합니다. 하지만 이는 투자용 부동산에는 해당되지 않는 수치임을 명심해야 합니다.

- **3~3.8% (일반금리, 투자용 대출 변동금리)**: 임대 수익을 목적으로 개인이 대출을 받는다면 3.0~3.8% 수준의 '투자용 대출(Investment Loan)' 금리가 적용되는 것이 일반적입니다. 이는 시장의 기준금리 인상이 반영된 2026년 현재의 보편적인 구간입니다.
- **2.0~2.9% (협상금리)**: 이는 개인이 아닌 법인 명의로, 전문가와 함께 대출 구조를 설계했을 때 도달할 수 있는 '협상 금리'의 영역입니다. 시장 기준 금리인 TIBOR에 연동하거나 '3년 주기 갱신' 같은 조건을 전략적으로 활용해 은행과 협상(Structure)을 했을 때 받아낼 수 있는 조건입니다.
- **약 2.95~4.20% 수준**: 만약 법인 명의로 모기지 대출을 받는다면 은행이나 상품에 따라, 그리고 대출 기간(3~25년)에 따라 약 2.95%에서 4.20%까지 범위가 더 넓어지기도 합니다.

결국 광고 속의 0%대 금리에 현혹되어 수익률을 낙관하기보다, 내 투자 목적과 구조에 맞는 실질 금리를 냉정하게 파악하는 것이 성공적인 수익 관리의 첫걸음입니다.

(2) 숨겨진 비용: 부대비용(Closing Costs) 상세

일본 대출의 특징은 '초기 수수료'가 한국보다 훨씬 비싸고 복잡하다는 점입니다. 일반 은행은 2.0~2.8% 수준, 논뱅크 또는 고위험 대출의 경우 3~4%가 대출 관련 비용으로 빠져나갑니다. 10억 원을 대출받는다면 약 2~4천만 원이 수수료로 차감될 수 있으므로 이를 미리 감안하여 계산해야 합니다.

① **사무수수료 (事務手数料)**: 금융기관 취급 수수료로, 통상 대출 원금의 1.1~2.2%(소비세 포함)입니다. 한국계 은행 지점 등과 협의 시 1% 초반대까지 낮추는 경우도 있으니 적극적인 협상(Nego)가 필요합니다. 선취수수료이니만큼 연율화해서 All-in Cost로 비교해 볼 필요가 있습니다.

② **보증료 (保証料):** 보증회사를 이용할 경우 발생하며, 외국인은 보증료 대신 금리가 0.2~0.5%p 가산되는 경우가 종종 있습니다.

③ **인지세 (印紙税):** 금전소비대차계약서에 붙이는 수입인지입니다. (대출액 5천만~1억 엔 구간의 경우 6만 엔)

④ **등록면허세 (登録免許税):** 저당권 설정을 위해 납부하며 채권최고액의 0.4%입니다.

⑤ **사법서사 보수 (司法書士 報酬):** 등기를 대행하는 법무사 비용으로 약 10~20만 엔 수준입니다.

(3) 대출 프로세스 4단계와 론 특약(Loan Special Agreement)

일본의 대출 심사는 '돌다리도 두드려보고 안 건너는' 식입니다. 한국보다 시간이 오래 걸리므로(최소 1달~1.5달), 미리 여유 있게 준비하는 것이 중요합니다.

① **사전 심사 (事前審査):** 매수의향서(LOI) 제출 단계에서 은행에 약식으로 가능 여부를 타진합니다. (3~7일 소요)

② **본 심사 (本審査):** 정식 매매계약 후 진행되는 정밀 심사입니다. 본점 심사부에서 물건의 수익성(DSCR)과 차주의 자산을 검증합니다. (2~4주 소요)

③ **금전소비대차계약 (金銭消費貸借契約):** 줄여서 '킨쇼(金消, Kin-sho)'라고 부릅니다. 대출 승인이 나면 은행에 방문하여 대출 약정서를 작성합니다. 실인(実印) 날인이 필수입니다.

④ **융자 실행 (融資実行):** 잔금 지급일에 맞춰 대출금이 실행됩니다. 사법서사가 소유권 이전 및 저당권 설정을 동시에 진행합니다.

[여기서 잠깐] '론 특약(ローン特約)'의 딜레마: 매도인 우위 시장의 그림자

론 특약이란? 매수인이 금융기관 대출 심사에서 최종 탈락할 경우, 페널티 없이 매매계약을 무효로 하고 계약금 전액을 돌려받을 수 있는 '매수인 안전장치'입니다.

- **2026년 시장 분위기:** 도쿄 핵심지 등 인기 매물은 철저한 '매도인 우위 시장(Seller's Market)'입니다. 매도인들은 불확실한 론 특약 조건부 매수자보다, 특약 없는 현금 매수자나 확실한 법인 매수자를 선호합니다.
- **실전 팁:** 무리하게 론 특약을 고집하다가는 좋은 물건을 놓칠 수 있습니다. 따라서 매매 계약 전에 '사전 심사'를 통해 대출 승인 가능성을 확보해 두어, 특약 없이도 계약을 진행할 수 있는 확신을 가지는 것이 중요합니다.

(4) 대출 기간과 상환 조건: 30년의 허와 실

일본 부동산 투자를 처음 접하는 분들은 흔히 '주택담보대출이니 당연히 30년 상환이겠지?'라고 생각하곤 합니다. 하지만 투자용 대출(Investment Loan)의 세계는 우리가 알고 있는 거주용 주택론(Home Loan)과는 전혀 다른 룰이 적용됩니다. 이 차이를 명확히 이해하지 못하면, 예상치 못한 원리금 상환 압박에 투자 수익률이 흔들리는 당혹스러운 상황을 맞이할 수 있습니다.

우선 가장 먼저 이해해야 할 것은 '상환 계산 기간'과 '실제 계약 기간'이 다를 수 있다는 점입니다. 수익형 부동산은 월세 수입으로 이자와 원금을 갚고도 현금이 남아야 투자 가치가 있습니다. 이를 위해 은행은 월 상환액 부담을 줄여주려 원리금 계산은 30년(또는 35년) 상환을 기준으로 느긋하게 잡아줍니다. 하지만 실제 은행과 맺는 계약서상의 약정 기간(Tenor)은 3년이나 5년 단위로 짧게 끊어가는 경우가 많습니다. 특히 한국계 은행이나 일본 지방은행은 3~5년마다 재심사를

통해 계약을 갱신하는 구조를 취하는데, 최근 인기를 끄는 '30년 상환 스케줄에 3년 만기 갱신' 구조가 대표적입니다. 이는 금리 변동 리스크를 은행과 투자자가 나누는 대신, 투자자에게 2%대라는 경쟁력 있는 금리를 제공하는 전략적인 타협점이라 볼 수 있습니다.

여기서 주의할 점은 투자용 대출에는 실거주자를 위한 '자비'가 부족하다는 사실입니다. 일반적인 주택론에는 금리가 올라도 5년간 월 상환액을 고정해 주는 '5년 룰'이나 인상 폭을 제한하는 '1.25배 룰' 같은 보호 장치가 관행적으로 존재합니다. 하지만 외국인 투자용 대출이나 법인 대출은 이런 배려에서 제외됩니다. 금리가 오르는 즉시 상환액에 반영되는 것이 일반적이므로, 금리 변동기인 2026년 현재는 더욱 보수적인 자금 계획이 필요합니다.

또한 대출 가능 기간을 결정짓는 결정적 열쇠는 건물의 '법정 내용연수(法定耐用年数)'에 있습니다. 일본 은행은 대출 기간을 건물의 남은 수명 이내로 제한하려는 경향이 매우 강합니다. 예를 들어 철근콘크리트(RC)조 건물은 내용연수가 47년이라 17년 된 건물을 사도 30년 대출이 거뜬하지만, 내용연수가 22년에 불과한 목조(Wood) 건물은 15년만 지나도 대출 기간이 7년 남짓으로 확 줄어듭니다. 대출 기간이 지나치게 짧아지면 월 상환액이 월세 수입을 초과하는 '데드크로스(Dead Cross)'가 발생할 수 있어 주의가 필요합니다.

물론 내용연수가 모든 것을 결정하는 절대적인 잣대는 아닙니다. 해당 건물의 입지나 관리 상태, 그리고 투자자의 현금 흐름 감당 능력(DSCR)에 따라 은행과 협상하여 기간을 충분히 늘릴 수도 있습니다. 결국 장기 대출을 통해 안정적인 현금 흐름을 확보하고 싶다면, 가급적 신축급 RC조 건물을 우선적으로 검토하거나 은행을 설득할 수 있는 정교한 관리 데이터를 준비하는 것이 승부처가 됩니다.

(5) 대출 조건 협상의 기술: 금리는 정찰제가 아니다

일본의 대출 금리는 마트의 정찰제 상품이 아닙니다. 은행 담당자와의 치밀한 협상을 통해 만들어가는 '맞춤형 조건'에 가깝습니다. 최적의 결과를 이끌어내기 위해서는 무엇보다 은행의 본질을 이해해야 합니다. 은행은 단순히 돈을 빌려주는 곳이 아니라 투자자의 '신용'을 사는 곳입니다. 따라서 소득 증빙은 물론 보유 자산, 한국에서의 사업실적, 사회적 지위 등을 입증할 완벽한 서류를 갖추어 어떤 상황에서도 원리금을 상환할 수 있다는 확신을 심어주는 것이 협상의 시작입니다.

동시에 부동산 자체의 가치를 매력적인 스토리텔링으로 풀어내는 기술도 필요합니다. 단순히 감정가가 얼마인지 나열하는 것보다 더 중요한 것은 "누가, 얼마나 안정적으로 이 공간을 채우고 있는가"입니다. 우량 기업이 장기 임차 중이거나 공실률이 현저히 낮은 핵심 입지라는 사실을 구체적인 데이터(Rent Roll)로 증명하는 게 필요합니다. 임차인의 질(Tenant Quality)이 높다는 것은 곧 사고 없는 현금 흐름을 의미하며, 이는 은행을 움직여 금리를 낮추게 만드는 가장 강력한 근거가 됩니다.

마지막으로 각 은행의 심사 코드를 미리 파악하는 지혜가 필요합니다. 일본의 금융기관들은 저마다 선호하는 건물의 구조나 지역, 기피하는 리스크의 유형이 모두 다릅니다. 어떤 곳은 철근콘크리트(RC)조 건물만 고집하는가 하면, 어떤 곳은 특정 광역권 내의 물건에만 파격적인 혜택을 주기도 합니다. 지피지기(知彼知己)의 자세로 각 은행의 대출 성향을 미리 읽고 접근해야 헛걸음을 줄이고 유리한 조건을 선점할 수 있습니다. 이 과정에서 현지 금융권의 생리와 네트워크에 밝은 전문가와 파트너십을 맺는다면, 홀로 부딪혔을 때는 보이지 않던 틈새 금리와 유리한 상환 조건을 확보할 수 있을 것입니다. 결국 금융을 설계하는 안목이 일본 부동산 투자의 마침표를 찍는 핵심 경쟁력이 됩니다.

4. 실거주용 주택론(Home Loan): 자가 소유의 지름길

앞서 다룬 투자용 대출이 '임대 수익(Business Income)'을 기준으로 심사한다면, 실거주용 주택론(Home Loan)은 철저하게 '차주의 상환 능력(Personal Income)'을 기준으로 합니다. 은행들이 낮은 금리로 대출을 해주는 이유는, 주거라는 필수재를 담보로 잡고 있으며 급여 소득에서 안정적으로 원리금을 회수할 수 있다는 '논리적 확신'이 있기 때문입니다.

자녀 유학이나 일본으로 이민, 사업 등을 위해 일본에서 주택을 구입하는 수요가 적지 않습니다. 또한 일본 내 현지 법인을 가지고 있는 분들도 주택구입에 관심을 가지고 계십니다. 일단 일본에서 급여소득이 있는 일반인을 중심으로 살펴보도록 하겠습니다.

(1) 대출 한도 및 소득 대비 배수(Multiplier)

은행은 '이 사람이 평생 벌어서 갚을 수 있는가?'를 봅니다. 그 기준은 연봉과 상환 비율입니다.

① 소득 대비 배수 (Income Multiplier)

- **통상 기준:** 안정적인 직장인이라면 연봉의 7~8배까지 대출이 가능합니다. (예: 연봉 500만 엔 → 약 3,500~4,000만 엔 대출 가능)
- **보수적 기준:** 은행 내부적으로는 5~6배를 안정권으로 보지만, 최근 초저금리 기조와 부동산 가격 상승을 반영하여 실제 현장에서는

7~8배 승인이 가능합니다.

② DTI (총부채상환비율, Debt To Income)

- 연간 대출 원리금 상환액이 세전 연봉의 25~35% 이내여야 합니다.
- 특징: 연봉이 높을수록(예: 1,000만 엔 이상) DTI 한도를 35~40%까지 늘려주기도 합니다. 고소득자일수록 레버리지를 더 크게 쓸 수 있는 구조입니다.

③ LTV (주택담보대출비율): 영주권 유무의 결정적 차이

- **영주권자:** 집값의 90~100%(Full Loan)까지 대출이 가능합니다. 제반 비용(취득세, 중개수수료 등)까지 포함한 '오버 론(Over Loan)'도 가능하여, 자기자본(Head money)이 거의 없이도 집을 살 수 있습니다.
- **비영주권자:** 리스크 관리를 위해 통상 집값의 70~80%가 한도이며, 최소 20% 이상의 자기자본을 요구하는 경우가 많습니다.

(2) 매력적인 금리: 2026년 기준(예상치)

일본 주택론 금리는 세계 최저 수준입니다. 이는 일본 부동산 시장을 지탱하는 가장 강력한 버팀목입니다.

① 변동금리 (Floating Rate)

- **금리 수준:** 연 0.3~1.2%
- **선호도:** 압도적으로 많은 매수자가 선택합니다. 기준금리가 올라도 5년간 상환액이 변하지 않는 '5년 룰'과, 이후에도 125%까지만 오

르는 '1.25배 룰'이라는 안전장치가 있기 때문입니다.

- **주의:** 이 초저금리는 오직 본인이 거주하는 '실거주용'에만 적용됩니다. 투자용(월세 수익용)에는 적용되지 않습니다.

② 고정금리 (Fixed Rate)

- **금리 수준:** 연 1.5~2.5% (기간에 따라 상이)
- **대표 상품:** '플랫 35(Flat 35)'는 35년간 금리가 고정되는 상품으로, 금리 인상기에 리스크를 회피하려는 보수적인 투자자에게 적합합니다.

③ 비영주권자 프리미엄

- 영주권이 없는 경우, 은행은 리스크 프리미엄을 얹습니다. 통상 영주권자 우대 금리보다 0.5~1.0%p 높은 금리가 적용될 수 있음을 감안해야 합니다.

(3) 주요 대출 조건: 자격과 의무

돈을 빌려주는 대신, 은행은 차주에게 몇 가지 까다로운 조건을 겁니다.

① 거주 및 자격 요건

- **영주권자:** 일본인과 동일한 조건으로 심사받습니다.
- **비영주권자:** 심사 문턱이 높습니다. 통상 일본 거주 5년 이상, 현재 직장 근속 2~3년 이상, 연봉 400~500만 엔 이상 등의 조건을 요구합니다. (단, 상장기업 근무자나 전문직은 완화 가능)

② 상환 기간

- **기간:** 최대 35년이 표준이며, 최근 일부 은행(스미신 SBI 등)은 50년 만기 상품도 출시하여 월 상환 부담을 획기적으로 낮추고 있습니다.
- **연령 제한:** 대출 만기 시점의 나이가 75~80세 이하여야 합니다. (예: 50세에 대출 신청 시, 30년 만기(80세)까지만 가능)

③ 단체신용생명보험 (단신): 필수 가입

- 일본 주택론의 가장 큰 혜택이자 의무입니다. 대출자가 사망하거나 암, 뇌졸중 등 중증 질병 진단을 받으면, 대출 잔액이 '0원'이 되어 사라지는 보험입니다. 가족에게 빚을 남기지 않게 해줍니다. 따라서 대출 신청 시 건강 상태(고지 의무)가 신용 점수만큼 중요합니다.

(4) 핵심 요약 비교: 영주권자 vs 비영주권자

비영주권자라도 일본인 배우자가 있거나, 일본 내 대기업에 재직 중이라면 영주권자에 준하는 대우를 해주는 은행(일부 지방은행이나 인터넷 은행)이 있으니 전문가와 상담하여 '숨은 금리'를 찾는 것이 중요합니다.

항목	영주권자(Permanent Resident)	비영주권자(Work Visa etc.)
자기자본	0~10% (풀론가능)	10~20% 이상 필요
금리	최우대 금리(0.3~0.5%대 가능)	일반금리 또는 가산금리(+0.5%p~)
대출한도	연봉의 7~9배	연봉의 5~7배(심사 엄격)
필수조건	근속 1년 이상 등 완화된 기준	근속 3년 이상, 높은 연봉 선호

5. 일본 금융기관의 지형도: 종류와 특징

일본에는 수많은 금융기관이 존재하지만, 외국인 투자자에게 문을 열어주는 곳은 제한적입니다. 각 금융기관의 성격(Tier)을 이해하고, 자신의 상황에 맞는 곳을 타깃팅하는 것이 대출 승인의 첫걸음입니다.

(1) 도시은행 (메가뱅크, City Banks): 외국인은 넘기 어려운 장벽

일본 금융의 정점에 있는 은행들로, 미쓰비시UFJ은행(MUFG), 미쓰이스미토모은행(SMBC), 미즈호은행(Mizuho) 3대 은행이 이에 해당합니다.

- **특징:** 막대한 자금력과 일본 전역에 걸친 방대한 지점망을 보유하고 있습니다. 자금 조달 비용이 낮기 때문에 2% 초반대의 유리한 조건을 제시합니다. 물론 이러한 금리는 우량한 신용을 갖고 있는 내국인에게만 적용됩니다.
- **외국인 접근성:** 안타깝게도 비거주자 외국인의 투자 목적으로는 접근이 거의 불가능합니다. 영주권이 없거나 일본 대기업에 근무하지 않는 이상, 외국인 개인에게 대출을 실행해 주는 경우는 극히 드뭅니다. 자산 관리(Wealth Management) 부서를 통해 최소 5억 엔에서 10억 엔 이상의 초고액 자산을 예치하고 거래하는 경우가 아닌 이상 문턱을 넘기 어렵습니다.

(2) 신탁은행 (Trust Banks): 부유층 자산 관리의 파트너

은행 업무와 신탁 업무(부동산 관리, 유언 신탁 등)를 겸영하는 금융 기관입니다. 대출도 취급하지만 투자용 부동산 대출이 주된 업무는 아 닙니다.

대표적으로 SMBC신탁은행(PRESTIA)이 있습니다. 구 씨티은행 (Citibank) 일본 법인을 인수한 곳으로, 외국계 은행의 DNA가 남아 있어 영어 응대가 가능하고 외국인에게 상대적으로 우호적입니다. 다 만, 연 소득 1,000만 엔 이상, 일본 거주 요건 등 까다로운 조건을 요구 하는 것은 여전하며 금리는 2% 후반에서 3% 초반대를 형성하고 있습 니다.

(3) 지방은행 (Regional Banks): 틈새시장의 강자

특정 지역(현, 시)을 거점으로 영업하는 은행으로, 요코하마은행, 치 바은행, 후쿠오카은행, 시즈오카은행 등이 대표적입니다.

- **전략적 가치:** 도쿄 외곽이나 오사카, 후쿠오카 등 지방 거점 도시에 투자할 때 가장 강력한 파트너가 됩니다. 그러나 해당 지역 내의 부동산 물건만 취급하는 경향이 있습니다. 특히 수루가은행(Suruga Bank)은 과거 쉐어하우스 사태 이후 심사가 강화되긴 했으나, 여 전히 고수익 물건에 대해서는 높은 금리(3~4%대)를 감수한다면 외국인에게도 대출을 실행하는 경우가 있어 투자자들 사이에서 '마지막 보루'로 불리기도 합니다.

(4) 인터넷 전문은행 (Net Banks): 그림의 떡

라쿠텐은행, SBI스미신넷은행, 소니은행 등 오프라인 점포 없이 온라인으로만 운영되는 은행입니다.

- **한계:** '영주권 없음', '해외 소득 발생', '비거주자' 등 표준 알고리즘에서 벗어난 변수에 대해 유연성이 없습니다. 상담원이 재량을 발휘할 여지가 없기 때문에, 영주권이 없는 한국인 투자자에게는 사실상 그림의 떡인 경우가 많습니다.
- **예외 (법인 활용):** 다만, 일본에 현지 법인을 설립한 경우에는 법인 명의로 통장 개설이 가능합니다. 통장 개설은 가능하지만 대출은 쉽지 않습니다.

(5) 논뱅크 (Non-Bank): 은행 밖의 구원투수

은행 대출이 어려운 경우, 한국의 캐피탈이나 저축은행에 해당하는 '논뱅크'가 현실적인 대안이 됩니다.

- **세종 펀덱스 (Saison Fundex):** 크레디트 세종 그룹 계열로, 법정 내용연수를 초과한 낡은 건물에도 최장 25년 장기 대출을 해주는 파격적인 상품을 보유하고 있습니다.
- **아삭스 (Asax):** 도쿄 중심의 부동산 담보 대출 전문 기업으로, 심사 속도가 매우 빠르고(최단 3일) 권리관계가 복잡한 물건도 취급합니다.
- **오릭스 은행 (ORIX Bank):** 인터넷 은행과 논뱅크의 중간 성격으로, 투자용 맨션 대출에 특화되어 있어 외국인 투자자의 입문용으로

많이 활용됩니다. 심사에 유연성이 있으나 금리가 낮지는 않습니다.

- **주의점:** 리스크를 감수하는 만큼 금리가 4%대 중반으로 높고 중도 상환 수수료가 비쌉니다. LTV도 50~70% 수준으로 제한되는 경향이 있습니다. 따라서 현금흐름(Cash Flow) 투자보다는 재건축이나 리모델링을 통한 '시세 차익(Capital Gain)'을 노리는 낡은 도심지 물건 투자에 적합합니다.

6. 한국계 은행의 전략적 활용: SBJ와 시중 은행

(1) 한국계 은행: 현지 법인 vs 해외 지점

한국에 거주하는 투자자가 일본 부동산 시장에서 마주하는 가장 큰 벽은 현지 내 신용 기록(Credit History)이 전혀 없다는 점입니다. 일본 현지 은행들의 보수적인 심사대를 넘기 어려운 비거주자들에게 가장 실질적인 해법이 되어주는 파트너는 바로 일본에 진출한 한국계 은행입니다.

실무적인 관점에서 결론부터 말하자면, 도쿄나 오사카 같은 대도시라 할지라도 한국인 투자자가 큰 장벽 없이 접근할 수 있는 창구는 사실상 SBJ(신한은행 일본 현지 법인)와 하나은행 두 곳으로 압축됩니다. 특히 오사카 지역은 한국계 은행의 선택지가 이 두 곳뿐이라 해도 과언이 아닙니다. 이들은 한국에서의 자산과 신용도를 바탕으로 심사를 진행하기 때문에, 일본 내 기반이 없는 투자자에게는 대체 불가능한 교두보가 됩니다. 따라서 투자의 첫 단추를 잘 끼우기 위해서는 두 은행의 대출 스타일과 장·단점을 면밀히 비교하여, 본인의 자산 구조와 투자 성향에 가장 최적화된 곳을 전략적 파트너로 삼아야 합니다.

한편, 한국계 은행은 현지 법인 또는 해외 지점 두 가지 형태로 존재합니다. 은행을 잘 활용하기 위해서는 이 구조적 차이를 명확히 이해할 필요가 있습니다.

- **현지 법인 (Subsidiary):** 일본 법에 따라 설립된 '일본 은행'입니다. 일본 예금자 보호를 받으며, 일본인과 동일한 리테일(개인) 영업을

자유롭게 할 수 있습니다. 현재 SBJ은행(신한은행 일본법인)이 유일합니다.

- **해외 지점 (Branch):** 한국 본점의 '지점' 개념입니다. 별도 법인이 아닌 한국 본점의 일부로 간주되므로, 한국 본점의 높은 신용도를 바탕으로 낮은 금리에 자금을 조달할 수 있다는 강력한 장점이 있습니다. 개인 소매금융보다는 기업 금융이나 본점과 연계된 투자 금융에 집중합니다. 하나은행, KB국민은행, 우리은행의 도쿄 및 오사카 지점이 이에 해당합니다.

(2) SBJ은행 (Shinhan Bank Japan): 일본적 보수성과 풍부한 경험

재일 교포 자본으로 설립된 역사적 배경 덕분에 한일 양국 간의 개인 거래 경험이 독보적으로 많습니다.

- **풍부한 데이터와 경험:** 중국인 투자자를 포함한 외국인 고객층이 매우 두텁습니다. 덕분에 외국인 부동산 투자 실무와 심사 과정에 대한 데이터가 축적되어 있어, 표준화된 프로세스에 강합니다.
- **운영 스타일 (Japanese Style):** 현지 법인인 만큼 업무 처리 방식이 일본 시중 은행에 가깝습니다. 이는 시스템이 안정적이라는 장점이 있지만, 반대로 말하면 매뉴얼을 엄격하게 준수하여 운영의 유연성(Flexibility)이 다소 부족하다는 평가를 받기도 합니다. 특히 한국의 은행보다 경직적이어서 예외적인 상황에 대한 '재량권 발휘'를 기대하기보다는 정해진 요건을 완벽하게 갖추어 접근하는 것이 승인 확률을 높이는 길입니다.
- **특장점:** SBJ은행은 한국계 은행 중 유일하게 전국적인 지점망을 갖

추고 있어, 도쿄 이외의 지역(오사카, 후쿠오카 등) 투자를 고려할 때 가장 편리한 파트너입니다. 또한, 하네다 공항과 후쿠오카 공항 등에 환전소를 운영하고 있어 현금 접근성도 뛰어납니다.

[표] SBJ은행 일본 내 주요 지점망 (총 10개 내외)

지역	지점명(주요 업무 거점)
도쿄	본점영업부, 도쿄지점, 신주쿠지점, 우에노지점
요코하마	요코하마지점
나고야	나고야지점
오사카	오사카지점, 우에혼마치지점
고베	고베지점
후쿠오카	후쿠오카지점

(3) 하나은행(KEB Hana Bank): 한국식 유연함과 편리한 소통

한국 본점의 지점 형태이므로, 한국적 사고방식과 유연함이 살아있다는 것이 최대 강점입니다. 과거 외환전문은행인 외환은행의 역사를 가지고 있어 외국환업무에 강합니다. 특징과 장단점은 다음과 같습니다.

- **운영의 유연성 (Flexibility):** SBJ에 비해 심사나 업무 처리에 있어 지점장의 재량권이나 유연함이 발휘될 여지가 큽니다. 한국인 스타일의 소통이 가능하며, 고객의 상황에 맞춰 해법을 찾으려는 노력이 돋보입니다.
- **한국 신용 연계:** 한국 본점과의 연계를 통해, 투자자의 한국 내 신용도나 자산을 담보로 대출 한도나 금리를 우대받을 수 있는 구조가 잘 갖춰져 있습니다.

- **빠른 해외 송금:** 한국에서 일본으로 자금을 보낼 때, 빠르면 당일 입금 확인이 될 정도로 해외 송금 속도가 빠릅니다.

- **단점 (국내 송금의 한계):** 일본 금융결제망(Zengin망)에 직접 가입된 현지 은행이 아니기 때문에, 일본 내 타 은행으로 송금할 때 수수료가 비싸고 시간이 더 걸릴 수 있습니다.

- **실전 Tip:** 부동산 매입이나 초기 자금 세팅은 하나은행의 빠른 해외 송금과 대출을 이용하되, 이후 발생하는 월세 관리나 공과금 납부 등 일상적인 일본 국내 거래는 수수료가 저렴한 현지 인터넷 은행(GMO, 라쿠텐 등) 계좌를 추가로 개설하여 병행 사용하는 '투 트랙 전략'을 권장합니다.

- **지점망:** 도쿄, 오사카뿐만 아니라 후쿠오카에도 지점을 있어 주요 거점 도시 투자를 모두 커버합니다.

(4) KB국민은행 (Tokyo Branch): 우량 기업과 자산가(VIP) 타깃팅

- **우량 중견기업 금융:** 도쿄지점은 주로 한국계 기업 및 우량 중견기업을 대상으로 한 기업 금융에 집중하고 있습니다.

- **PB 연계 부동산 금융:** 한국 KB국민은행의 최상위 PB 고객(Gold & Wise 등)을 위한 '해외 자산 관리 서비스'의 일환으로, 20~30억 원 이상의 빌딩 매입이나 기업 인수 합병(M&A)과 관련된 부동산 금융 지원을 강화하고 있습니다. 개인 소액 투자보다는 법인 명의의 대형 물건 투자에 적합한 파트너입니다.

(5) 우리은행 (Tokyo Branch): 보수적 심사와 선별적 대출

- **대기업 및 협력사 지원:** 삼성, LG, 포스코 등 한국 대기업의 일본 지사나 협력업체를 지원하는 성격이 강합니다.
- **부동산 대출:** 과거의 부실 대출 이슈 이후 심사 기준을 매우 보수적으로 운영하고 있으나, 최근 '검증된 우량 자산가'나 '확실한 담보력을 갖춘 법인'에 한해서는 선별적으로 대출 문턱을 낮추고 있습니다. 특히 한국 내 확실한 담보나 신용 보강(보증서)을 요구하는 경우가 많으므로 사전 협의가 필수적입니다.

(6) [보완 전략] 크로스보더 대출(Standby L/C)과 전문가 활용

신설된 일본 법인은 신용도가 '제로'입니다. 이때 자금을 조달하는 방법에는 크게 두 가지 길이 있습니다. 가장 쉬운 길(Easy Way)은 한국 자산을 담보로 하는 '크로스보더 대출'이지만, 가장 좋은 길(Best Way)은 '현지 직접 대출'입니다.

① 최적전략 (Best Strategy): 일본 현지 은행 및 국내 은행 일본 지점 직접 대출

- **개요:** 일본에 있는 은행(일본계 은행 또는 하나/국민/우리 등 한국계 일본 지점)에서 직접 부동산을 담보로 대출을 받는 것입니다.
- **장점:** 일본의 저금리(2~3%대)를 온전히 누릴 수 있고, 엔화 자산(임대료)으로 엔화 부채를 상환하므로 환 리스크가 자연스럽게 헤지(Hedge)됩니다. 또한 일본 내 신용 실적(Credit History)이 쌓여 향후 추가 투자 시 유리합니다.

- **전문가의 역할:** 신설 법인이나 비거주자 개인이 직접 은행 문을 두드리면 거절당하기 쉽습니다. 이때 전문 컨설턴트가 개입하여 사업 계획의 타당성(DSCR 등)을 입증하고, 본점 심사부를 설득하는 과정을 도와드립니다. 전문가와 함께라면 '불가능해 보이는 현지 대출'도 '가능'으로 바꿀 수 있습니다.

② 위성전략 (Alternative Strategy): 크로스보더 대출 (Standby L/C)

- **개요:** 한국 내 예금이나 부동산을 담보로 한국 지점에 맡기고, 보증서(Standby L/C)를 받아 일본에서 대출을 일으키는 방식입니다.
- **활용:** 현지 대출 조건이 까다롭거나 급하게 자금을 융통해야 할 때 사용하는 손쉬운 보완책입니다.
- **한계:** 한국과 일본 양쪽에서 비용(보증료+이자)이 발생하여 금리 매력이 떨어지며, 한국 자산이 묶인다는 단점이 있습니다. 따라서 초기 진입용으로만 활용하고, 추후 현지 대출로 대환(Refinancing)하는 것이 바람직합니다.

7. 신설 법인의 난관: 법인 계좌 개설과 비자 전략

일본 부동산 투자를 위해 야심 차게 현지 법인을 설립한 투자자들이 가장 먼저 부딪히는 벽은 대출이 아니라 뜻밖에도 '법인 계좌 개설'입니다. 건물을 사기 위해 돈을 보내려 해도 담을 그릇(계좌)이 없어 발을 동동 구르는 상황이 속출합니다. 2026년 현재, 일본 금융 환경은 그 어느 때보다 '실체'와 '자금의 투명성'을 엄격하게 요구하고 있습니다.

(1) 왜 계좌 개설이 어려운가? (일본인도 어렵다)

일본 금융청은 국제자금세탁방지기구(FATF)의 권고에 따라 자금 세탁 방지(AML) 가이드라인을 대폭 강화했습니다. 이는 외국인뿐만 아니라 일본 현지인들에게도 똑같이 적용되는 잣대입니다. 실체가 불분명한 신설 법인은 자칫 보이스피싱이나 자금 세탁용 페이퍼 컴퍼니로 의심받기 쉽습니다. 이 때문에 일본 내에서도 법인 등기는 마쳤으나 정작 통장이 없는 '계좌 난민' 법인이 수두룩한 실정입니다.

(2) 경영관리 비자 요건 강화(2025년 10월 시행)

계좌 개설의 문턱이 높아진 배경에는 강화된 비자 규칙도 한몫합니다. 2025년 10월 10일부터 시행된 새로운 경영관리 비자 요건은 이른바 '꼼수 투자'를 원천 차단하고 있습니다. 과거에는 자본금 500만 엔이나 정규직 2명 고용 중 하나만 충족하면 됐지만, 이제는 자본금 3,000만 엔(약 2억 7천만 원) 이상 투자와 정규직 1명 고용을 동시에 충족해야 합니다.

물론 경영관리 비자가 반드시 필요한 경우가 아니라면 법인 설립 자체에는 제한이 없습니다. 하지만 3억 원 이상의 부동산을 매입하려는 투자자라면, 이 자금을 아예 법인 자본금으로 납입하여 비자 요건을 당당히 충족시키는 전략이 유리합니다. 이렇게 증명된 자본금은 추후 법인 계좌 개설 시 은행에 강력한 신뢰를 주는 근거가 되기 때문입니다.

(3) '버추얼 오피스'의 함정과 실체(Physical Presence) 확보

계좌 개설 심사에서 은행이 가장 먼저 확인하는 것은 '이 회사가 실제로 여기서 일을 하는가'입니다. 주소지만 빌려주는 '버추얼 오피스(Virtual Office)'만으로 메가뱅크에서 계좌를 열기가 사실상 불가능합니다. 일본 은행은 대포통장 방지를 위해 통장을 개설 당일에 내주지 않고, 반드시 사업장 주소로 등기 우편을 보냅니다. 단순히 주소만 빌린 경우 이 우편물을 수령하지 못해 계좌 개설이 취소되는 허무한 일이 벌어지기도 합니다.

더 큰 문제는 물리적 공간이 있는 사무실을 임대하려 해도 비거주자인 한국인에게는 '일본 주민표'를 요구하는 업체가 많다는 점입니다. 따라서 외국인 여권만으로도 계약이 가능한 소호 사무실을 발품 팔아 찾거나, 현지 관리인이 상주하며 은행의 실사나 확인 전화에 즉각 대응해 주는 '관리형 렌털 오피스'를 전문가를 통해 확보하는 것이 가장 안전한 해결책입니다.

(4) 은행이 신뢰하는 최소 자본금의 '불문율'

비자가 필요 없는 투자자라 할지라도 은행 거래를 위해서는 최소한의 격식을 갖춰야 합니다. 자본금이 지나치게 적으면(예: 10만 엔, 100만 엔) 은행은 해당 법인을 언제든 사라질 수 있는 유령 회사로 간주합니다. 아직 매입할 부동산이 확정되지 않았더라도, 은행이 요구하는 최소한의 신뢰 기준인 자본금 500만 엔 이상으로 법인을 설립하는 것이 대출 심사와 계좌 개설 모두에 유리합니다. 설립 전 미리 은행 담당자에게 가이드라인을 문의하는 신중함이 필요합니다.

(5) 새로운 대안: 기존 법인 인수(M&A) 전략

만약 신설 법인의 계좌 개설과 신용 쌓기가 너무나 막막하다면, 이미 계좌와 사업 실적을 보유한 '기존 법인'을 인수하는 것도 영리한 전략입니다. 이미 통장이 있고 과거 결산 실적이 존재하기 때문에 대출 심사에서 훨씬 유리한 고지를 점할 수 있습니다.

다만, 겉보기에 깨끗해 보여도 숨겨진 부채나 미납 세금이 있을 수 있습니다. 따라서 이 전략을 취할 때는 반드시 변호사나 세무사 같은 전문가의 실사(Due Diligence)를 거쳐 회계적, 법적으로 깨끗한 법인, 즉 '클린 쉘(Clean Shell)' 임을 검증받아야 합니다. 결국 2026년의 일본법인 투자는 '실체 있는 구조'를 얼마나 정교하게 설계하느냐에 그 성패가 달려 있습니다.

8. 투자의 구조화: 나에게 맞는 절세 전략 찾기

일본 부동산 투자를 결심했다면 이제 '나에게 가장 맞는 방법은 무엇인지'를 고민해야 합니다. 많은 투자자가 '남들이 하니까 나도 복잡한 펀드 구조를 써야 하나?'라고 묻지만, 정답은 없습니다. 투자의 구조(Vehicle)는 자산의 규모와 목적에 따라 마치 맞춤복을 재단하듯 각자의 여건에 따라 달라져야 하기 때문입니다.

(1) TK-GK와 TMK: 글로벌 기관 투자자의 선택

글로벌 사모펀드나 기관 투자자들이 수천억 원대 딜에서 가장 선호하는 구조는 'TK-GK'입니다. 여기서 TK는 익명조합(Tokumei Kumiai), GK는 합동회사(Godo Kaisha)를 뜻합니다. 이 구조의 핵심 기능은 '이중 과세 방지'에 있습니다. 자산을 담는 그릇인 합동회사(GK)와 투자자 간의 계약인 익명조합(TK)을 결합하여, 부동산에서 나온 이익을 투자자에게 배당으로 지급할 때 이를 법인의 비용(손금)으로 인정받는 방식입니다. 결국 법인 단계에서 세금을 거의 내지 않고 투자자 단계에서만 과세되는 '패스스루(Pass-through)' 구조를 완성하게 됩니다.

[표] TK-GK의 작동원리

Step 1	투자자(Investor)는 GK(법인)와 TK 계약(익명조합 계약)을 맺고 자금을 출자
Step 2	GK는 이 자금과 은행 대출을 합쳐 부동산을 매입하고 소유권을 등기
Step 3	GK는 부동산에서 나온 임대 수익에서 각종 비용을 뺀 이익의 대부분을 TK 계약에 따라 투자자에게 '배당'으로 지급
Step 4 (핵심결론)	일본 세법상 TK 계약에 따라 지급하는 배당금은 '손금(비용)'으로 인정됨. 따라서 GK는 이익을 모두 배당으로 털어버림으로써 법인세를 거의 내지 않음(Pass-through). 세금은 배당을 받은 투자자 단계에서만 발생하므로 법인 단계와 투자자 단계에서 세금을 두 번 내는 '이중과세'가 방지됨

자산 규모가 50억 엔을 넘어서는 대형 개발 프로젝트라면 'TMK(특정목적회사, Tokutei Mokuteki Kaisha)' 구조를 활용하기도 합니다. 자산유동화법에 근거한 이 구조는 취득세와 등록면허세를 대폭 감면해 주는 세제 혜택(2026~2027년 연장 반영)이 강력한 장점입니다. 다만, TK-GK나 TMK 모두 설립과 유지에 수천만 원 이상의 고정 비용이 발생하므로, 투자 규모가 크지 않은 경우에는 실익보다 관리 비용이 더 커질 수 있음을 유의해야 합니다.

[표] TMK 구조 이해 및 2026년 세제 혜택

TK-GK와의 결정적 차이	가장 큰 차이는 부동산을 살 때 내는 세금을 깎아준다는 점
2026년 세제 혜택 (조세특례조치법 연장 반영)	− 부동산 취득세: 본래 4%이나, TMK를 활용하면 1.5%로 대폭 감면됨 (2027년 3월 31일까지 연장) − 등록면허세: 본래 2%이나, TMK를 활용하면 1.3%로 감면됨 (2026년 3월 31일까지 연장)
제약 사항	금융청(FSA)에 자산유동화 계획을 사전 신고해야 하며, 절차가 매우 까다롭고 설립 비용이 비쌈

(2) 현실적인 해법: 일반 법인(KK/GK) 설립과 운영

대부분의 개인 자산가나 중소 규모 투자자에게는 일본에 '일반 법인'을 세우는 것이 가장 현실적인 대안입니다. 이때 투자자들은 주식회사와 합동회사 사이에서 고민에 빠집니다. 만약 향후 공격적인 대출을 통해 자산을 불리거나 법인 자체를 매각(M&A)할 계획이라면 대외 신용도가 높은 주식회사가 유리합니다. 반면, 가족 중심의 경영이나 자녀에게 이익을 유연하게 배분하여 증여 및 승계 전략을 짜고 싶다면 합동회사가 매력적입니다. 정관 설정을 통해 지분율과 상관없이 이익 배분율을 조정할 수 있는 '자유로움'이 있기 때문입니다.

[표] 주식회사 vs 합동회사 비교

구분	주식회사 (KK: Kabushiki Kaisha)	합동회사 (GK: Godo Kaisha)
성격	한국의 주식회사와 동일 (주주=소유주)	미국의 LLC와 유사 (사원=소유주 겸 경영자)
대외 인지도	높음(가장 보편적인 법인 형태)	비교적 낮음(하지만 애플, 아마존재 팬도 GK임)
설립 비용	약 20~25만 엔(비쌈)	약 6~10만 엔(저렴)
의사 결정	주주총회 등 절차가 엄격함	정관 자치 원칙으로 신속하고 유연함
임기 등기	2~10년마다 갱신 등기필요 (비용발생)	임기 제한 없음(관리 및 비용 절감)
이익 배당	지분 비율(주식수)에 따라 배당	정관으로 자유롭게 정할 수 있음 (큰 장점)
추천 대상	대규모 대출 및 M&A 염두 시	순수 투자 관리, 승계(증여) 목적

(3) 절세의 핵심: 자본 구조(Capital Structure)의 최적화

어떤 법인 형태를 선택하든, 자금을 100% 자본금으로 밀어 넣는 것은 하수의 방식입니다. 현명한 투자자, 고수는 '자본금(Equity)'과 '주주 대여금(Loan)'의 비율을 황금비율로 섞습니다. 법인이 투자자(주주)에게 빌린 돈에 대해 이자를 지급하면, 이 이자는 법인의 비용으로 처리되어 법인세를 낮추는 효자 노릇을 합니다. 또한, 나중에 법인에 쌓인 이익을 회수할 때도 배당은 세금이 발생하지만, 대여금 상환은 세금 없이 원금을 자유롭게 회수할 수 있다는 치명적인 장점이 있습니다.

(4) 전문가 협업을 통한 맞춤형 솔루션(Optimal Solution)

투자의 구조화는 단순히 일본법인을 세우는 것으로 끝나지 않습니다. 한국 거주자라면 일본의 절세 혜택이 한국의 종합소득세와 부딪히는 지점을 반드시 점검해야 합니다. 일본 세무사가 일본 내 법인세와 소비세 환급을 설계한다면, 한국 세무사는 투자자가 현지에서 받은 이자와 배당이 한국 내에서 어떻게 과세될지를 검토해야 합니다. 결국 2026년의 스마트한 투자는 섣불리 구조를 단정 짓지 않는 데서 시작합니다. 한일 양국의 세법 생리를 꿰뚫고 있는 전문 컨설팅 그룹과 머리를 맞대고, 내 자산 규모에 딱 맞는 '전략적 옷'을 맞추는 것이 세금을 아끼고 수익을 지키는 가장 확실한 지름길입니다.

- **TK(Tokumei Kumiai, 익명조합):** 투자자가 전면에 나서지 않고 운영자에게 자금을 맡겨 이익을 나누는 계약 형태
- **GK(Godo Kaisha, 합동회사):** 미국의 LLC와 유사한 형태로, 설립 비용이 저렴하고 운영이 유연한 법인
- **KK(Kabushiki Kaisha, 주식회사):** 우리가 흔히 아는 주식회사입니다. 대외적인 신용도가 높아 대규모 대출에 유리
- **TMK(Tokutei Mokuteki Kaisha, 특정목적회사):** 대형 자산유동화(부동산 개발 등)를 위해 특별법에 따라 세워지는 한시적인 법인
- **패스스루(Pass-through):** 법인 단계에서 세금을 내지 않고 그 이익을 투자자에게 그대로 전달하여, 투자자 단계에서만 세금을 내게 하는 방식

9. 해외 송금의 철칙: 외국환거래법 완벽 정복

한국인 투자자가 가장 경계해야 할 대상은 일본의 국세청보다 한국의 '외국환거래법'입니다. '내 돈을 내가 보내는데 무엇이 문제냐'라는 안일한 생각은 자칫 위반 금액의 2~4%에 달하는 과태료 폭탄이나 검찰 고발로 이어질 수 있습니다. 2026년부터 연간 10만 달러까지 증빙 없는 송금이 가능해졌지만, 부동산 취득이나 법인 설립은 금액과 관계없이 주거래 은행에 신고해야 하는 '자본거래'임을 잊지 말아야 합니다. **해외 송금의 대원칙은 언제나 '선(先) 신고, 후(後) 송금'입니다.**

(1) 개인이 직접 부동산을 살 때(해외부동산 취득 신고)

개인 명의로 일본의 맨션이나 건물을 매입할 때는 '해외부동산 취득 신고' 절차를 밟아야 합니다. 이는 실거주 목적뿐만 아니라 단순 투자용이라도 예외가 없습니다. 절차는 크게 두 단계로 나뉩니다. 먼저 정식 계약 전 가계약금을 보낼 때 진행하는 '예비 신고'입니다. 이때는 취득 신고서와 함께 납세증명서, 매수청약서(LOI) 등을 제출합니다. 이후 정식 매매계약을 체결하고 잔금을 보내기 전 '본 신고'를 완료해야 하며, 이때는 번역된 매매계약서와 감정평가서 등이 추가로 필요합니다.

송금을 마쳤다고 끝이 아닙니다. 사후 관리 의무가 뒤따르기 때문입니다. 잔금 지급 후 등기가 완료되면 3개월 이내에 '취득 보고'를 해야 하며, 이후 2년마다 부동산 보유 사실을 증명하는 '수시 보고'를 이어가야 합니다. 나중에 부동산을 매각했을 때도 대금 수령 후 3개월 이내에 '처분 보고'를 하고 자금을 국내로 회수해야 과태료 리스크에서 자유로울 수 있습니다.

1단계: 예비 신고 (가계약금 송금 시)	• 정식 계약 전, 물건을 잡기 위해 계약금(통상 10% 내외)을 보낼 때 하는 신고 • 시점: 매수청약서(LOI) 제출 후 가계약금 송금 전 • 필수 서류: 해외부동산 취득 신고서, 신분증/등본, 납세 증명서(필수), LOI 또는 가계약서, 재원 입증 서류
2단계: 본 신고 (잔금 송금 시)	• 정식 매매계약을 체결한 후 나머지 잔금을 보내는 단계 • 시점: 매매계약(중요사항설명서 날인) 후 잔금 송금 전 • 추가 서류: 부동산 매매계약서(번역본 포함), 부동산 감정평가서
3단계: 사후 관리 의무 (보고를 잊으면 과태료!)	• 취득 보고: 잔금 지급 후 등기가 완료되면 3개월 이내에 등기부등본을 제출해야 함 • 수시 보고: 2년마다 부동산을 계속 보유하고 있음을 증명(등기부등본 제출) • 처분 보고: 부동산을 매각한 경우, 대금을 수령한 날로부터 3개월 이내에 처분 신고를 하고 자금을 국내로 회수해야 함

(2) 일본법인을 설립하여 투자할 때 (해외직접투자 신고)

최근 절세(법인세 혜택)와 대출 용이성을 위해 일본에 현지 법인(GK 또는 KK)을 설립하는 경우가 많습니다. 이때는 부동산 취득 신고가 아니라 '해외직접투자(Foreign Direct Investment, FDI) 신고'를 해야 합니다. 국내 자본이 해외 기업의 경영에 참여하기 위해 나가는 것으로 간주되기 때문입니다.

실무상 가장 중요한 전략은 투자금을 100% 자본금으로 넣지 않고, 지분 취득인 '증권 투자'와 법인에 돈을 빌려주는 '대부 투자(Shareholder Loan)'를 섞는 것입니다. 통상 '자본금(Equity) 10% + 주주대여금(Loan)

90%' 비율로 나누어 송금하는 것이 일반적으로 많이 활용됩니다.

대부 투자를 병행하는 이유는 자금 회수의 유연성 때문입니다. 자본금은 배당 절차가 까다롭고 세금이 발생하지만, 빌려준 돈은 법인에 수익이 생기면 언제든 '원금 상환' 명목으로 세금 없이 회수할 수 있습니다. 또한 주주에게 지급하는 이자는 법인 비용으로 처리되어 일본 내 법인세를 낮추는 효과도 있습니다. 다만, 세무 리스크를 피하려면 연 4.6% 수준의 적정 이자율을 설정하고, 한일 조세조약을 적용받아 이자소득 세율을 10%로 낮추기 위한 '조세조약 신고서'를 매년 일본 세무서에 제출하는 디테일이 필요합니다. 법인 투자 역시 송금 보고부터 연간 사업실적 보고까지 철저한 사후 관리가 필수입니다.

[표] 실무 가이드: 대부 투자 실행의 디테일 및 사후 관리 의무

대부 투자 시 고려사항	• **적정 이자율 설정(Transfer Pricing):** 주주와 법인은 특수관계인이므로, 세법상 인정되는 적정 이자율을 설정해야 함. 통상적으로 연 4.6% 이상으로 설정하는 것이 세무 리스크를 피하는 안전선임. 너무 낮으면 증여세 이슈가 발생할 수 있음 • **이자 지급 주기:** 매달 이자를 지급하면 그때마다 송금 수수료와 행정 업무가 발생. 실무적으로는 번거로움을 줄이기 위해 '연 1회 지급' 형태로 계약하는 것을 권장 • **제한세율 적용 신청(Tax Treaty):** 한국 거주자가 일본 법인으로부터 이자를 받을 때, 한일 조세조약을 적용받아 원천징수세율을 낮추려면(일본 국내법 20.42% → 조약세율 10%), 일본법인이 관할 세무서에 매년 '조세조약에 관한 신고서(Application form for Income Tax Convention)'를 제출해야 함. 이를 누락하면 과다한 세금을 내게 되므로 주의해야 함
사후 관리 의무	• **송금 보고:** 송금 즉시 보고 • **증권 취득 보고:** 송금 후 6개월 이내에 일본 법인의 등기부등본이나 주권 발행 증명서를 제출하여 법인 설립이 완료되었음을 증명해야 함(이 시기를 놓치는 경우가 많음 주의)

- **연간 사업실적 보고:** 매 회계연도 종료 후 5개월 이내에 일본법인의 재무제표(결산서)를 번역하여 제출해야 함(이 부분을 놓쳐 과태료를 무는 경우가 가장 많음)
- **청산 보고:** 법인 청산 시 즉시 보고 및 자금 회수

(3) 송금 시 반드시 기억해야 할 주의 사항

해외 송금 과정에서 가장 빈번하게 발생하는 실수는 '조급함'에서 비롯됩니다. 신고필증을 받기 전에 단 1엔이라도 먼저 송금하면 이는 명백한 법 위반이며 사후 보완이 불가능합니다. 또한 수수료를 아끼기 위해 개인 간 환전이나 미등록 업체를 이용하는 일명 '환치기' 유혹도 뿌리쳐야 합니다. 자금 출처 소명이 불분명하면 일본 현지에서 등기가 거절되거나 세무 조사의 타깃이 될 수 있기 때문입니다.

한편, 법인 송금 시 금전소비대차계약서 없이 자금을 보내면 나중에 원금을 회수할 때 자금 성격을 인정받지 못해 세금 폭탄을 맞을 수 있습니다. 마지막으로, 은행 신고가 끝이 아니라는 점도 명심해야 합니다. 외국환거래법(은행)과 별개로 국세청에도 취득, 운용, 처분 단계별로 신고 의무가 발생합니다. 첫 단추를 잘못 끼우면 돌이킬 수 없는 만큼, 자금을 움직이기 전 전문적인 외환 업무가 가능한 시중 은행 담당자 및 컨설팅 그룹과 상의하여 안전한 '자금의 이동 경로'와 '출구전략'을 먼저 확정해야 합니다. 전문가의 조언없는 송금은 단순한 이체가 아니라, 세무리스크를 송금하는 것과 다름 없습니다.

- **"급해서 먼저 보냈어요", 절대 금물:** 신고필증을 받기 전에 단 1엔이라도 송금하면 외국환거래법 위반입니다. 사후 신고는 불가능하며, 위반 금액의 2~4% 과태료 부과 및 검찰 고발 대상이 됩니다.
- **환치기(불법 송금) 유혹:** 수수료를 아끼겠다고 개인 간 환전이나 미등록 업체를 이용하는 경우, 자금 출처 소명이 불가능해져 일본 현지에서 부동산 등기가 거절되거나 세무 조사를 받게 됩니다. 일본 부동산 등기소는 자금의 흐름을 매우 까다롭게 봅니다.
- **대부 투자 계약서 누락:** 법인 설립 시 '그냥 내 돈이니까'라며 금전소비대차계약서 없이 송금하면, 나중에 자금을 회수할 때 '가수금 반환'으로 인정받지 못해 세금 폭탄을 맞을 수 있습니다.
- **사후 보고 망각:** 부동산을 사고 나서 잊고 지내다가 2년 뒤 수시 보고를 놓쳐 과태료 통지서를 받는 경우가 허다합니다. 지정거래은행 담당자와의 핫라인 유지가 중요한 이유입니다.

(4) 송금 목적별 확인 사항

구분	개인 명의 부동산 취득	일본 법인 설립(FDI)
적용 법규	외국환거래규정 (해외부동산 취득)	외국환거래규정 (해외직접투자)
송금 명목	부동산 매매 대금	증권 취득(자본금) + 대여금(Loan)
필수 지정	주거래 외국환은행 지정 필수	주거래 외국환은행 지정 필수
핵심 서류	매매계약서, 재원입증서류, 납세증명서	사업계획서, 대출계약서, 납세증명서
자금 회수	매각 시 처분 보고 후 회수	배당 또는 대여금 상환(비과세)으로 회수
사후 관리	취득 보고(3개월), 보유 보고(2년)	증권취득 보고(6개월), 결산 보고(매년)
주의 사항	예비 신고(계약금) 필수	대부 투자는 만기 1년 이상 필수

10. 전문가와 함께하는 투자의 구조화

일본 부동산 투자는 단순히 건물을 사는 행위를 넘어, 한국과 일본 두 나라의 금융과 세금이 얽힌 퍼즐을 맞추는 과정과 같습니다. 앞서 살펴본 내용들을 종합해 보면, 결국 '어떤 틀(Structure)에 담아 투자하느냐'가 최종 수익률을 결정짓는 핵심임을 알 수 있습니다. 이번 장에서 다룬 핵심 포인트들을 다시 짚어보며 내용을 정리해 보겠습니다.

- **최적의 금융 파트너 선정:** 한국 거주자라는 특수성을 고려할 때, 일본 내 신용 기록 부재를 해결해 줄 한국계 은행(신한은행 일본법인, 하나은행 등)을 전략적으로 활용해야 합니다. 각 은행의 대출 성향과 심사 기준을 비교하여 본인의 상황에 가장 유리한 창구를 선택하는 것이 투자의 첫 단추입니다.

- **전략적인 대출 설계:** 2026년 금리 변동기에는 단순히 낮은 금리만 찾는 것이 아니라, '상환 스케줄'과 '계약 갱신 기간'의 차이를 명확히 이해해야 합니다. 정교한 사업 계획과 임대차 데이터를 통해 은행과 협상한다면, 시장 평균보다 유리한 조건을 충분히 이끌어낼 수 있습니다.

- **효율적인 법인 설계:** 투자 규모와 운영 목적에 따라 주식회사(KK)와 합동회사(GK) 중 적합한 법인 형태를 결정해야 합니다. 특히 '자본금'과 '주주대여금'의 비중을 적절히 조절하는 것만으로도, 향후 이익을 회수할 때 발생하는 세금을 획기적으로 줄일 수 있습니다.

- **행정적 실체와 송금의 투명성:** 강화된 비자 요건과 자금세탁방지(AML) 규정에 대비해 '실제 사업장'을 확보하는 것은 계좌 개설을 위한 필수 요건입니다. 또한 외국환거래법의 '선 신고 후 송금' 원칙을 철저히 준수하여 불필요한 과태료 리스크를 사전에 차단해야 합니다.

지금까지 우리는 일본 부동산 투자를 뒷받침할 전체적인 수익 관리의 밑그림을 그렸습니다. 하지만 설계도가 완벽하더라도 실제 공사 현장에서는 더 구체적이고 까다로운 변수들이 기다리고 있습니다. 특히 2026년의 변화된 환경은 개인의 직감이나 과거의 성공 경험만으로는 헤쳐 나가기 어렵습니다. 세무 전문가 및 부동산 전문 컨설턴트와의 긴밀한 파트너십을 통해, 리스크는 최소화하고 수익은 극대화하는 '이기는 구조'를 설계하시기 바랍니다.

이제부터는 지금까지 구축한 이 '구조' 위에서 실제로 어떻게 세금을 관리하고, 법률적 리스크를 방어하며, 자산의 가치를 높여 나갈 것인지 상세한 실무의 세계로 들어가 보겠습니다.

돈의 흐름과 세금, 반드시 이해해야 할 현실

1. 투자자는 왜 항상 세금 이야기를 먼저 할까?

일본 부동산 투자의 성공은 단순히 좋은 입지의 물건을 저렴하게 구입하는 것만으로 결정되지 않습니다. **오히려 취득부터 보유, 매각에 이르는 투자의 전 과정에서 발생하는 비용, '세금'을 얼마나 잘 이해하고 관리하느냐가 성패를 좌우합니다.** 노련한 투자자들이 계약서에 서명하기 전에 세무 전문가와 먼저 상담하는 이유가 바로 여기에 있습니다.

(1) 보이는 숫자에 속지 마라: 명목 수익률 vs 실질 수익률

부동산 광고에서 흔히 볼 수 있는 '수익률 8%'와 같은 숫자는 투자자의 마음을 설레게 합니다. 하지만 이는 세금과 각종 부대비용을 전혀 고려하지 않은 '명목 수익률(Gross Yield)'에 불과합니다. 실제로 투자자가 손에 쥐는 금액은 이와 다릅니다. 취득세, 보유세, 소득세, 양도소득세 등의 세금과 중개수수료, 관리비, 수선비 등 모든 비용을 차감한 후 남은 순수한 이익을 바탕으로 계산한 것이 바로 '실질 수익률(Net Yield)'입니다.

예를 들어, 연간 임대 수입이 400만 엔인 부동산의 명목 수익률이 8%라고 가정해 봅시다. 만약 세금과 비용으로 150만 엔이 지출된다면, 실제 수입은 250만 엔으로 줄어들고 실질 수익률은 5%로 떨어집니다. 세금에 대한 이해와 계획이 없다면 기대했던 수익은 신기루처럼 사라지고, 심지어 예상치 못한 세금 부담으로 인해 현금 흐름이 악화될 수도 있습니다. 현명한 투자자는 명목 수익률의 환상에 머무르지 않고, 세금이라는 '현실'을 직시하며 실질 수익률을 극대화하는 전략을 세웁니다.

(2) 비슷해 보이지만 너무 다른 한국과 일본의 부동산 세금

한국과 일본은 지리적으로 가깝고 유사한 문화를 공유하지만, 부동산 세금 체계는 상당히 차이가 있습니다. 한국 투자자가 일본 부동산에 투자하기 전에 반드시 알아야 할 핵심적인 차이점은 다음과 같습니다.

- **양도소득세: '보유 기간'에 따른 세금 부담 차이** 일본 양도소득세의 가장 큰 특징은 **보유 기간 5년**을 기준으로 세율이 큰 폭으로 달라진다는 점입니다. 5년 미만 단기 보유 후 매각 시에는 약 39%에 달하는 높은 세율이 적용되지만, 5년을 초과하여 장기 보유하면 세율이 약 20% 수준으로 크게 낮아집니다. 이는 단기 시세차익을 노리는 투기적 수요를 억제하고 장기 보유를 유도하기 위한 제도로, 일본 부동산 투자의 출구 전략을 세울 때 가장 먼저 고려해야 할 절대적인 기준이 됩니다. 반면, 한국의 양도소득세는 1세대 1주택 비과세 적용, 조정대상지역 내 다주택자에 대한 중과세율 적용 등 훨씬 더 복잡하고 변동성이 큰 규제 환경에 놓여 있습니다.
- **보유세: '예측 가능성'의 차이** 일본의 보유세는 '고정자산세'와 '도시계획세'로 구성되며, 한국과 비교하여 상대적으로 안정적이고 예측 가능한 세율 구조를 가지고 있습니다. 이는 장기적인 보유 계획과 현금 흐름 관리를 용이하게 해줍니다.

(3) 개인 명의 vs 법인 명의?

'개인 명의로 투자할 것인가, 법인 명의로 투자할 것인가?' 이 질문에 정해진 답은 없습니다. 투자자의 현재 소득 수준, 총투자 규모, 단기 차익 실현과 장기 보유 중 어떤 전략을 추구하는지, 그리고 자산을 다음 세대에 어떻게 승계할 것인지 등 장기적인 자산 계획에 따라 달라지는 매우 전략적인 선택이기 때문입니다. 다만, 투자 실행 후 조정에는 상당한 수고가 따르므로, 부동산 매입 전에 충분히 숙고하여 장기적으로 유리한 방향을 선택하는 게 좋습니다.

📖 **실무 Tip**

비거주자(非居住者)란? — 한국 거주 투자자를 위한 필수 세무 상식

일본 소득세법(제2조 제1항 제5호)은 일본 국내에 주소가 없고, 1년 이상 거소를 두지 않은 개인을 '비거주자'로 정의합니다. 한국에 거주하면서 일본 부동산에 투자하는 대부분의 한국인은 이 '비거주자'에 해당합니다.

비거주자는 거주자와 비교하여 다음과 같은 핵심적인 차이가 있으며, 이 차이를 이해하지 못하면 세금 시뮬레이션 자체가 틀어질 수 있습니다.

(1) 과세 범위: 비거주자는 일본 국내에서 발생한 소득(국내원천소득)에 대해서만 납세의무가 있습니다(소득세법 제5조 제2항).

(2) 과세 방식: 임대소득, 양도소득, 임원 보수 등에 대해 지급 시점에 20.42%의 원천징수가 이루어지는 것이 원칙입니다. 다만 확정신고를 선택하면 경비를 공제한 후 누진세율(5~45%)을 적용받을 수 있으며, 대부분의 경우 확정신고가 유리합니다.

(3) 인적공제의 제한: 기초공제(48만 엔), 배우자공제, 부양공제 등이 원칙적으로 적용되지 않습니다(소득세법 제165조). 잡손공제, 기부금공제, 청색신고공제 등은 적용 가능합니다.

(4) 주민세 비과세: 일본에 주소가 없으므로 주민세(10%) 납세의무가 없습니다(지방세법 제24조, 제294조). 이로 인해 양도소득세 등 일부 세목에서 거주자보다 오히려 세 부담이 낮아지는 경우가 있습니다.

(5) 납세관리인 선임 의무: 비거주자는 일본 국내에 '납세관리인'을 선임하여 세무서에 신고해야 합니다(소득세법 제117조). 통상 세무사(세리사)가 이 역할을 수행합니다.

[여기서 잠깐] 일본 법인 설립 시 최적의 자본금 설정 전략(2026년 가이드)

□ **경영·관리 비자: 500만 엔 시대에서 3,000만 엔 시대로의 전환**

과거 일본에서 경영·관리 비자를 취득하기 위한 최소 자본금 기준은 500만 엔이었습니다. 그러나 일본 정부는 2025년 10월부터 비자 요건을 대폭 강화하였으며, 2026년 현재 새로운 기준이 적용되고 있습니다.

- **강화된 자본금 요건:** 기존 500만 엔에서 **3,000만 엔 이상**으로 상향되었습니다. 이는 실체 없는 페이퍼 컴퍼니를 방지하고 실질적인 사업 운영 능력을 검증하기 위함입니다.
- **고용 의무 추가:** 자본금뿐만 아니라 **일본인 또는 영주권자 1명 이상의 상근 직원 고용**이 필수 조건으로 추가되었습니다.
- **자금 출처의 투명성:** 3,000만 엔이라는 큰 금액이 투입되는 만큼, 해당 자금의 형성 과정(저축 내역, 증여세 납부 여부 등)을 증빙하는 서류 심사가 매우 까다로워졌습니다.

□ **법인세율: '1억 엔의 벽'과 중소기업 우대 세제**

일본의 법인세 체계는 자본금 규모에 따라 세율과 공제 혜택이 크게 달라집니다. 특히 **자본금 1억 엔**을 기준으로 '중소법인' 여부가 갈립니다.

구분	자본금 1억 엔 이하 (중소법인)	자본금 1억 엔 초과 (대기업)
법인세율	연 소득 800만 엔 이하: **15%** 연 소득 800만 엔 초과: **23.2%**	전 구간 일률 적용: **23.2%**
접대비 한도	연간 800만 엔까지 전액 비용 처리 가능	원칙적으로 비용 처리 불가(50%만 인정)
기타 혜택	결손금 이월 공제(100%), 설비 투자 세액 공제 등	공제 한도 제한 및 우대 혜택 축소

□ **실무적인 권장 자본금: 3,000만 엔~1억 엔 사이**

위의 두 가지 요소를 종합했을 때, 2026년 기준 가장 전략적인 자본금 구간은 **3,000만 엔 이상 1억 엔 미만**입니다.

- **3,000만 엔을 설정해야 하는 이유:** 경영·관리 비자 취득을 위한 법적 마지노선입니다. 2025년 10월 이전 기준인 500만 엔으로 설립할 경우 비자 승인이 거절될 가능성이 매우 높습니다.
- **1억 엔 이하를 유지해야 하는 이유:** 자본금이 1억 엔을 초과하는 순간 일본 세법상 '대규모 법인'으로 분류됩니다. 이 경우 중소기업용 경감 세율(15%)을 적용받을 수 없으며, 외형표준과세(이익이 없어도 자본금 규모에 따라 세금 부과) 대상이 되어 세 부담이 급증합니다.

□ 결론 및 제언

일본 진출을 준비하는 경영자라면 단순히 '최저 기준'에 맞추기보다는 **사업의 영속성**을 증명해야 합니다. 2026년의 비자 심사는 자본금 액수뿐만 아니라, 그 자본으로 어떻게 직원을 고용하고 수익을 창출할지에 대한 **전문가(중소기업진단사 등)의 검인을 받은 사업계획서**를 요구합니다.

따라서 초기 자본금은 **3,000만 엔**으로 설정하되, 사업 초기 1~2년의 임대료와 인건비를 감당할 수 있는 수준의 예비비를 포함하여 책정하는 것이 비자 취득과 절세라는 두 마리 토끼를 잡는 최선의 선택입니다.

2. 부동산 투자 생애주기별 세금 종류 및 구조 분석 – ① 취득 단계

부동산 투자의 생애주기인 '취득-보유-매각' 각 단계에서 발생하는 세금의 종류와 구조를 심층적으로 분석하고, 개인과 법인 투자의 세금 부담이 어떻게 달라지는지를 구체적인 시뮬레이션을 통해 명확하게 보여드릴 것입니다.

(1) 취득 단계에서 드는 비용(부동산 취득세, 등록면허세, 기타 비용)

부동산을 성공적으로 '소유'하기 위한 첫 단계인 취득 과정에서는 부동산 매매 대금 외에도 예상보다 다양한 세금과 부대 비용이 발생합니다. 많은 초보 투자자들이 이 비용을 간과하여 자금 계획에 차질을 빚곤 합니다. 따라서 매매 대금 외에 추가로 필요한 자금을 정확히 예측하고 예산에 반영하는 것은 성공적인 투자의 첫걸음이라 할 수 있습니다.

종류	주요 내용

부동산 취득세 (지방세)	• 부동산을 취득한 날로부터 약 3~6개월 후에 고지서가 발송되는 일회성 세금
	• **기본 세율:** 4%
	• **특례 세율(2027년 3월 31일까지):** 3% (토지 및 거주용 주택)
	• **주요 감면 조치**
	  – **토지:** 고정자산세 평가액의 **1/2**을 과세 표준으로 인정(50% 감면 효과)
	  – **신축 주택:** 건물 평가액에서 **1,200만 엔** 공제(장기 우량 주택은 1,300만 엔 공제)

종류	주요 내용
	– 중고 주택: 축조 연도에 따라 차등 공제(1997년 이후 신축물은 최대 1,200만 엔 공제)
등록면허세 (국세)	• 소유권 이전 등기를 할 때 법무국에 납부하는 세금 • **토지 소유권 이전:** 2.0% → **1.5%**(2026년 3월 31일까지 한시적 인하) • **거주용 주택 특례:** (본인 거주, 면적 50㎡ 이상 등 요건 충족 시) 　– 신축(보존등기): **0.15%** 　– 중고(이전등기): **0.3%** 　– 대출 설정(저당권): **0.1%**
기타	• **인지세(印紙稅):** 계약의 법적 효력을 증명하기 위한 세금. 부동산 매매계약서 작성 시 계약 금액에 따라 정해진 금액의 인지(수입인지)를 구매하여 첨부 • **중개 수수료(仲介手數料):** 일본의 일반적인 중개 수수료 상한은 '(매매가격 × 3% + 6만 엔) + 소비세'임. 부동산 중개회사를 통해 거래한 경우 법적으로 정해진 상한 요율에 따라 수수료를 지불해야 함. 이는 한국의 중개보수와 비교하면 상당히 높은 수준이나, 서비스의 수준이 한국과는 차이가 있음. 한국은 거래 성사를 돕는 실무자 성격이 강하다면, 일본의 경우에는 거래 안전을 책임지는 전문가에 가깝다고 생각하면 됨 • **기타 취득 비용:** 이 외에도 등기 절차를 대행하는 법무사 수수료, 대출을 이용할 경우 발생하는 대출 관련 비용(보증료, 수수료 등) 등이 추가로 발생할 수 있음

주: 고정자산세 평가액은 (2)에서 상세 설명

(2) 고정자산세 평가액이란?

일본 부동산 세금의 '과세표준'이 되는 고정자산세 평가액은 매매 가격(시가)과는 별개로 산정되는 공적 가격입니다. 세금을 계산할 때 가장 기초가 되는 수치이므로 정확히 이해해야 합니다.

분류	주요 내용
시가(매매가)와의 관계	• 평가액은 보통 실제 거래되는 가격보다 낮게 책정됨 　– 토지: 공시지가의 약 70% 수준을 목표로 산정됨 　– 건물: 신축 시에는 건축비의 50~70% 정도로 산정 　　되며, 시간이 지날수록 감가상각이 반영되어 가치가 　　하락
평가 방법 및 주기	• 산정 주체: 부동산이 소재한 시구정촌(기초지자체)의 담 　당 공무원이 산정 • 평가 주기: 3년마다 한 번씩 재평가(평가 대체, 評価替 　え)함. 2024년이 평가 연도였으므로 다음 재평가는 　2027년임 • 단, 신축 건물은 완공 직후 첫 가을~겨울 사이에 구청 직 　원이 방문 조사하여 첫 평가액을 결정함
토지에 대한 특별 조치 (주택용지 특례)	• 보유세인 고정자산세를 계산할 때, 토지 위에 '주택'이 　있으면 평가액을 파격적으로 낮춰 줌 　– 소규모 주택용지(200㎡ 이하): 평가액의 1/6로 감액 　– 일반 주택용지(200㎡ 초과분): 평가액의 1/3로 감액 • 이 특례 때문에 일본에서는 낡은 집을 허물고 빈터로 두는 　것보다 집을 그대로 두는 것이 보유세 측면에서 유리함
확인 방법	• 취득 전이라면 부동산 중개업자에게 '고정자산세 공과 　증명서(公課証明書)'를 요청하면 고정자산세가 얼마나 　발생하는지 확인할 수 있음 • 취득 후에는 매년 4~6월경에 지자체에서 발송하는 납 　세통지서로 확인할 수 있음

(3) 취득 비용 예시 – 가상의 사례를 통한 시뮬레이션

오사카 시내 중고 맨션을 **5,000만 엔**에 구입하는 경우, 주요 세금과 비용을 계산해 보겠습니다. 이를 위해 맨션의 고정자산평가액을 다음과 같이 가정합니다.

항목	계산 근거	비용(엔)
취득세	2,500만 엔 × 3%	750,000
등록면허세	(토지 평가액 1,000만 엔 × 1.5%) + (건물 평가액 1,500만 엔 × 2%)	450,000
인지세	매매가 5천만 엔 초과 1억 엔 이하 구간	30,000
중개수수료 (소비세 10% 포함)	(5,000만 엔 × 3% + 6만 엔) × 1.1	1,716,000
법무사 수수료 등	등기 대행 및 기타 경비(추정치)	150,000
합계		**3,096,000**

주: 위 금액은 이해를 돕기 위한 개략적인 계산이며, 실제 비용은 물건의 조건과 관련 법규, 각종 경감 조치 적용 여부에 따라 달라질 수 있습니다.

결론적으로 5,000만 엔의 맨션을 구입하기 위해서는 매매 대금 외에 약 310만 엔(매매가의 약 6.2%)의 추가 자금이 필요하다는 것을 알 수 있습니다. 이처럼 취득 단계의 비용을 꼼꼼하게 산출하는 것이 안정적인 투자 계획의 출발점입니다.

3. 부동산 투자 생애주기별 세금 종류 및 구조 분석 – ② 보유 단계

(1) 보유 단계에서 드는 비용(보유세, 소비세)

부동산 투자의 궁극적인 목표 중 하나는 '안정적인 현금 흐름의 창출'입니다. 이 목표를 달성하기 위해서는 부동산을 보유하면서 발생하는 세금과 비용을 정밀하게 관리하는 것이 필요합니다. 부동산을 보유하는 동안 발생하는 세금은 크게 보유세와 소득세로 나눌 수 있습니다. 보유세는 일본에서 부동산을 소유하고 있다면 소득 발생 여부와 관계없이 매년 납부해야 합니다. 한편 한국에 부가가치세가 있다면 일본에는 소비세(Consumption Tax)가 있습니다. 일본의 소비세는 재화나 서비스의 거래에 부과되는 세금으로, 부동산 임대의 경우 '임대 목적'에 따라 과세 여부가 달라지므로 명확하게 이해할 필요가 있습니다.

종류	주요 내용
보유세	**• 고정자산세·도시계획세** 　– 일본의 대표적인 보유세로, 매년 1월 1일을 기준일로 해서 부동산 소유자에게 부과됨. 시정촌(市区町村)이 산정하며, 표준세율은 고정자산세 1.4%, 도시계획세 0.3%임. 특히 사람이 거주하는 주택 용지에 대해서는 과세표준을 크게 줄여주는 특례 제도가 있음 　– 이는 한국의 재산세와 유사하다고 볼 수 있으나, 한국은 재산세 외에 종합부동산세가 추가로 과세될 수 있어서 세금 부담이 급격히 늘어날 수 있는 반면, 일본에는 종합부동산세와 같은 국세가 없어서 상대적으로 보유세 부담을 예측할 수 있다는 차이점이 있음

종류	주요 내용

	• **관리비·수선적립금**
	  – 세금은 아니지만, 맨션과 같은 공동주택에 투자할 경우 매월 고정적으로 지출되는 비용이므로 투자 계획 수립시 고려해야 함
	  – 관리비는 공용 부분의 청소, 관리, 운영 등에 사용되며, 수선적립금은 10~15년 주기로 시행되는 엘리베이터 교체, 외벽 보수 등 대규모 수선 공사를 위한 적립금임

소비세	• **일본의 소비세는 재화나 서비스의 거래에 부과되는 세금으로, 부동산 임대의 경우 '임대 목적'에 따라 과세 여부가 명확히 나뉨**
	  – **주택 임대(면세):** 거주하기 위한 목적으로 주택(맨션, 아파트 등)을 임대하는 경우, 그 임대 수익은 비과세(면세) 대상
	  – **상가 및 사무실 임대(과세):** 점포, 사무실, 창고 등 사업용 부동산을 임대하는 경우의 임대 수익은 과세 대상. 이 경우, 임대인은 임차인으로부터 임대료와 함께 소비세를 수취하여 신고·납부해야 함
	  – **세율:** 현재 일본의 소비세 표준 세율은 10%
	  – **소비세 신고 및 납부 기한:** 소비세 납세 의무가 있는 사업자(직전 2년 전 과세 매출이 1,000만 엔을 초과하는 경우 등)는 정해진 기한 내에 신고와 납부를 마쳐야 함
	    ◦ **개인 투자자:** 해당 연도(1월~12월)의 소비세를 **다음 해 3월 31일까지** 확정 신고하고 납부해야 함
	    ◦ **법인 투자자:** 법인의 **사업연도 종료일로부터 2개월 이내**에 신고 및 납부해야 함

한편, 2023년 10월부터 일본에서도 '적격청구서 발행사업자' 등록 제도가 시행되었습니다. 상가 임대 시 임차인이 매입세액공제를 받으려면 임대인이 반드시 이 등록을 해야 하므로, 사업용 부동산 투자 시에는 사전에 세무 전문가와 상의하여 등록 여부를 결정해야 합니다.

(2) 중고 맨션 매수 시 '수선적립금의 역설'

세금은 아니지만, 관리비와 수선적립금은 일본에서 부동산을 보유하는 동안에 반드시 지출되는 비용이므로 사실상 보유세로 볼 수 있습니다. 이 중에서 수선적립금은 한국에서 부동산 투자와 큰 차이를 보이는 부분입니다. 특히 중고 맨션을 고를 때 유의해야 하는데, 오래된 집일수록 매달 부담해야 하는 비용이 한국보다 훨씬 많기 때문입니다.

중고 맨션의 적립금이 비싼 이유는 크게 두 가지입니다. 첫째, 적립금 책정을 단계 증액 방식으로 하기 때문입니다. 많은 일본 맨션이 분양 초기에는 적립금을 낮게 책정합니다. 그러나 건물이 15년, 20년이 지나서 대규모 수선이 필요한 시기가 오면, 그동안 미뤄왔던 인상분을 한꺼번에 적용하여 적립금이 2~3배 급등하는 경우가 많습니다. 둘째, 시간이 지날수록 건물이 감가상각되며 필요한 공사 범위가 늘어나기 때문입니다. 신축 때는 외벽 칠 정도만 하면 되지만, 20년이 넘어가면 엘리베이터 교체, 급배수관 전면 교체 등 거액이 드는 공사가 줄을 잇게 됩니다.

한국에도 '장기수선충당금'이 있지만, 일본의 수선적립금과는 금액 차이가 상당합니다. 한국 아파트의 장기수선충당금이 통상 ㎡당 수백 원 수준(한 달 몇만 원 내외)이라면, 일본의 중고 맨션은 ㎡당 200~400엔을 훌쩍 넘기기도 합니다. 전용 70㎡ 맨션의 경우, 수선적립금만 매달 2만 엔~4만 엔(약 18만 원~36만 원) 이상 나올 수 있습니다.

그렇다고 중고 맨션인데 수선적립금이 지나치게 저렴하다고 해서 마냥 좋아할 일은 아닙니다. 필요한 돈이 모이지 않아 건물이 흉물스럽게 방치될 수 있는 데다가 공사 직전에 가구당 수백만 엔의 일시 분담금을 요구받을 가능성이 매우 높기 때문입니다.

따라서, 일본 중고 맨션을 구입하는 경우에는 매매 가격뿐 아니라,

고정비(관리비+적립금 등)를 합산한 실질 유지 비용을 한국보다 2~3배 정도 높게 책정해야 합니다.

(3) 임대 수익 과세 구조 심층 분석

월세 수입(야칭)은 일본 부동산 투자의 꽃이지만, 이에 대한 세금 또한 면밀히 살펴야 합니다. 임대 수익 과세 구조는 개인일 때와 법인 명의로 투자할 때 상당히 다릅니다. 이하에서는 개인 명의 투자 방식과 법인 명의 투자 방식을 비교해 보겠습니다.

① 개인 명의 투자

일본에서 개인 명의로 임대 시 납부해야 할 세금은 소득세와 주민세 두 가지입니다.

종류	주요 내용

소득세
(국세)
	• 개인 명의로 부동산을 임대하는 경우에는 연간 총 월세 수입에서 각종 경비(고정자산세, 관리비, 수선적립금, 감가상각비, 대출이자 등)를 차감한 순이익, 즉 '부동산 소득'에 대해 소득세가 과세됨
	  – **일본의 소득세율:** 5~45% 누진 구조
	    ▸ 비거주자: 총수입 20.42% 원천징수(경비공제 전)
	    ▸ 확정신고 선택 시 5~45% + 경비공제 가능
	    ▸ 주민세: 비과세
	    ▸ 최대: 거주자 ~55.9% vs 비거주자 ~45.9%
	  – **부흥특별소득세:** 소득세의 2.1%가 부흥특별소득세 명목으로 추가

주민세
(지방세)
	• 일본은 지방세(주민세)가 국세(소득세)와 별도로 과세표준 전체에 직접 부과
	  – **주민세율:** 과세표준 × **10%**(도도부현 4% + 시정촌 6%)
	  – **과세 기준:** 공제 후 과세표준 전체

※ 위 세율은 일본 거주자 기준입니다. 본서의 독자인 한국 거주자(일본 비거주자)에게는 아래와 같은 차이가 적용됩니다.

- 과세 방식: 총수입금액의 20.42%가 원천징수됨(소득세법 제213조). 확정신고 선택 시(소득세법 제172조) 경비를 공제한 후 5~45% 누진세율 적용 가능
- 주민세: 비과세(일본에 주소가 없으므로)
- 최대 합산세율: 거주자 약 55.945% vs 비거주자 약 45.945%(주민세 미부과 효과)
- 실무적으로 확정신고를 선택하면 주민세가 없는 만큼 거주자보다 오히려 세 부담이 낮아지는 경우가 있으므로, 확정신고는 선택이 아닌 필수입니다.

② 법인 명의 투자

일본에서 법인이 납부해야 할 세금은 크게 네 가지이나, 2026년 4월부터 방위특별법인세가 신설됩니다.

종류	주요 내용
법인세 (국세)	• 법인 소득에 대해 부과 – **자본금 1억 엔 이하(중소법인)** 　◦ 연 800만 엔 이하는 15%, 연 800만 엔 초과는 23.2% – **자본금 1억 엔 초과(대법인):** 일률 23.2%
법인주민세 (지방세)	• 법인세액을 기준으로 부과되는 '세액할'과 소득과 상관없이 자본금 규모에 따라 부과되는 '균등할'로 구분
법인사업세 (지방세)	• 사업 수행 자체에 대해 소득 기준으로 부과
지방법인세 (국세)	• 법인세액에 일정 비율을 곱해 산출 • 국세지만 지방에서 쓸 수 있는 재원임

종류	주요 내용
방위특별법인세 (신설)	• 방위비 증액을 위한 재원으로, 2026년 4월 1일부터 적용 – **자본금 1억 엔 이하(중소법인)**: 법인세액의 4% (500만 엔 공제 후) – **자본금 1억 엔 초과(대법인)**: 법인세액의 4% • 소규모 임대 법인이라면 500만 엔 공제 혜택 덕분에 실제 부담 증가폭은 미미할 수 있음

한편, 일본에서 법인을 설립하여 부동산을 투자할 때 한국과는 몇 가지 다른 점이 있습니다.

첫째, 경우에 따라 대기업의 실효세율이 중소기업보다 낮은 '실효세율의 역설'이 나타날 수 있습니다. 한국은 소득이 많을수록 세율이 높아지는 구조인 반면, 일본은 자본금이 1억 엔을 초과하는 대규모 법인에게 '외형표준과세'를 적용합니다. 소득뿐만 아니라 급여 총액이나 자본금 규모를 기준으로 세금을 매기는 대신 소득 대비 세율을 낮춰주기 때문에, 경우에 따라 대기업의 실효세율이 중소기업보다 낮게 산출되기도 합니다.

둘째, 적자 시에도 발생하는 '균등할(均等割)'을 이해해야 합니다. 한국의 법인은 이익이 없으면 법인세를 내지 않지만, 일본법인은 '균등할'이라는 제도가 있습니다. 소득이 적자(결손)라 하더라도 지자체 서비스 이용료 개념으로 자본금과 종업원 수에 따라 **매년 최소 약 7만 엔 정도의 세금을 반드시 납부해야 합니다.**

4. 부동산 투자 생애주기별 세금 종류 및 구조 분석 – ③ 매각 단계

수년 간의 성공적인 운영 끝에 투자 성과를 최종적으로 실현하는 매각 단계에서는 '양도 관련 세금' 관리가 가장 중요한 과제입니다. 부동산 매각으로 발생한 차익에 부과되는 이 세금을 어떻게 관리하는지에 따라 투자자가 최종적으로 손에 쥐는 금액이 크게 달라질 수 있습니다. 따라서 성공적인 출구 전략은 세금 최적화에서 시작됩니다.

매각 단계에서의 세금 등 비용은 개인으로 양도할 경우와 법인의 경우가 보유 단계와 마찬가지로 상당히 다릅니다. 이하에서는 개인과 법인으로 나누어서 살펴보도록 하겠습니다.

(1) 개인 양도 시 비용

개인이 부동산을 매각하여 얻은 이익(양도소득)은 다른 소득과 분리하여 별도로 과세됩니다. 일본 양도소득세의 가장 큰 특징은 **보유 기간 5년**을 기준으로 세율이 두 배 가까이 차이 난다는 점입니다.

- **양도소득 계산:** 양도소득은 '양도가액 – (취득가액 + 양도비용)'으로 계산됩니다. 취득가액에는 부동산 매입 가격과 취득 시 발생한 부대 비용이 포함되며, 양도비용에는 매각 시 발생한 중개수수료 등이 포함됩니다.
- **보유 기간별 세율:** 매각한 해의 1월 1일을 기준으로 보유 기간이 5년을 초과하는지에 따라 다음과 같이 세율이 적용됩니다.

구분	보유 기간	소득세	주민세	부흥특별소득세	합세 세율
단기양도소득	5년 이하	30%	9%	소득세의 2.1%	30.63%
장기양도소득	5년 초과	15%	5%	소득세의 2.1%	15.315%
비거주자 단기양도소득	5년 이하	30%	주민세 비과세	부흥특별소득세 0.63%	30.63%
비거주자 장기양도소득	5년 초과	15%		부흥특별소득세 0.315%	15.315%

- **한국의 양도소득세와 비교:** 한국의 양도소득세는 1세대 1주택 비과세, 조정대상지역 내 다주택자 중과세율, 장기보유특별공제 적용 등 매우 다양한 요소를 고려해야 합니다. 반면에 일본은 '5년'이라는 명확한 기준을 중심으로 세율이 결정되기 때문에 상대적으로 제도가 단순하고 예측이 용이합니다.

- **양도소득세 신고 및 납부 기한:** 부동산을 매각하여 이익(양도차익)이 발생했다면, 정해진 기간 내에 확정신고를 해야 합니다. 개인 명의 투자자는 부동산을 양도한 날이 속하는 연도의 **다음 해 2월 16일부터 3월 15일까지** 주소지 관할 세무서에 신고하고 세금을 납부해야 합니다.

(2) 법인 양도 시 비용

법인이 부동산을 매각하여 이익이 발생한 경우, 개인처럼 별도의 양도소득세를 계산하지 않고 법인의 전체 이익에 합산하여 '법인세 등(법인소득세 + 지방세)'을 납부하게 됩니다.

- **종합과세 방식:** 매각 차익은 법인의 영업 이익으로 간주됩니다. 따

라서 해당 연도에 법인 운영비(인건비, 임대료, 수선비 등)나 다른 사업상의 결손금이 있다면 이를 매각 이익과 상계하여 전체적인 세금 부담을 줄일 수 있는 장점이 있습니다.

- **양도소득세 신고 및 납부 기한:** 부동산을 매각하여 이익(양도차익)이 발생했다면, 정해진 기간 내에 확정신고를 해야 합니다. 법인 명의 투자자는 별도의 양도소득세가 아닌 법인세로 통합 과세되므로, **법인 결산기 종료일로부터 2개월 이내**에 다른 소득과 합산하여 신고 및 납부합니다.

한편, 법인을 세워 투자할 경우 몇 가지 전략적인 시사점이 있습니다. 단기 투자에 유리하며, 법인을 통해 비용 처리가 가능한 이점도 있습니다. 이를 포함해 투자 전략을 세울 때 참고할 만한 사항은 다음과 같습니다.

- **단기 출구 전략에 유리:** 다른 요소들도 고려해야 하겠지만, 5년 이하 보유 후 매각을 가정한다면 개인은 약 30.63%의 고율 과세를 적용받지만 법인은 약 23~34% 수준에서 해결되므로 단기 시세 차익을 노리는 투자에 적합합니다.
- **비용 인정 범위의 확대:** 매각 시점의 중개수수료뿐만 아니라 법인 운영과 관련된 폭넓은 비용을 이익에서 차감할 수 있기 때문에 과세 표준을 낮추는 효과가 큽니다.
- **한국과의 비교:** 한국의 경우, 법인이 주택 등을 매각할 때 '토지 등 양도소득세 대한 법인세'가 '각 사업연도에 따른 법인세' 외에 추가로 과세되기도 하지만, 일본은 일반 부동산과 주택 간의 법인세율 차등이 없어 단순하고 명확하게 세무 계획을 수립할 수 있습니다.

- **매각 방식에 따른 차이:** 법인이 소유하고 있는 부동산에 대하여 건물과 토지 자체를 매각하는 '자산 양도' 방식과, 법인의 '주식 양도' 방식이 있습니다. 각각의 세무상 효과가 다르므로 전문가와의 상담을 통해 최적의 방식을 선택해야 할 것입니다.

(3) 일본 부동산 양도(매각) 시 원천징수 면제 및 일본 현지 법인 설립 시 혜택

한국 거주자(비거주자)가 일본 부동산을 매각할 때 가장 당황하는 부분 중 하나가 매매 대금의 10.21%가 선 차감되는 원천징수 제도입니다. 하지만 조건에 따라 이 의무가 면제되거나, 투자 구조에 따라 원천징수 자체를 피할 수 있는 방법이 있습니다.

① 개인 매각 시 원천징수 면제 요건(3가지 동시 충족)

일본 소득세법에 따라, 매도인이 비거주자 개인일 경우 아래 세 가지 요건이 모두 충족되면 매수인은 원천징수 의무를 지지 않습니다. 즉, 매도인은 대금 전액을 수령할 수 있습니다.

면제 요건	상세 내용	비고
1) 매수자 신분	개인(법인은 무조건 징수)	매수인이 회사라면 금액 상관없이 징수
2) 매수 목적	자기 또는 친족의 거주용	사업 목적(업무용)으로 취득하는 경우
3) 거래 금액	1억 엔 이하	1억 엔 초과 시 전액에 대해 징수

한편, 원천징수가 적용되는 경우의 실무적 흐름도 이해해 두어야 합니다. 비거주자 개인이 부동산을 매각하면, 매수인이 매매 대금의

10.21%를 원천징수하여 세무서에 납부하고, 매도인은 나머지 89.79%만 수령하게 됩니다. 그 후 매각한 해의 다음 해 2월 16일부터 3월 15일까지 확정신고를 통해 실제 양도소득세와 원천징수액을 정산합니다. 대부분의 경우 원천징수액이 실제 양도세보다 크므로 환급이 발생하나, 환급까지 6개월에서 1년 이상 소요될 수 있습니다. 이 자금 묶임 기간을 반드시 자금 계획에 반영해야 합니다.

또한 도교나·오사카 도심의 맨션이 1억 엔을 넘기는 경우가 흔해지고 있으며, 투자용 물건의 경우 매수자가 법인인 경우도 많으므로, 사실상 대부분의 투자용 물건에는 원천징수가 적용된다는 점을 인지해야 합니다.

② 일본법인(현지 법인) 설립을 통한 투자 시 혜택

개인이 아닌 일본 현지 법인을 설립하여 부동산을 취득·관리하다가 매각하는 경우, 원천징수 체계가 완전히 달라집니다.

- **원천징수 의무 없음:** 일본법인은 일본 국내 거주자로 간주됩니다. 따라서 법인이 부동산을 매각할 때는 매수인이 누구든(개인이든 법인이든) 매매 대금에서 10.21%를 원천징수하지 않습니다.
- **자금 유동성 확보:** 매각 대금 전체를 즉시 수령하여 다음 투자나 운영 자금으로 활용할 수 있습니다. 개인 투자자가 1년 뒤 확정신고를 통해 환급받는 절차와 비교하면 큰 장점입니다.
- **경비 인정 범위 확대:** 법인 운영 시 대출 이자, 수선비, 관리비는 물론 감가상각비를 통해 법인세 부담을 효율적으로 관리할 수 있습니다.

- **세율 구조:** 개인의 경우 보유 기간(5년 기준)에 따라 고세율이 적용
될 수 있으나, 법인은 보유기간과 상관없이 일반 법인세율이 적용
되어 이익 규모에 따라 전략적 세무 계획이 가능합니다.

5. 취득-보유-매각의 전 과정에서 세금, 얼마나 될까? (시뮬레이션 케이스 스터디)

이론적인 세법 지식만으로는 실제 투자 과정에서 마주하는 세금 문제를 체감하기 어렵습니다. 다음 글에서는 구체적인 투자 시나리오를 통해 취득부터 보유, 매각에 이르는 전 과정의 세금을 직접 계산해 봄으로써 세금 계산 과정을 직관적으로 이해하고 자신만의 투자 전략을 세우는 데 도움을 드리고자 합니다.

(1) Case A: 개인 투자자 사례

단계	주요 내용
시나리오	• 한국에 거주하는 직장인 A씨는 2025년 1월, 오사카 시내의 맨션을 5,000만 엔에 구입해서 6년간 운영하며 연간 250만 엔의 순 임대소득(경비 차감 후)을 얻고, 2031년 2월에 6,000만 엔에 매각한다고 가정 • 취득 비용은 300만 엔, 양도 비용은 200만 엔, 세리사비용은 연간 10만 엔으로 가정
취득	• **취득일:** 2025년 1월 • **매매가:** 5,000만 엔 • **취득 부대비용:** 300만 엔(중개수수료, 취득세, 등록면허세 등 포함) • **총 투자원금(A):** 5,300만 엔
보유 및 임대	• **주: 매년 발생하는 운영 비용을 수익에서 차감** • **보유 및 임대 기간:** 2025년~2030년, 6년간 • **연간 순 임대소득:** 250만 엔(관리비 등 실비 차감 후) • **연간 운영 비용:** 　– **고정자산세·도시계획세:** 약 15만 엔 　– **세리사 수임료: 10만 엔**(확정신고 및 세무 관리)

단계	주요 내용

	• **연간 실질 현금 흐름(Pre-tax):** 250만 – 25만= **225만 엔**
	 • **연간 소득세 계산(일본):**
	   – 과세표준: 225만 – 60만(감가상각) – 10만(비거주자가 받는 청색신고 공제) = 155만 엔
	   – 연간 소득세: 155만 × 5.105%(부흥세 포함) = **약 79,127엔 (계산 편의상 지방소득세 고려하지 않음)**
	 ※ 청색신고공제(靑色申告控除)는 일정한 장부를 기장하는 납세자에게 소득세 신고 시 혜택을 주는 제도이며, 최고 65만 엔까지 받을 수 있습니다. 비거주자도 일본 내에서 사업을 영위하고 관련 소득을 신고하는 경우 청색신고 적용이 가능할 수 있으나, 본문에서는 10만 엔으로 가정하였습니다.
	 • **6년간 누적 데이터(B):**
	   – 6년 총 세후 임대 수익(현금기준): (2,250,000 – 79,127) × 6년 = 13,025,238**엔**

매각	• **주: 매각 시 발생하는 수수료와 감가상각으로 인해 높아진 양도세 반영**
	 • **매각일:** 2031년 2월
	 • **매각 가액:** 6,000만 엔
	 • **매각 중개수수료:** (6,000만 × 3% + 6만) × 1.1 = **2,046,000엔**
	 • **양도소득세 계산:**
	   – 장부가액: 5,300만 – 360만(6년 상각 누계) = 4,940만 엔
	   – 양도차익: 6,000만 – (4,940만+ 2,046,000) = 1,014,000엔
	   – **양도소득세(C):** 1,014,000 × 20.315% = **약 1,737,745엔**
	     양도차익 계산 시 매각 중개수수료는 필요경비로 공제

최종 수익률	• **최종 수익률 분석**

구분	상세 내역	금액(엔)
총투자 원금(Cash Out) (A)	취득가 + 부대비용	53,000,000
보유 수익(Net Income)	6년 총 세후 임대 수익	13,025,238
(+) 매각 수익(Capital Gain)	매각가 – 수수료 – 양도세	56,216,255
(=) 최종 회수 금액(Cash In) (B)	보유 수익 + 매각 수익	69,241,493
세후 순수익(Profit) (B – A)	회수 금액 – 투자 원금	16,241,493

단계	주요 내용
	• **총 세후 실질 수익률: 약 30.64% (6년간)** • **연평균 수익률(단리 기준): 약 5.11%**

주: 위의 시뮬레이션은 대략적인 계산 내역입니다. 실제 투자 시에는 보다 정밀한 분석이 이루어져야 합니다.

청색신고공제(青色申告控除)는 일정한 장부를 기장하는 납세자에게 최고 65만엔까지 적용되는 제도이며, 비거주자도 일본 내 사업을 영위하고 신고하는 경우 적용 가능. 본문에서는 10만엔으로 가정

(2) Case B: 법인 투자자 사례

단계	주요 내용
시나 리오	• 2025년 1월, 한국에 거주하는 K씨와 P씨가 공동 출자해서 일본에 자본금 500만 엔의 법인을 설립하고, 1억 엔짜리 소형 아파트(一棟)를 구입 • 부대비용을 고려해서 4,300만 엔은 대부 투자를 하고, 나머지 금액인 6,000만 엔은 일본에서 대출을 받음 • 연간 순 임대소득은 400만 엔이고, B씨와 C씨는 법인으로부터 연봉 100만 엔씩을 수령하며, 6년 후에 아파트를 1.3억 엔에 양도한다고 가정
취득	• **취득일:** 2025년 1월 • **총취득 가액:** 1억 800만 엔(건물 1억 + 부대비용 800만) • **자금 조달:** 　– **자기자본(K, P): 4,800만 엔**(자본금 500만 + 임원 대여금 4,300만) 　– **은행 대출:** 6,000만 엔(연 이자 3%, 6년 후 일시 상환)
보유 및 운용	• **주:** 연간 임대수입이 400만 엔으로 줄어들면서 실질적인 운영 현금 흐름(Cash Flow)은 마이너스로 전환되나, 이 '적자'가 나중에 양도세를 지워주는 강력한 무기가 됨

단계	주요 내용
보유 및 운용	**• 연간 실질 현금 흐름** | 항목	금액(엔)	비고
---	---	---
연간 순 임대수입	+ 4,000,000	
은행 이자(3%)	− 1,800,000	
임원 보수(K+P)	− 2,000,000	인당 연 100만 엔
고정자산세 / 세리사	− 700,000	고정자산세 40만 + 세무 30만
사회보험료 / 유지비	0	비거주자에 해당하므로 사회보험료는 없습니다. → 절세 포인트!
기타 유지비	−300,000	화재보험 및 지진보험료: 15만 엔 수리적립금 및 기타 수선비: 10만 엔 잡비: 5만 엔
연간 실질 현금 흐름	− 800,000	매년 80만 엔 현금 부족 발생	 **• 세무상 이월 결손금 축적** 　– 실질 현금 흐름(−80만) − 감가상각비(350만) = **연간 −430만 엔(적자)** 　**– 6년 누적 결손금: 약 2,580만 엔** (430만 엔 × 6년)
매각	**• 주: 매각 시 발생하는 수수료와 감가상각으로 인해 높아진 양도세 반영** **• 매각일:** 2031년 2월 **• 매각 가액:** 1.3억 엔 **• 순매각 대금:** 1억 2,564만 엔(매각가 1.3억 − 수수료 등 436만) **• 법인세 계산:** 　– 장부상 이익: 1억 2,564만 − 8,700만(장부가) = 3,864만 엔 　– 결손금 상계: 3,864만 − **2,580만(이월결손금)** = 1,284만 엔 　**– 법인세(약 30%): 약 385만 엔**
최종 수익률	**• 최종 수익률 분석** | 구분	상세 내역	금액(엔)
---	---	---
총투자 원금(A)	자본금 500만 + 임원 대여금 4,300만	**4,800만**
총회수 금액(B)	원금(4,800만) + 급여(1,200만) + 배당 이익(899만)	**6,899만**
세후 순수익(B−A)		**2,099만**
총수익률	(순수익 2,099만 ÷ 원금 4,800만) × 100	**43.70%**

단계	주요 내용

최종
수익률
	• **최종 가용 현금**(순 매각가 – 대출금 – 법인세 – 6년 운영적자) = 56,990,000
	• **총회수 금액(B)** = 68,990,000
	  – 1순위 회수(임원 대여금 상환) = 43,000,000
	  – 2순위 회수(자본금 및 잔여 이익) = 13,990,000
	  – 기수령 급여(6년간 받은 연봉 총액(200만 × 6년)) = 12,000,000
	• **총 세후 실질 수익률: 약 43.70% (6년간)**
	• **연평균 수익률(단리 기준): 약 7.3%**

주: 위의 시뮬레이션은 대략적인 계산 내역입니다. 실제 투자 시에는 보다 정밀한 분석이 이루어져야 합니다.

6. 투자 성공 후 다음 단계

(1) 투자 성공 후 이야기: 일본 현지 재투자 vs 한국으로 수익 반입

일본 부동산 투자를 훌륭하게 성공하여 수익을 거둔 이후, 수익금을 어떻게 할 것인지에 대해서도 생각해 보고자 합니다. 크게 두 가지 방향이 있습니다. 일본 현지에서 또 투자를 하거나, 아니면 한국으로 자금을 회수하는 방법입니다. 각각의 경우에 유의해야 할 점은 다음과 같습니다.

① 일본 현지 재투자

일본법인이 벌어들인 이익을 한국으로 가져오지 않고 현지에서 다시 부동산을 매입하거나 운영 자금으로 사용하는 경우입니다.

- **과세 이연(Tax Deferral) 효과:** 한국 국세청은 거주자가 실질적으로 배당을 받기 전까지는 그 수익에 대해 과세하지 않는 것이 원칙입니다. 따라서 현지에서 재투자할 경우 한국에서의 소득세 부담을 뒤로 미룰 수 있습니다.
- **특정외국법인[CFC(Controlled Foreign Company)] 유보소득 합산과세 주의:** 일본의 실효세율이 한국보다 현저히 낮거나(보통 15% 이하), 법인이 실질적인 사업 근거 없이 이익을 유보만 할 경우, 한국 국세청은 이를 '배당한 것으로 간주'하여 한국에서 과세할 수 있습니다. 하지만 일본은 저세율 국가가 아니고, 부동산 임대업이라는 실질적 사업을 영위하고 있는 경우 **CFC가 적용될 가능성은 낮습니다.**

**다만 지분율, 임대 형태, 차입 구조에 따라 달라질 수 있으므로 전
문가의 도움을 받아 해당 사항을** 계속 체크해야 합니다.

② 한국으로의 수익 반입

이익을 한국으로 송금할 때는 '원금 회수'인지 그 밖의 방법인지에
따라 세무 처리가 극명하게 갈립니다.

- **임원 대여금의 원금 회수:** 초기 투자 시 설정한 대여금을 돌려받는
  것은 '채무의 상환'이지 '소득'이 아닙니다. 따라서, 일본 현지에서
  의 원천징수도 없고, 한국에서도 소득세가 발생하지 않습니다.
- **배당금 수령:** 한일 조세조약에 따라 일본에서 배당 소득에 대해
  10%(제한세율) 또는 15.315%(지방세, 부흥특별세 포함)의 세율
  로 원천징수됩니다. (지분율 25% 이상 여부에 따라 상이) 그리고,
  한국 거주자의 경우에는 일본에서 받은 배당액을 국내 다른 소득
  과 합산하여 종합소득세를 신고해야 합니다. 그리고, 일본 현지에
  서 납부한 배당소득세는 한국 소득세 계산 시 '외국납부세액공제'
  를 통해 차감받을 수 있습니다.
  ※ 한일 조세조약 상의 제한세율(10%)을 적용받기 위해서는 배당
  지급 전에 '조세조약에 관한 신고서(租税条約に関する届出書)'
  를 일본 세무서에 사전 제출해야 합니다. 이 신고서를 누락하면
  조약 제한세율(10%)이 아닌 일본 국내법상 세율(20.42%)이 적
  용되므로, 실무에서 자주 놓치는 포인트입니다.
- **그 밖의 방법:** 상기 방법 외에도 거래를 통한 대금의 회수, 용역 제
  공에 대한 대가 등 다양한 방법을 통해 일본 자금을 국내로 반입할

수 있습니다. 그런데, 이에 대해서는 세법 외에도 외국환거래법 등 타 법령에 대한 검토가 수반되어야 하기 때문에 구체적인 방법에 대해서는 세무 전문가와 반드시 상의하실 것을 추천합니다.

(2) 일본 부동산 투자 시 한국에서의 신고 의무

해외부동산 투자는 단순히 현지 세금만 고려해서는 안 됩니다. 거주자(개인) 또는 내국법인이 일본 부동산을 취득할 경우, 한국 국세청 및 외국환은행에 대한 신고 의무가 발생하며 이를 위반할 시 막대한 과태료가 부과될 수 있습니다. 다음은 취득부터 양도까지의 핵심 프로세스입니다.

① 개인 거주자: 자금 투명성과 수익 합산이 핵심

개인의 경우 외국환거래법에 따른 **외국환은행 신고**와 소득세법에 따른 **국세청 신고**라는 두 의무를 모두 신경 써야 합니다.

단계	주요 내용
취득	• **주: 송금 전 신고가 필수** • **외국환은행 사전 신고:** 자금을 해외로 보내기 전, 지정 거래 외국환은행에 '해외부동산 취득 신고'를 마쳐야 함. 신고 없이 송금할 경우 외국환거래법 위반으로 검찰 조사를 받을 수 있음 • **사후 보고(3개월 이내):** 잔금 지급 후 3개월 이내에 '해외부동산 취득 보고서'를 은행에 제출 • **국세청 명세서 제출:** 취득가액이 2억 원 이상이라면, 다음 해 5월 종합소득세 확정신고 시[해외부동산 취득·투자운용(임대) 및 처분 명세서]를 제출

단계	주요 내용
보유 및 임대	• **주: 한국 거주자는 전 세계 소득 합산하여 한국 국세청에 신고** • **임대소득 종합소득세 신고:** 일본 부동산에서 발생한 임대수익은 한국의 타 소득과 합산하여 매년 5월에 신고해야 함 • **이중과세 방지:** 일본 현지에서 납부한 소득세는 한국 소득세 계산 시 '외국납부세액공제'를 통해 차감받을 수 있음
양도	• **주: 국내 부동산과 별개로 계산** • **양도소득세 예정신고:** 양도일이 속하는 달의 말일부터 2개월 이내에 신고해야 함 • **주의사항:** 해외부동산은 국내의 '1세대 1주택 비과세' 규정이 적용되지 않음. 또한, 취득가액 2억 원 이상이었다면 다음 해 5월에 '처분 명세서'를 제출해야 하며, 은행에도 '처분 보고서'를 제출해야 함

② 내국법인: 해외직접투자 규정 적용

법인은 개인보다 공시 의무가 엄격하며, 부동산 취득을 일종의 '해외투자'로 간주합니다.

단계	주요 내용
취득	• **주: 해외직접투자 신고** • **사전 신고:** 법인은 외국환은행에 '해외직접투자 신고'를 해야 함. 자본금 송금 및 자산 취득 과정이 회계 장부에 정확히 반영되어야 함 • **보고서 제출:** 취득 후 3개월 이내에 '외화증권(또는 부동산) 취득보고서'를 은행에 제출
보유 및 임대	• **주: 법인세 결산 시 포함** • **법인세 합산:** 일본 내 임대 수익과 관련 비용을 법인의 수익과 비용으로 계상하여 법인세를 납부 • **정기 보고:** 매년 회계연도 종료 후 5개월 이내에 '해외직접투자 사업실적 보고서'를 은행에 제출해야 하며, 법인세 신고 시 **해외현지법인 명세서** 등을 첨부해야 함

단계	주요 내용
양도	• **주:** 각 사업연도 소득으로 과세 • **처분 이익 산입:** 부동산 양도차익은 해당 사업연도의 법인 소득에 포함되어 법인세가 부과 • **청산 보고:** 처분 완료 후 3개월 이내에 은행에 '해외부동산 처분(청산) 보고서'를 제출

(3) 일본 부동산 투자, 세무적 관점이 성공의 열쇠!

지금까지 우리는 일본 부동산 투자의 전 과정에서 발생하는 자금 흐름과 세금 문제를 깊이 있게 살펴보았습니다. 취득 시의 숨겨진 비용부터 보유 시의 소득세 관리, 그리고 매각 시의 출구 전략에 이르기까지, 세금은 투자의 모든 단계에 결정적인 영향을 미칩니다.

일본 부동산 투자는 단순히 엔저 현상이나 낮은 금리 같은 단기적 기회에만 의존해서는 안 됩니다. 오히려 한일 양국의 복잡한 세금 구조를 철저히 이해하고, 장기적 관점에서 자신에게 가장 유리한 절세 전략을 수립하는 '세무적 사고'가 동반될 때 비로소 안정적이고 예측 가능한 성공으로 이어질 수 있습니다.

세금은 복잡하고 어렵지만, 공부한 만큼 효능감을 가질 수 있습니다. 이 글이 여러분의 성공적인 일본 부동산 투자를 위한 든든한 세금 나침반이 되기를 바랍니다. 본 가이드가 제시하는 세무적 관점을 바탕으로 신중한 계획을 세운다면, 일본 부동산은 여러분의 자산 포트폴리오에서 가장 안정적인 초석이 될 것입니다.

한국 측 의무 체크리스트

일본 부동산 투자 생애주기별 신고·납부·보고 의무 총정리
개인 거주자 및 내국법인 공통(2026년 기준)

본 체크리스트는 한국 거주자가 일본 부동산을 투자할 때 한국에서 이행해야 할 신고·납부·보고 의무를 취득 → 보유 → 매각 단계별로 정리한 것입니다. 각 단계의 일본 측 세무는 본서 6장을 참조해 주십시오.

STEP 1 취득 단계

송금 전 신고부터 취득 후 보고까지— 순서가 곧 법입니다

No	신고·보고 항목	신고처	기한	상세 내용 및 주의사항
1	해외부동산 취득 신고 (사전)	외국환은행	송금 전	• 지정거래 외국환은행에 '해외부동산 취득 신고' 제출 • 신고필증 발급 후에만 송금 가능 • 법인의 경우 '해외직접투자 신고'로 진행
2	취득자금 송금	외국환은행	신고필증 발급 후	• 반드시 신고필증 발급 후 송금 ('선 신고 후 송금' 원칙) • 계약금+ 잔금을 나누어 송금하는 경우, 각각 신고 필요
3	해외부동산 취득 보고서 (사후)	외국환은행	잔금일부터 3개월 이내	• 잔금 지급 후 3개월 이내 '해외부동산 취득 보고서' 제출 • 법인: '외화증권(부동산) 취득보고서'
4	해외부동산 명세서 (취득가 2억 원↑)	국세청	다음 해 5월 31일	• 취득가액 2억 원 이상 시 • 종합소득세 확정신고 시 '해외부동산 취득·투자운용·처분 명세서' 첨부

외국환거래법 위반 시: 송금액의 2~4% 과태료 및 검찰 고발 가능. 신고필증 발급 전 1엔이라도 먼저 송금하면 위반이며, 사후 보완은 불가능합니다.

STEP 2 보유 단계

매년 반복되는 신고 의무— 놓치면 가산세가 붙습니다.

No	신고·보고 항목	신고처	기한	상세 내용 및 주의사항
5	임대소득 종합소득세 신고	국세청	매년 5월 31일	• 일본 부동산 임대소득을 한국의 타 소득과 합산하여 신고 • 한국 거주자는 전 세계 소득에 대해 한국에서 납세 의무 (소득세법 제3조) • 법인: 법인세 신고 시 일본 임대수익 합산
6	외국납부세액공제 적용	국세청	신고 시 동시 적용	• 일본에서 납부한 소득세를 한국 소득세에서 공제(소득세법 제 57조) • 공제한도= 국외소득/ 총소득 × 한국 산출세액 • 일본 세금 납부증명서 첨부 필수
7	해외부동산 명세서 (취득가 2억 원↑)	국세청	매년 5월 31일	• 취득가액 2억 원 이상 시 보유 기간 중 매년 제출 • '해외부동산 취득·투자운용·처분 명세서' 종합소득세 신고 시 첨부
8	해외금융계좌 신고 (잔액 5억 원↑)	국세청	다음 해 6월 30일	• 일본 계좌 잔액이 매월 말일 기준 5억 원 초과 시 신고 • 국제조세조정법 제53조 근거 • 미신고 시 과태료 최대 5,000만 원

No	신고·보고 항목	신고처	기한	상세 내용 및 주의사항
9	해외직접투자 사업실적 보고서 (법인만)	외국환은행	회계연도 종료 5개월 이내	• 법인이 일본법인을 통해 투자한 경우 • 매년 재무제표(결산서) 번역하여 제출 • 가장 많이 놓치는 항목— 미제출 시 과태료

> **실무 Tip**
>
> 외국납부세액공제를 받으려면 일본 세무서가 발급한 '납세증명서(納税証明書)'가 필요합니다. 일본 확정신고 후 발급까지 2~3개월 걸리므로, 한국 5월 신고 기한에 맞추려면 일본 측 확정신고를 조기에 마무리해야 합니다.

STEP 3 매각 단계

비과세 특례가 없습니다.— 해외부동산은 예외 없이 과세

No	신고·보고 항목	신고처	기한	상세 내용 및 주의사항
10	양도소득세 예정신고	국세청	양도월 말일+2개월 이내	• 양도일이 속하는 달의 말일부터 2개월 이내 예정신고 • 해외부동산은 국내 부동산과 별개로 계산
11	외국납부세액공제 적용	국세청	신고 시 동시 적용	• 일본에서 납부한 양도소득세를 한국 양도세에서 공제 • 일본 측 양도세 확정신고(2~3월) 후 납세증명서 확보 필요 • 비거주자 원천징수액(10.21%)도 공제 대상
12	처분 명세서 (취득가 2억 원↑)	국세청	다음 해 5월 31일	• 취득가액이 2억 원 이상이었다면 처분 명세서도 제출 • 종합소득세 신고 시 첨부

No	신고·보고 항목	신고처	기한	상세 내용 및 주의사항
13	해외부동산 처분 보고서	외국환은행	처분 후 3개월 이내	• 매각 완료 후 3개월 이내 은행에 처분 보고서 제출 • 법인: '해외부동산 처분(청산) 보고서'
14	매각대금 국내 반입 시 세무처리	국세청	반입 시점에 따라 상이	• 배당 수령 시: 종합소득세 합산(외국납부세액공제 가능) • 임원대여금 원금 회수: 채무 상환이므로 비과세 • 법인 청산 시 의제배당 과세 여부 검토 필요

해외부동산은 '1세대 1주택 비과세' 규정이 적용되지 않습니다. 또한 장기보유특별공제도 적용되지 않으므로, 국내 부동산과 동일한 절세 효과를 기대해서는 안 됩니다.

실무 Tip

일본에서 비거주자 매각 시 매수인이 대금의 10.21%를 원천징수합니다. 실제 양도세와 정산 후 환급이 발생하나, 환급까지 6개월~1년 이상 소요될 수 있으므로 자금 계획에 반영해야 합니다.

일본 부동산 투자의 안전판, 법을 알면 리스크가 보인다

제1장에서 우리는 일본 부동산이 주는 '안정적인 현금 흐름'과 '엔저의 기회'를 확인했습니다. 하지만 이 모든 기회는 단단한 **'법적 안전장치'**위에 서 있을 때만 유효합니다.

한국과 일본은 지리적으로 가깝고 법체계의 뿌리가 비슷해 보이지만, 부동산을 다루는 구체적인 법리와 관행은 놀라울 정도로 다릅니다. 특히 우리나라와 법제가 다른 일본에서 법을 모른 채 투자하는 것은 눈을 가리고 운전하는 것과 같습니다. 다시 말해, 수익률만큼 중요한 것은 '권리'의 안전입니다. 이 장에서는 여러분의 소중한 투자금을 지키기 위해 반드시 알아야 할 일본 부동산의 법률적 쟁점을 임대차, 매매 계약, 법인 설립, 그리고 자금 이동과 상속의 네 가지 축으로 나누어 다룹니다.

1. 임대차보호법: 한국 vs 일본, '약자 보호'의 법리, 무엇이 다른가

(1) 전세가 없는 나라, '차지차가법(借地借家法)'의 강력함

제1장에서 언급했듯이 한국의 전세 제도는 '집주인에게 받는 무이자 대출' 성격이 강하지만, 일본의 임대차는 철저히 **'공간 사용의 대가(월세)'** 중심입니다. 이 차이는 법 적용에서 극명하게 드러납니다.

일본 부동산 임대차를 규율하는 핵심 법률은 '차지차가법(借地借家法)'입니다. 이 법을 관통하는 가장 큰 특징은 "임차인의 거주권이 임대인의 소유권보다 우선시되는 경향이 매우 강하다"는 점입니다.

- **한국과의 차이점:** 한국도 주택임대차보호법을 통해 세입자를 보호하지만, 일본은 그 강도가 훨씬 셉니다. 한국 투자자들이 흔히 하는 오해 중 하나가 "계약 기간이 끝나면 세입자를 내보내고 리모델링을 하거나 내가 들어가 살 수 있다"는 생각입니다. 일본에서는 이것이 법적으로 매우 어렵습니다.

(2) 정당 사유(正当事由): 한 번 들어온 세입자, 내보낼 수 있을까?

일본의 임대차 계약은 크게 두 가지로 나뉩니다. 투자자는 매입하려는 부동산의 임차인이 어떤 계약을 맺고 있는지 반드시 확인해야 합니다.

- **보통차가계약(普通借家契約):** 가장 일반적인 계약 형태입니다. 계약 기간(보통 2년)이 만료되어도 임차인이 계속 살기를 원하면 계약은 법정 갱신됩니다.
- **정기차가계약(定期借家契約):** 기간이 만료되면 계약이 확정적으로 종료되는 계약입니다. 임대인이 퇴거를 확정하고 싶다면 반드시 이 형태여야 합니다.

문제는 대부분의 주거용 임대가 '보통차가계약'이라는 점입니다. 이 경우 임대인이 갱신을 거절하려면 '정당 사유(Just Cause)'가 필요합니다. 일본 법원은 이 '정당 사유'를 매우 엄격하게 해석합니다. 단순히 "건물이 낡아서 재건축해야 한다"거나 "집주인이 실거주해야 한다"는 이유만으로는 부족하며, 임대인이 상당한 액수의 '퇴거료(타치노키료)'를 제공해야만 겨우 인정받는 경우가 허다합니다.

실무 Tip

'구분소유' 투자 시, 만약 향후 매각이나 본인 입주를 고려한다면 현재 임차인이 '보통차가계약'인지 확인하는 것이 필수적입니다. 만약 세입자를 내보내기 어려운 상황이라면, 이는 추후 매각 시 감가 요인이 될 수 있습니다. 반대로 공실 상태의 물건을 매입하여 내가 원하는 조건(정기차가계약 등)으로 세입자를 들이는 것도 리스크 관리의 한 방법입니다.

(3) 시키킹과 갱신료: 금전의 법적 성격 명확화

제1장의 '용어 정리'에서 다룬 시키킹(보증금)과 갱신료는 법률적으로 한국과 다른 성격을 가집니다.

- **시키킹(敷金)은 '담보금'입니다:** 한국의 전세보증금은 고액의 '금융자산' 성격이지만, 일본의 시키킹(월세 1~2개월분)은 체납이나 손해배상을 담보하는 돈입니다. 법적으로 임대인은 임차인의 월세 체납이나 원상회복 비용을 공제한 잔액만 반환하면 됩니다.

- **원상회복 분쟁의 법리:** 퇴거 시 가장 분쟁이 많은 부분입니다. 일본 국토교통성 가이드라인과 판례에 따르면, '통상적인 사용에 의한 마모(경년열화)'는 임대인 부담입니다. 햇빛에 벽지가 바래거나 가구 자국이 남은 정도로는 시키킹에서 공제할 수 없습니다. 투자자는 이 기준을 명확히 알아야 관리회사(PM)와 정확한 정산 협의를 할 수 있습니다.

- **갱신료(更新料)의 유효성:** 2년마다 월세 1개월분을 받는 '갱신료'는 법적 의무는 아니지만, **계약서에 특약으로 명시**되어 있다면 유효한 채무로 인정받습니다(일본 최고재판소 판례). 이는 제8장에서 다룰 '임대료 하락 리스크'를 방어하고 추가 수익을 확보하는 중요한 법적 장치입니다.

📖 실무 Tip

임대보증회사(세입자 리스크 헤지)

• 한국의 보증보험과 달리, 일본의 '임대보증회사(호쇼가이샤)'는 관리 회사(PM)가 세입자를 들일 때 '가입 필수' 조건으로 계약합니다.

• 세입자가 월세를 밀리면 보증회사가 대신 입금해 주고(대위변제), 명도 소송 비용과 절차까지 보증회사가 맡아서 처리합니다. 따라서 '임차인 보호법'이 아무리 강해도, 보증회사만 끼어 있다면 임대인은 안전합니다.

(4) 민박(에어비앤비) 투자 시 법적 제약 사항

제3장에서 언급된 에어비앤비(민박)를 통한 수익 극대화를 고려한다면 '주택숙박사업법(민박신법)'을 반드시 체크해야 합니다.

- **180일 룰:** 지자체에 신고하더라도 연간 영업일수가 **180일로 제한**됩니다. 나머지 기간은 일반 임대(Monthly Mansion 등)로 돌려야 하는 운영상의 번거로움이 있습니다.

- **관리규약의 우선:** 법적으로 가능하더라도 해당 맨션의 '관리규약'에서 민박을 금지하고 있다면 영업할 수 없습니다. 도쿄나 오사카의 많은 맨션들이 규약으로 이를 금지하고 있으므로, 매매 계약 전 '중요사항 설명서' 확인 시 반드시 체크해야 할 포인트입니다.

2. 매매 계약 실무: 도장 찍기 전, 전문가의 체크리스트

(1) [부동산 등기] 믿을 수 있는가? 한국과 다른 '공신력'의 현실

부동산 거래의 시작은 등기부 확인입니다. 한국에서는 '등기사항전부증명서'를 떼어보고 소유자가 맞는지 확인하지만, 일본의 등기 제도는 한국과 미묘하지만 결정적인 차이가 있습니다. 가장 먼저 경고하고 싶은 부분은 바로 **'등기의 공신력(公信力)'** 문제입니다.

① 등기에는 '공신력'이 없다: 진실한 권리자가 우선

한국 법제와 마찬가지로, **일본 역시 부동산 등기에 공신력을 인정하지 않습니다.** 즉, 등기부에 소유자로 기재되어 있다 하더라도, 그 등기가 위조되었거나 원인 무효인 경우, 등기부를 믿고 거래한 매수인은 보호받지 못할 수 있습니다. 하지만 일본 실무에서는 이 리스크를 관리하는 방식이 조금 다릅니다. 일본은 한국보다 거래 프로세스에서 **택지건물거래사(공인중개사)와 사법서사(법무사)의 확인 의무**를 매우 중하게 여깁니다.

- **한국과의 차이:** 한국은 등기부등본을 누구나 쉽게 온라인으로 열람하고 이를 신뢰하여 직거래를 하기도 합니다. 반면 일본은 등기부(등기사항증명서) 자체보다, 매도인이 소유하고 있는 '권리증(등기필증)'의 실물 확인과, 전문가(사법서사)가 위조 여부를 검증하는 절차인 **'본인 확인 정보 제공'** 제도가 실무적으로 매우 엄격하게 작동합니다.

② '사법서사(司法書士)'는 선택이 아닌 필수

일본에서 부동산 소유권 이전 등기는 거의 100% 사법서사(Shiho-shoshi)를 통해 이루어집니다. 한국의 법무사에 해당하지만, 일본 부동산 거래에서 사법서사의 역할은 단순 대행을 넘어 **'거래의 최종 문지기(Gatekeeper)'**역할을 합니다.

- **역할:** 매매 잔금일(결제일)에 사법서사가 은행에 동석하여 등기에 필요한 모든 서류(권리증, 인감증명서 등)가 위조되지 않았음을 확인한 후에야 매수인의 계좌에서 잔금 이체를 허락하는 '동시이행' 관행이 철저합니다.
- **비용 발생:** 제6장의[취득 단계 비용]에서 언급했듯이 등기 절차를 위해 등록면허세(토지 1.5%, 건물 2.0% 등) 외에 별도의 **사법서사 수수료**가 발생합니다. 이는 거래 안전을 위한 필수 보험료로 인식해야 합니다.

💡 실무 Tip

서명증명서(인감 없는 외국인) 일본 등기소는 인감증명서를 요구하지만, 한국 거주자는 일본에 인감 등록이 안 되어 있습니다. 이때 한국 동사무소나 공증 사무소, 혹은 주일 한국 영사관에서 '서명증명서(Signature Certificate)'를 발급받아 제출하면 인감증명서를 대체할 수 있습니다(미리 준비 안 하면 잔금 날 등기 못 칩니다).

---

③ 등기부의 구성: 갑구와 을구는 같다, 하지만...

일본의 등기사항증명서도 한국과 유사하게 **표제부(물리적 현황)**, **갑구(소유권)**, **을구(소유권 이외의 권리)**로 구성됩니다.

- **주의할 점(을구):** 일본 부동산은 대출을 활용한 투자가 많아 을구에

저당권(Teitouken)이나 근저당권(Ne-teitouken)이 설정된 경우가 많습니다. 특히 제6장에서 다룬 등록면허세 감면 혜택(주택용 가옥 증명 등)을 받기 위해서는, 잔금 납부와 동시에 기존 저당권 말소 등기와 소유권 이전 등기, 그리고 새로운 대출에 대한 저당권 설정 등기가 오차 없이 '연건(Renken, 연달아 접수)'으로 처리되어야 합니다. 이 복잡한 타이밍을 조율하는 것이 법률 실무의 핵심입니다.

> **📖 실무 Tip**
>
> **등기부에는 나오지 않는 '경계'의 문제** 등기부(표제부)에 면적이 나와 있지만, 일본의 구축 주택(단독주택 등) 중에는 이웃집과의 '경계 확정'이 등기상 명확하지 않은 경우가 꽤 있습니다. 등기부만 믿고 샀다가 나중에 담장을 침범했다며 분쟁이 생길 수 있습니다. 따라서 단독주택을 매입할 때는 계약서 특약 사항에 "매도인의 책임 하에 경계확정측량도를 교부한다"는 조항이 있는지 반드시 체크해야 합니다. (맨션은 해당 사항이 적습니다.)

(2) 중요사항 설명서(重要事項説明書): 등기부보다 꼼꼼히 봐야 할 서류

한국 부동산 거래에서는 등기부등본 확인을 가장 중시하지만, 일본에서는 계약 체결 전 공인중개사(택건사)가 교부하고 설명해야 하는 '중요사항 설명서'가 핵심입니다. 이는 법적 강제 사항이며, 물건의 물리적, 법적 하자를 총망라한 서류입니다.

이 서류에는 제8장에서 다룰 **자연재해 리스크**가 법적으로 기재됩니다.

- **해저드 맵(Hazard Map) 기재 의무:** 해당 부동산이 홍수 침수 예상 구역인지, 토사 재해 경계 구역인지가 명시됩니다. 이를 확인하지 않고 매입했다가 추후 수해를 입더라도, 설명서에 기재되어 있었다면 법적 구제를 받기 어렵습니다.
- **사도(私道) 부담:** 내 땅 앞에 있는 도로가 개인 소유(사도)인지, 공공 도로인지 확인해야 합니다. 사도 지분이 없다면 재건축이 불가능하거나 상하수도 공사 시 막대한 승낙료를 내야 할 수도 있습니다.

(3) 계약부적합책임(契約不適合責任): 누수, 설비 고장 시 구제 수단

제1장과 제3장에서 언급했듯이 일본 투자는 수익률을 위해 '구축(오래된) 맨션'을 매입하는 경우가 많습니다. 이때 가장 큰 법적 리스크는 매입 후 발견되는 물리적 하자입니다.

과거에는 '하자담보책임'이라 불렸으나, 2020년 일본 민법 개정으로 '계약부적합책임'으로 변경되었습니다.

- **내용:** 매도인은 계약 내용(종류, 품질 등)과 다른 물건을 넘겨주었을 때 책임을 집니다.
- **매수인의 권리:** 매수인은 추후 보완(수리) 청구, 대금 감액 청구, 계약 해제, 손해배상 청구를 할 수 있습니다.
- **[주의] 면책 특약의 함정:** 매도인이 개인인 경우, 특약으로 이 책임을 '면책(책임지지 않음)'하거나 기간을 짧게(예: 인도 후 3개월) 설정하는 경우가 많습니다. 오래된 목조 주택을 살 때는 이 면책 조항이 있는지 계약서 검토 단계에서 반드시 확인해야 합니다. 그렇지 않으면 제8장에서 경고할 막대한 수리비 리스크를 고스란히 떠안게 됩니다.

(4) 해약수부(手付金)의 법리: 계약을 무르고 싶다면?

일본 부동산 계약 시 계약금(테츠케킨)을 냅니다. 한국과 마찬가지로 일본 민법도 '해약수부'의 법리를 따릅니다.

- **매수자:** 계약금을 포기하고 계약 해제 가능
- **매도자:** 계약금의 배액을 상환하고 계약 해제 가능
- **이행의 착수:** 단, 상대방이 '이행에 착수(예: 중도금 지급 등)'한 이후에는 마음대로 해제할 수 없습니다. 일본은 중도금 없이 '계약금 → 잔금'으로 가는 경우도 많으므로, 잔금일 전까지는 언제든 계약 해제 리스크(또는 기회)가 열려 있음을 인지해야 합니다.

(5) 권리 분석: 한국엔 없는 '특수 권리'의 디테일

① 차지권(借地權): '반값 맨션'의 명과 암

일본에서 소위 '반값 맨션'이라 불리는 매물들은 대부분 건물만 소유하고 토지는 빌려서 사용하는 **차지권(借地權) 부수 맨션**을 말합니다. 일본의 토지 가격이 워낙 높다 보니, 토지 소유권을 포기하는 대신 진입 장벽을 낮춘 모델이 단순히 "땅을 빌린다"를 넘어, 자산 가치의 소멸 여부를 살펴보아야 합니다.

- **보통차지권(구법 시대 물건 다수):** 계약 기간(30년 등)이 끝나도 **갱신이 법적으로 보장**됩니다. 건물 주인이 "계속 살겠다"고 하면 땅 주인이 거절하기 매우 어려워, 사실상 소유권과 유사한 가치를 지닙니다. (투자 가치O)
- **정기차지권(1992년 이후 도입):** 계약 기간(50년, 70년 등)이 끝나면

이유 불문하고 건물을 부수고 땅을 돌려줘야 합니다. 갱신이 불가능하므로, 잔존 기간이 줄어들수록 자산 가치가 '0'을 향해 떨어집니다.

- [주의] 정기차지권 물건은 일본 은행에서도 주택담보대출(론)이 잘 나오지 않아, 나중에 팔 때(Exit) 현금 부자에게만 팔아야 하는 환금성 제약이 큽니다.

② 구분소유법 제8조(채무 승계)

- 일본 구분소유법 제8조는 "특정승계인(매수인)은 구분 소유자가 규약에 따라 부담하는 채무를 승계한다"고 규정합니다.
- 전 주인이 야반도주했거나 파산해서 관리비와 수선적립금을 5년치를 안 냈다면? 한국은 "공용부분 3년치만" 같은 판례가 있지만, 일본은 원칙적으로 **매수인이 전액(연체료 포함)** 부담을 해야만 합니다.
  - [주의] 중요사항 설명서 별첨 자료인 '관리비 등 체납상황 보고서'에 "체납액 없음"이 찍혀 있는지 확인하는 것은 생존의 문제입니다.

(6) 중요토지 이용규제법(안보 리스크)

- **내용:** 2021년 제정된 법으로, 자위대 기지나 원전 주변 1km(주시구역) 내 토지 거래 시 외국인에 대한 감시가 강화되었습니다.
- **적용:** 개인, 법인 모두 적용되지만, **외국 자본이 투입된 법인**도 조사 대상이 될 수 있으므로 매입 전 '주시구역' 해당 여부를 반드시 확인해야 합니다.

3. 법인 설립: 개인 vs 법인, 나에게 맞는 '법적 그릇' 만들기

앞서 제6장에서 개인 명의와 법인 명의의 세금 차이(소득세율 vs 법인세율, 양도소득세 등)를 상세히 다루었습니다. 법률적으로는 '책임의 범위'와 **'비자(체류 자격)'**, 그리고 '설립의 용이성'이 핵심 판단 기준입니다.

(1) 주식회사(KK) vs 합동회사(GK): 무엇을 선택할까?

일본 회사법상 투자자들이 부동산 보유용(SPC 성격)으로 주로 활용하는 법인 형태는 두 가지입니다.

- **주식회사(Kabushiki Kaisha, KK):** 대외 신용도가 높지만, 설립 비용(등록면허세 등)이 비싸고 임원 임기마다 등기를 다시 해야 하는 등 유지 관리가 번거롭습니다.
- **합동회사(Godo Kaisha, GK):** 한국의 유한책임회사와 유사합니다. 설립 비용이 저렴(주식회사의 절반 수준)하고, 임원 중임 등기 의무가 없어 유지 관리가 편합니다.

> 📖 **실무 Tip**
>
> 단순히 부동산을 보유하고 임대료를 받는 목적이라면, 법률적으로는 합동회사(GK)가 훨씬 효율적입니다. 주주(사원)가 유한책임을 진다는 점에서도 주식회사와 동일하게 안전합니다.

(2) 비거주자의 법인 설립과 현실적 장벽

과거에는 일본 거주자가 대표이사로 있어야만 법인 설립이 가능했으나, 현재는 규제 완화로 외국인(비거주자) 단독으로도 법인 설립 등기가 가능합니다.

하지만 법률적 설립과 실무적 운영은 다릅니다. 가장 큰 난관은 '일본 은행 계좌 개설'입니다. 일본 은행들은 자금 세탁 방지를 위해 대표자가 일본에 거주하지 않거나 실체가 불분명한 법인의 계좌 개설을 거부하는 경향이 매우 강합니다. 따라서 Part 4의 자금 조달 및 송금 계획과 연동하여, 신뢰할 수 있는 현지 대리인(사법서사, 세무사)의 조력을 받거나 계좌 개설이 용이한 외국계 은행 지점을 활용하는 전략이 필요합니다.

(3) 경영관리비자: 투자를 통해 일본에 살 수 있을까?

많은 투자자가 법인 설립을 통해 일본 거주권인 **'경영관리비자'** 취득을 문의합니다. 하지만 단순히 법인을 세우고 부동산을 샀다고 해서 비자가 나오지는 않습니다.

- **법적 요건:** ▲자본금 3,000만 엔 이상, ▲일본인 또는 영주권자 1명 이상의 상근 직원 고용, ▲독립된 사무실 공간 확보(자택 겸용 불가 원칙), ▲사업의 지속성 및 안정성 입증이 필요합니다.
- **부동산 투자의 특수성:** 단순 임대업은 '노동 집약적'이지 않아 비자 발급이 까다롭습니다. 이민국은 "임대료 받는 일 외에 경영자가 일본에 체류하며 무슨 일을 하는가?"를 묻습니다. 따라서 Part 3의

관리 전략과 연계하여, 단순히 월세만 받는 구조가 아니라 적극적인 사업 운영(예: 에어비앤비, 여러 채의 관리 운영, 리모델링 사업 등) 계획을 법률적으로 소명해야 합니다.

4. 외환 및 상속: 국경을 넘는 법률 문제

(1) [Compliance] 송금 전 확인 필수! 외국환거래법 위반과 법적 제재

한국 거주자가 일본 부동산을 취득할 때 가장 빈번하게 발생하는 법적 사고는 **'외국환거래법'** 위반입니다.

- **사전 신고의 원칙:** 자금을 송금하기 **전**에 외국환은행에 '해외부동산 취득 신고'를 해야 합니다.
- **법적 제재:** 이를 누락하고 송금하면 단순 과태료를 넘어 외국환거래법 위반으로 검찰 조사를 받거나, 추후 매각 대금을 국내로 반입할 때 자금 출처 소명이 불가능해져 막대한 과태료 처분을 받을 수 있습니다. 이는 Part 4의 자금 조달 실행 단계에서 반드시 법률적으로 검토해야 할 사항입니다.

(2) 일본 측 사후 보고(외국환거래법)

- 일본 외환법상 '비거주자'가 부동산을 취득하면 자금 흐름 파악을 위해 당국에 보고해야 합니다.
- 개인(비거주자): 부동산 취득일(잔금일)로부터 20일 이내에 일본 은행을 경유하여 재무대신에게 '부동산 취득 보고서'를 제출해야 합니다(위반 시 6개월 이하 징역 또는 50만 엔 이하 벌금).
- 일본 법인 설립 후 취득: 일본 법인(GK/KK)은 일본 내 '거주자'로 간주되므로, 부동산을 살 때 이 보고 의무가 없습니다(단, 법인 설립 자금을 한국에서 송금받을 때 '대내직접투자' 신고는 별도).

(3) 일본 집, 내가 죽으면 어느 나라 법을 따를까? (상속 준거법)

상속세를 잘 이해하기 위해서는 법률적으로 "누가 상속받는가?"의 문제를 명확히 해야 합니다.

- **한국 민법의 적용:** 일본에 있는 부동산이라도 피상속인(사망자)이 한국 국적자라면, 일본의 '법의 적용에 관한 통칙법'에 따라 본국법인 '한국 민법'이 적용됩니다. 즉, 일본 민법이 아닌 한국 민법의 법정상속분(배우자 1.5 : 자녀 1)이 적용됩니다.
- **등기 절차의 난관:** 법리는 한국법을 따르지만, 실제 **상속 등기**는 일본 등기소에서 일본 절차에 따라 진행해야 합니다. 이때 한국의 가족관계증명서 등을 일본어로 번역·공증하고, 일본 법무국이 요구하는 서식(선서진술서 등)을 갖추는 복잡한 법률 절차가 필요합니다. 이는 출구 전략의 일환으로 미리 대비해 두어야 할 법적 과제입니다.

5. 법률은 가장 강력한 보험!

일본 부동산 투자는 '저금리'와 '엔저'라는 경제적 기회 위에 서 있지만, 그 기회를 온전히 내 것으로 만드는 것은 결국 꼼꼼하게 작성된 **계약서**입니다.

이어질 파트에서 다룰 리스크 관리가 미래의 위험을 '예측'하는 것이라면, 지금 다루고 있는 법률은 확정된 권리로 위험을 '대비'하는 것입니다. 임대차 보호법의 강제성을 이해하고, 매매 계약서의 특약을 꼼꼼히 살피며, 내 목적에 맞는 적절한 법인 형태와 외환 신고 절차를 준수하는 것이 '잃지 않는 투자'의 첫걸음입니다.

일본 부동산 투자 실무

Part 3

마무리

꼭 짚고 넘어가야 할 리스크와 대응 전략

투자에는 항상 리스크가 따릅니다. 일본 부동산 시장은 대체로 '안전 자산'으로 분류되지만, 그 이면에는 환율 변동성, 건물 노후화, 지진, 그리고 독특한 임대 관습 등 특유의 리스크가 존재합니다. 성공적인 투자는 리스크를 피하는 것이 아니라, 이를 정확히 측정하고 '어떻게 대응할 것인가(How-to)'에 대한 대비를 마련하는 데서 결정됩니다. 이하에서는 투자자가 반드시 검토해야 할 주요 리스크를 심층 분석하고, 리스크를 효과적으로 관리하기 위한 전략을 살펴보겠습니다. 다만, 이 내용들은 일반론에 가깝습니다. 투자의 시점과 규모, 목적에 따라서 위험 관리는 개별적으로 다르게 이루어져야 합니다.

1. 환율 변동 리스크: 자연 헤지와 엔화 순환 구조 설계

일본 부동산 투자의 모든 거래와 현금 흐름은 엔화 기반입니다. 따라서 최종적인 수익률은 원화 대비 엔화의 환율 변동에 의해 결정됩니다. 시시각각 움직이는 환율은 투자자에게 위협인 동시에, 전략적으로 활용한다면 자본 수익을 극대화할 수 있는 '양날의 검'입니다.

(1) 자본 손익의 극대화: 매입과 매각의 타이밍 전략

환율 변동 리스크는 매입 시점과 매각 시점에서 서로 다르게 작용하므로, 이를 자산 운용의 핵심 변수로 삼아야 합니다.

- **매입 시점(엔저 활용):** 원화를 엔화로 환전하여 부동산을 매입할 때는 엔화 약세(원화 강세)가 절대적으로 유리합니다. 엔화 가치가

낮을 때 환전하면 동일한 원화 자금으로 더 가치 있는 일본 내 자산을 확보할 수 있으며, 이는 곧 초기 투자 비용을 낮추는 효과를 가져옵니다. 따라서 엔저 시기는 일본 부동산 시장 진입의 적극적인 신호로 해석할 수 있습니다.

- **매각 시점(엔고 활용):** 반대로 자산을 매각하고 대금을 회수할 때는 엔화 강세(원화 약세)가 유리합니다. 매각으로 확보한 엔화의 가치가 높을 때 환전하면, 부동산 자체의 매매 차익에 더해 강력한 '환 차익'을 추가로 얻을 수 있습니다.

(2) 운용 시점의 리스크 관리: 월세 수입의 변동성 대응

매월 입금되는 임대 수입(야칭)을 즉시 원화로 환전할 경우, 엔화 약세 시기에는 실질적인 현금 흐름(Cash Flow)이 악화될 수 있습니다. 이를 방어하기 위해 다음과 같은 실무적 대응 전략이 필요합니다.

- **엔화 순환 및 재투자 시스템:** 임대 수입으로 발생한 엔화를 즉시 송금하지 않고, 일본 현지에서 발생하는 세금 납부, 관리비 지출, 수선비 적립 등에 우선 활용할 수 있습니다. 환전 횟수를 최소화하는 것만으로도 수수료 절감은 물론 환율 변동 노출을 줄일 수 있습니다.

- **장기적 평균 환율 접근:** 부동산은 5~10년 이상의 장기 프로젝트입니다. 단기적인 환율 일희일비하기보다, 보유 기간 중 엔화 가치가 상승했을 때 집중적으로 송금하거나 재투자하는 등 긴 호흡의 관리가 필요합니다.

금융 공학적으로 환율 리스크를 가장 효과적으로 상쇄하는 방법은 '엔화 대출'을 활용하는 것입니다.

- **원리:** 일본 부동산이라는 '엔화 자산'을 취득할 때, 대출이라는 '엔화 부채'를 동시에 설정하는 것입니다. 엔화 가치가 하락하면 내 자산의 원화 환산 가치도 떨어지지만, 동시에 갚아야 할 빚(부채)의 원화 가치도 함께 줄어듭니다.

- **효과:** 자산과 부채가 동일한 통화로 묶여 환율 변동에 따라 함께 움직이므로, 투자자의 전체 순자산(Net Worth)에 미치는 충격을 자연스럽게 상쇄(Hedge)할 수 있습니다. 전액 현금 투자보다 대출을 낀 투자가 환율 리스크 측면에서 오히려 안전한 이유가 바로 여기에 있습니다.

2. 건물 노후화와 수리비: 자산 가치 방어를 위한 예산 비축 전략

구축(中古) 부동산 투자는 감가상각을 통한 절세 효과가 크다는 강력한 장점이 있지만, 시간이 흐를수록 필연적으로 유지보수 비용이 증가합니다. 그러나 성공한 투자자는 수리비를 단순한 '지출'이 아닌, 나중에 건물을 제값 받고 팔기 위한 '재투자'로 인식합니다. 일본의 독특한 수선 시스템을 이해하고 예산을 선제적으로 마련해 놓는 대응이 필요합니다.

(1) 구분 소유(맨션) 전략: 수선 적립금 리스크 필터링

맨션은 외벽, 지붕, 엘리베이터 등 공용부 수리 비용을 모든 소유자가 매월 '수선 적립금'이라는 이름으로 의무 납부합니다. 따라서 매입 전 해당 맨션 관리조합의 '장기 수선 계획서'와 '적립금 잔액 현황'을 반드시 확인할 필요가 있습니다. 만약 계획 대비 적립금이 턱없이 부족하거나 체납액이 많다면, 대규모 수리 시점에 적게는 수십만에서 많게는 수백만 엔, 그 이상의 '일시 분담금'이 청구될 위험이 큽니다. 이러한 리스크가 발견된다면 과감히 매입 대상에서 제외하거나, 예상되는 분담금만큼 매매가를 낮추는 협상 전략이 필요합니다.

(2) 일동 소유(빌딩) 전략: 자체 충당금 설정을 통한 리스크 통제

건물 전체를 소유하는 경우 수리 비용에 대한 통제권은 투자자에게 있지만, 모든 책임을 직접 져야 한다는 부담이 있습니다. 따라서 임대 수입의 일정 비율(경험적으로10~15%)을 매달 별도 계좌에 '자체 수선 충당금'으로 비축해 둘 필요가 있습니다. 특히 목조 건물은 RC(철근 콘크리트) 대비 수리 주기가 짧습니다. 약 10~15년 주기로 돌아오는 외벽 도색 및 지붕 방수 공사 시점에 당황하지 않으려면, 절세로 확보한 현금을 꾸준히 비축해 두는 운영의 묘가 필요합니다.

(3) 구조 재료별 수리 주기 및 관리 포인트

구조 재료	주요 수리 주기	특징 및 관리 포인트
목조(W)	외벽/지붕: 10~15년	• 초기 매입가는 저렴하나 보수 주기가 짧음 • 부지런한 유지보수가 필수
철골조(S)	외벽/방수: 12~18년	• 철근 부식 방지를 위한 방수 관리가 핵심 • 중기적인 예산 계획 필요
철근 콘크리트(RC)	대규모 수선: 15~20년	• 내구성이 우수하고 수리 주기가 길지만, 한 번 수리할 때 대규모 비용 발생

3. 임차인 리스크: 강력한 차지차가법(借地借家法) 방어하기

일본 부동산 투자에서 운영의 성패를 가르는 가장 큰 변수는 바로 임차인입니다. 일본에는 임차인의 권리를 강력하게 보호하는 '차지차가법(借家法)'이 존재합니다. 이 법은 매우 강력해서, 정당한 사유 없이 임대인이 계약 갱신을 거절하거나 임차인을 내보내는 것이 법적으로 매우 까다롭습니다. 그렇기 때문에, 한 번 잘못 들인 임차인은 수익률뿐만 아니라 자산 가치 자체에 치명적인 리스크가 될 수 있습니다. 특히 외국인 투자자로서 현지에 상주하지 못하는 한계를 극복하기 위해서는 철저한 '입구 전략'이 필요합니다.

(1) 임대 보증 회사 가입 의무화: 체납 리스크의 전가

먼저, 체납 리스크를 투자자 개인이 짊어지지 않도록 '임대 보증 회사' 가입을 의무화해야 합니다. 일본의 독특한 시스템인 보증 회사는 임차인이 월세를 체납할 경우 임대인에게 월세를 대위변제해 줄 뿐만 아니라, 필요시 명도 소송 비용까지 부담합니다. 입주 심사 단계에서 보증 회사의 스크리닝을 통과하지 못한 임차인은 과감히 거절하는 것이 장기적으로 자산을 지키는 길입니다.

(2) 전략적 임차인 타깃팅: 우량 임차인 선별을 통한 리스크 차단

더 나아가, 리스크를 원천적으로 차단하기 위해 임차인 타깃팅을 전략적으로 설정할 필요가 있습니다. 신용도가 검증된 상장 기업의 법인 계약이나 외국인 주재원을 대상으로 하는 매물을 선택하는 것이 유리합니다. 법인 계약은 월세 체납 가능성이 현저히 낮고 퇴거 절차도 깔끔하여 명도 리스크를 최소화할 수 있습니다. 단순히 공실을 빨리 채우기 위해 조급해하기보다, 우량한 임차인을 선별해 '입구'에서부터 리스크를 걸러내는 것이 핵심입니다.

4. 지진·자연재해 리스크: 데이터 기반 입지 선별과 입체적 보험 설계

일본은 자연재해가 빈번한 나라입니다. 지진, 태풍, 홍수 등은 물리적인 자산 손실 위험을 수반하므로, 이에 대한 이중적인 안전장치 마련이 필수적입니다. 철저하게 데이터로 분석하고 보험을 마련한다면 상당 부분 통제 가능한 리스크입니다. 일본 부동산 투자 시에는 물리적 자산 손실을 막기 위해 입지 선별과 보험 설계라는 이중 안전장치를 갖추어야 합니다.

(1) 내진 기준 점검: 건물의 뼈대부터 확인하라

투자의 첫 단추인 매물 선별 단계에서 가장 먼저 확인해야 할 것은 건물의 내진 기준입니다. 1981년 6월 이후 건축된 건물에 적용되는 '신내진 기준(新耐震基準)'은 대규모 지진에도 견딜 수 있는 구조적 안전성을 법적으로 입증합니다. 이는 단순한 안전 문제를 넘어, 금융 기관의 대출 심사 승인 여부와 지진 보험료 할인 혜택까지 결정짓는 중요한 경제적 지표가 됩니다. 만약 1981년 이전의 구내진 기준 건물을 검토한다면, 반드시 내진 진단 결과와 보강 이력을 확인하여 구조적 안정성을 선제적으로 검증해야 합니다.

(2) 해저드 맵(Hazard Map) 활용: 데이터를 파악해서 위험 지형을 회피하라

일본 국토교통성이 제공하는 해저드 맵을 활용하면 물리적 입지의 리스크를 걸러낼 수 있습니다. 매입을 고려하는 부동산이 침수 구역, 토사 재해 위험 지역, 혹은 지진 시 지반이 약해지는 액상화 우려 지역에 포함되는지를 알 수 있습니다. 일본의 지진 등 자연재해는 매우 빈번하고 또 국토 전반이 취약하기 때문에 해저드 맵에서 경고하는 위험 지역은 아무리 기대 수익률이 높아도 매입을 재고해야 합니다. 자연재해 취약 지역은 임차인 기피 요인이 될 뿐만 아니라, 향후 매각 시 구매자의 대출 승인이 거절될 가능성이 커 자산의 환금성에 치명적인 타격을 줄 수 있습니다.

자료: 일본 국토교통성 해저드 맵 포털 사이트

　일본 부동산 시장에서 '해저드 맵' 상의 안전 지역은 그 자체로 강력한 프리미엄입니다. 재해 위험이 낮은 입지를 선택하는 것은 단순히 수리비를 아끼는 차원을 넘어, 위기 상황에서도 임차 수요가 유지되고 자산 가치가 방어되는 핵심 경쟁력이 된다는 점을 명심해야 합니다.

(3) 보험 가입의 전략적 설계: 화재 보험과 지진 보험의 결합

마지막 방어선은 입체적인 보험 설계입니다. 흔히 가입하는 '화재 보험'은 화재나 풍수해 등 일반적인 손해는 보상하지만, 지진으로 인한 직접적인 파손이나 지진 후 발생한 화재는 보상 범위에서 제외되는 경우가 많습니다. 따라서 반드시 '지진 보험'을 별도 특약으로 결합하여 낙하물에 의한 파손부터 지진 화재까지 폭넓게 대비해야 합니다. 이는 재난 상황 발생 시 투자 원금을 보호하고 빠르게 자산을 복구하여 운영을 정상화할 수 있는 유일한 금융적 수단입니다.

5. 공실과 임대료 하락 위험: 지속 가능한 현금흐름의 핵심

월세 수입이 투자의 주된 목적인 일본 부동산 시장에서 공실 발생과 임대료 하락은 수익률에 직접적인 치명타를 입히는 가장 핵심적인 운용 리스크입니다. 이를 방어하기 위해서는 단순히 운에 맡기는 것이 아니라, 매입 단계의 입지 분석부터 보유 기간의 세밀한 관리 전략까지 입체적인 대응이 필요합니다.

(1) 공실 리스크 통제 전략: 입지 선정과 PM사의 역량

공실을 최소화하는 가장 강력한 예방책은 '입지 우선 원칙'을 고수하는 것입니다. 일본의 인구 감소 추세를 고려할 때, 도쿄나 오사카 등 대도시 역세권, 혹은 대형 업무 지구와 대학가 인근처럼 탄탄한 배후 수요가 뒷받침되는 지역에 집중해야 합니다. 인구 유출이 진행되는 지방 소도시 투자는 초기 수익률이 높아 보일지라도, 장기적으로는 공실 리스크를 피할 수 없음을 명심해야 합니다.

또한, 현지 사정에 밝은 전문 관리 회사(Property Management, PM)를 선정하는 것이 중요합니다. 유능한 PM사는 단순한 민원 처리를 넘어 임차인 모집부터 엄격한 입주 심사, 월세 징수까지 대행하며 공실 발생 시 즉각적인 마케팅 전략을 제안하는 핵심 파트너입니다. 실제로 임대료(야칭)를 주변 시세보다 미세하게 낮게 책정하되, 관리비를 적정 수준으로 설정하여 임차인에게는 '저렴한 야칭'이라는 시각적 메리트를 주고 임대인에게는 '실질 수익'을 보전하는 영리한 전략을 PM사와 함께 구사하는 경우도 더러 볼 수 있습니다.

(2) 임대료 하락 위험 대응: 갱신료 활용과 가치 보존 리모델링

신축 프리미엄이 사라지면서 발생하는 자연적인 임대료 하락을 방어하기 위해서는 일본 특유의 임대 관습과 주기적인 시설 투자를 적절히 활용해야 합니다. 우선 일본의 독특한 문화인 '갱신료(更新料)' 제도를 이해할 필요가 있습니다. 일본어로 '코-신료'라 불리는 이 갱신료는 주로 도쿄 등 수도권에서 2년마다 월세 1개월분을 받는 관습입니다. 이는 임차인의 권리가 강한 일본 시장에서 임대인의 수익성을 보전해 주는 독특한 안전장치로 작용하며, 투자자 입장에서는 임대료 하락 리스크를 방어하는 중요한 보조 수입원이 됩니다.

더불어 건물의 경쟁력을 유지하기 위한 '가치 보존 리모델링'이 병행되어야 합니다. 임차인들은 오래된 건물 외관보다 주방, 욕실, 에어컨 등 내부 설비의 노후 정도에 더 민감하게 반응합니다. 약 10년을 주기로 내부 인테리어를 개선하거나 최신 트렌드에 맞는 설비로 교체해 준다면, 주변의 최신 매물들과의 경쟁에서 밀리지 않고 임대료 수준을 안정적으로 유지할 수 있습니다.

6. 금융 리스크: 금리 상승기 대응과 리파이낸싱 전략

오랫동안 초저금리를 유지해 온 일본 시장에도 변화의 바람이 불고 있습니다. 일본 은행의 정책 변화에 따른 금리 변동은 레버리지를 활용하는 부동산 투자자에게 가장 직접적인 위협이 될 수 있으므로, 보수적이고 치밀한 자금 계획이 선행되어야 합니다.

(1) 금리 스트레스 테스트: 최악의 시나리오를 가정한 수익성 검토

성공적인 투자를 위해서는 매입 단계에서 현재의 저금리에만 의존해서는 안 됩니다. 현재 금리에서 최소 1~2% 포인트가 상승하는 상황을 가정한 '스트레스 테스트'를 반드시 해 볼 필요가 있습니다. 금리가 올랐을 때도 원리금 상환 후 현금 흐름(Cash Flow)이 여전히 플러스(+)를 유지할 수 있는지에 대한 시뮬레이션을 해야 합니다. 이를 통해 금리 인상 시기를 견디고 자산을 장기 보유할 수 있는 체력을 사전에 검증하는 것이 필수적입니다.

(2) 리파이낸싱(Refinancing) 리스크 관리: 은행과의 신뢰 구축

대출 만기 시점에 건물 노후도가 심화되거나 은행의 대출 정책이 보수적으로 변할 경우, 대출 연장이 거절되는 리파이낸싱 리스크가 발생할 수 있습니다. 이를 방어하기 위해 평소 주거래 은행과 긴밀한 신용 관계를 유지해야 합니다. 특히 법인 명의로 투자할 경우, 매년 우량한 결산서를 관리하여 은행에 안정적인 운영 능력을 입증하는 것이 가장 강력한 대비책입니다.

7. 상속 및 계좌 동결 리스크: 법인 구조가 정답인 이유

외국인으로서 일본 부동산을 개인 명의로 소유할 때 가장 간과하기 쉬운 부분이 바로 '사후 리스크'입니다. 이는 자산의 수익률과는 별개로, 가족들에게 감당하기 힘든 법적 부담을 지울 수 있습니다.

(1) 개인 명의 투자의 치명적 약점: 계좌 동결과 상속 절차

개인 명의로 투자할 경우, 투자자 유고 시 일본 내 금융 계좌는 그 즉시 동결됩니다. 일본의 상속 절차는 매우 복잡하며, 외국인이 일본 내 자산을 상속받기 위해서는 최소 6개월에서 1년 이상의 시간이 소요됩니다. 이 기간 동안 관리비 지출이나 대출 상환이 막히면서 자산이 경매 위기에 처하거나, 복잡한 일본 상속법 적용으로 인해 예상치 못한 세금 폭탄을 맞을 위험이 큽니다.

(2) 최적의 솔루션: 한국 법인이 일본 법인을 소유하는 구조

이러한 위험을 원천 차단하기 위해 '한국 법인이 일본 자회사를 100% 소유하는 구조'를 추천합니다. 이 구조에서는 투자자 개인의 신변에 변화가 생기더라도 일본 내 자산은 법인 소유로 유지되므로 계좌가 동결되지 않고 운영의 연속성을 확보할 수 있습니다. 또한, 일본의 부동산을 직접 상속하는 대신 한국 모법인의 지분을 승계하는 방식을 택할 수 있어, 상속 절차가 훨씬 간소화되고 유연한 자산 승계 전략을 구사할 수 있습니다.

많은 분이 초기 비용 문제로 개인 명의 투자를 고민하지만, 장기적인 관점에서 법인 구조는 단순한 '절세' 도구가 아닌 '자산 보호막'입니다. 특히 일본 현지 은행 대출과 사후 관리의 편의성을 고려한다면, 한국 법인을 정점으로 하는 구조 설계가 가장 안전하고 전문적인 선택입니다.

8. 리스크 관리를 통한 지속 가능 투자: 자가진단 체크리스트 포함

모든 리스크에서 벗어나 있으면 최선이지만, 현실적으로 어렵습니다. 일본 부동산 투자의 성패는 리스크를 얼마나 완벽히 제거하느냐가 아니라, 이를 데이터로 예측하고 시스템으로 통제하느냐에 달려 있습니다. 자연 헤지 구조를 만들고, 수선 충당금을 선제적으로 적립하며, 필수 보험 가입 및 신뢰할 수 있는 PM사 선정, 그리고 해저드 맵과 법인 구조라는 안전판을 마련하는 것, 이것이 바로 일본 부동산 투자를 단순한 재테크에서 견고한 자산 시스템으로 격상시키는 길입니다. 리스크에 대한 치밀한 사전 분석과 계획적인 대응을 통해 리스크를 장악하는 순간, 일본 부동산은 당신의 자산을 지켜주는 가장 든든한 요새가 될 것입니다.

일본 부동산 투자 리스크 자가 진단 체크리스트(Risk Scan)

본 체크리스트는 검토 중인 매물의 리스크를 계량화하여 투자 적합성을 판단하기 위한 도구입니다. 각 항목에 대해 해당 여부를 체크해 보세요.

1. 환율 및 금융 리스크
- [   ] **자연 헤지:** 엔화 대출(레버리지)을 활용하여 자산과 부채의 통화를 맞추었는가?
- [   ] **스트레스 테스트:** 대출 금리가 현재보다 2% 상승해도 현금흐름(Cash Flow)이 플러스(+)를 유지하는가?
- [   ] **엔화 현지 우선 지출:** 환전 리스크를 줄이기 위해 임대 수입을 일본 현지 비용 결제에 먼저 활용하는 구조를 만들었는가?

2. 건물 및 물리적 리스크

- [ ] **내진 기준:** 1981년 6월 이후 건축된 '신내진 기준' 건물인가? (구내진일 경우 별도 보강 확인 필수)
- [ ] **수선 적립금(맨션):** 관리조합의 적립금 잔액이 충분하며, 장기 수선 계획서가 비치되어 있는가?
- [ ] **자체 충당금(일동):** 매월 수익의 10~15%를 수리비로 격리할 예산 계획이 수립되어 있는가?
- [ ] **해저드 맵:** 국토교통성 해저드 맵상에서 침수, 토사, 액상화 위험 구역을 비껴가 있는가?

3. 운영 및 임차인 리스크

- [ ] **입지 경쟁력:** 대도시 역세권이나 배후 수요가 확실한 대학가/업무 지구에 위치하는가?
- [ ] **보증 회사:** 임대 보증 회사 가입이 임차인 입주 조건에 필수 항목으로 포함되어 있는가?
- [ ] **PM사 역량:** 현지 사정에 밝고 공실 발생 시 즉각 대응이 가능한 전문 관리 회사를 선정했는가?
- [ ] **보험 설계:** 화재 보험분만 아니라 '지진 보험' 특약이 입체적으로 설계되어 있는가?

4. 법적 및 상속 리스크

- [ ] **소유 구조:** 사후 계좌 동결 및 상속 분쟁을 막기 위한 법인 구조(한국 법인 –일본 법인)를 검토했는가?
- [ ] **전문가 네트워크:** 일본 현지 세무사, 법무사 등 리스크 발생 시 도움을 받을 네트워크가 구축되었는가?

[진단 결과 가이드]

- **12개 이상 체크:** 리스크 관리가 완벽에 가깝습니다. 즉시 실행 가능한 우량 매물입니다.
- **8~11개 체크:** 기본적인 안전판은 갖춰져 있습니다. 부족한 항목에 대한 보완책(예: 보험 강화, 수리비 추가 확보)을 마련한 뒤 진행하십시오.

- **7개 이하 체크:** 리스크 노출도가 높습니다. 특히 '해저드 맵'이나 '법인 구조' 등 핵심 항목이 빠져 있다면 투자를 원점에서 재검토해야 합니다.

[Tip] 체크리스트의 모든 항목을 만족할 수는 없지만, 최소한 내가 어떤 리스크를 안고 가는지 '알고 투자하는 것'과 '모르고 투자하는 것'은 천지차이입니다. 위 항목 중 'X'가 표시된 부분은 당신이 확보해야 할 예비비의 크기와 비례한다는 점을 기억하세요.

성공투자로 가는 길

지금까지 일본 부동산 투자에 대한 제반 내용들을 살펴보았습니다. 많은 부분을 구체적으로 담았지만, 그럼에도 일본 부동산 시장의 구조와 특징, 세금이나 법률 문제 등을 보면서 막연하게 느껴지는 것이 많을 것입니다. 진짜 배움은 실전을 통해서 얻을 수 있습니다. 그러니 두려움을 갖기보다 초보 투자자가 자주 하게 되는 실수를 되짚으면서, 진짜 투자의 세계로 들어가 볼까요?

1. 초보 투자자가 자주 하는 실수 Top 5

일본 부동산 투자를 처음 시작하는 분들은 한국과는 다른 일본 시장의 특징 때문에 예상치 못한 실수를 저지르곤 합니다. 다음은 경험 많은 투자자들이 공통적으로 짚어 주는 가장 흔한 다섯 가지 실수와 교훈입니다.

(1) 단순 '겉보기 수익률(Gross Yield)'에 현혹되는 오류

가장 쉽게 하는 실수는 광고 전단지에 적힌 연 10% 같은 높은 '겉보기 수익률'만 보고 매물을 선택하는 것입니다. 마치 과대 포장된 선물에 현혹되는 것처럼 말입니다. 이 '겉보기 수익률'은 실제로 건물을 운영하는 데 드는 비용(관리비, 수선 유지비)과 세금, 그리고 건물의 노후화에 따라 인정받는 세금 혜택 항목인 감가상각 비용을 전혀 반영하지 않은 숫자일 가능성이 있습니다. 일본 투자의 핵심은 이 세금 절약 효과를 활용하는 것인데, 이를 간과하고 실제로 내 통장에 들어오는 순이익(세후 순수익)을 정확히 파악하지 않으면, 투자 후 예상보다 훨씬 많은 세금을 납부하게 될 수 있습니다. 따라서 항상 관리비, 세금 등을 모두 뺀 세후 순수익을 기준으로 투자 판단을 내려야 합니다.

(2) 인구 소멸 지역의 '고수익' 매물을 추종하는 실수

겉보기 수익률에 현혹되는 것과 비슷한 사례로, 도쿄나 오사카 같은 큰 도시보다 훨씬 높은 수익률(예: 10% 중반대)을 주는 지방 소도시의 매물을 큰 고민 없이 매입하는 경우입니다. 여러 번 언급했듯이 일본은 인구 감소가 심각해서, 지방 소도시는 사람들이 계속 빠져나가고 있습니다. 매입한 매물에서 잠깐 고수익을 얻더라도 계속 세입자가 있을 거라는 낙관적인 생각은 금물입니다. 자칫하면 집이 비어 있는 기간이 길어지고 (장기 공실) 월세도 급격히 떨어지면서, 나중에는 자산 가치가 거의 없어질 수 있습니다.

투자의 제1원칙은 입지와 수요입니다. 인구가 모이고 경제 활동이 활발한 도쿄, 오사카 등 대도시권의 핵심 지역에 집중해야 안전합니다.

(3) 검증되지 않은 PM(부동산 관리 회사) 선정

일본 부동산 투자에서 좋은 매물을 확보하는 것만큼 중요한 게 PM(부동산 관리 회사) 선택이라는 점 역시 여러 번 강조했습니다. 그런데 흔히 하는 실수 중에, 매물을 소개해 준 중개업자가 추천하는 관리 회사(PM사)를 별다른 확인 없이 믿고 계약하는 경우가 왕왕 있습니다. PM사는 일본 부동산 투자의 성패를 좌우하는 핵심 대리인입니다. PM사가 세입자를 신속하게 유치하지 못해 공실 기간이 길어지거나, 건물 하자나 민원 처리를 소홀히 하면 물건이 방치되어 자산 가치가 빠르게 하락합니다. 결국, 잘못 고른 PM사 하나 때문에 여러 곤란에 처할 수 있습니다. 그러므로 PM사의 공실 관리 실적, 세입자 모집 능력, 그리고 투자자와의 소통 능력을 꼼꼼하게 확인하고 결정하는 것이 중요합니다.

(4) 구축 건물의 수선 충당금 준비 미비

세금 절약 효과를 기대하며 오래된 건물(구축 건물)을 매입하면서도, 나중에 발생할지 모를 큰 수리 비용을 위한 예비 자금이 충분하지 않은 경우가 있습니다. 일반적으로 목조 건물은 10년, 콘크리트 건물의 15년을 주기로 대대적인 보수를 해야 합니다. 건물 매입 후 얼마 지나지 않아 대수선이 발생하면 수천만 원의 비용이 한 번에 나가서 투자 수익을 모두 잃을 수 있습니다. 매월 월세 수입의 최소 10~15%를 별도의 특별 수선 충당금으로 반드시 쌓아 두어야 합니다. 이 돈은 수익이 아니라, 꼭 필요한 '운영 비용'이라고 생각해야 합니다.

(5) 한국식 '단기 시세 차익'을 기대하는 실수

일본 부동산을 산 후 2~3년 안에 팔아서 큰 시세 차익을 얻고 나가려는 경우도 주의해야 합니다.(최근 2~3년 사이는 그렇지 않았지만) 오랜 기간 동안 일본은 부동산 가격이 한국처럼 급등하는 경우가 흔치 않았습니다. 게다가 5년 안에 팔면 양도소득세를 매우 높게 내야 합니다. 따라서 일본 투자는 매월 안정적인 월세(야칭) 수익을 추구하면서 장기적인 호흡으로 접근해야 합니다. 투자를 시작할 때부터 최소 5년 이상 장기 보유를 목표로 삼아야 세금 측면에서 유리합니다.

2. 장기적인 관점에서 일본 부동산 바라보기: 일본 경제 전망

일본 부동산 투자는 빠르게 부자가 되는 최적의 솔루션은 아닙니다. 하이-리스크를 감당하더라도 고수익을 추구하는 투자자라면, 주식 등 다른 투자를 고려하는 게 좋습니다. 일본 부동산 투자는 해외 포트폴리오를 내 자산에 편입함으로써 효율적인 세금 관리부터 자산의 세대 간 이연까지 고려할 수 있는 장기적인 자산 운용 전략입니다. 따라서 꾸준히, 안전하게 자산을 늘리는 수단으로 활용되어야 합니다. 일본 부동산이 자산 포트폴리오에 들어왔다면, 일본 경제를 모니터링하는 건 당연한 일이 됩니다. 앞서 일본 경제와 왜 지금이 부동산 투자의 적기인지에 대해 다각도로 살펴보았는데, 마지막으로 다시 한번 장기적 관점에서 일본의 투자 환경에 대해 정리해 보겠습니다.

(1) 일본 경제의 구조적 변화와 부동산 시장의 안정화

지금의 일본 경제는 '잃어버린 30년'이라 불리는 장기간의 디플레이션 터널에서 벗어나, 확실하게 구조적 전환점에 서 있습니다. 이 변화의 기점은, 2012년 시작된 아베노믹스, '대담한 금융 완화 정책' 때라고 생각합니다. 이 정책 이후 장기간 이어온 초저금리 환경 하에 엔화 약세까지 더해지면서, 기업의 수익성이 개선되는 한편 디플레이션이 점차 완화되었습니다. 코로나19 팬데믹을 지나며 글로벌 공급망 혼란과 에너지 가격 상승이 겹치면서, 2023년 하반기부터 수십 년 만에 처음으로 일본 은행의 물가 상승률(CPI) 목표인 2%를 안정적으로 달성하기 시작했습니다.

더불어 가장 중요한 변화는 노동 시장에서 찾을 수 있습니다. 오랜 시간 고령화 및 저출산 기조가 이어지면서 일본은 심각한 인구 감소와 노동력 부족에 직면하고 있습니다. 기업 경기가 되살아나는 와중에 이런 상황과 맞물리면서, 기업들은 인재 확보를 위해 적극적인 노력을 기울이고 있습니다. 이에 따라 수십 년 만에 가장 높은 수준의 임금 인상률을 기록하기도 했습니다. 정규직 문화가 공고한 일본에서는 '춘투'라고 불리는 임금 협상 시즌이 있습니다. 매년 봄에 주요 기업들과 노동조합이 벌이는 임금 및 근로 조건 협상으로, 대기업이 합의한 인상률이 중소기업과 비정규직 임금에까지 영향을 미치기 때문에 사회적 파급 효과가 매우 큽니다. 최근 춘투 결과를 보면, 물가 상승을 상회하는 임금 인상률을 보여주고 있습니다. 임금 상승이 가계의 소비 지출을 견인하면서, 물가 상승 모멘텀이 구조적으로 강화되는 임금-물가 선순환의 모습이 뚜렷해지고 있습니다.

이러한 경제 환경의 구조적 변화는 부동산 시장에 긍정적인 영향을 미칩니다. 월세 수입(야칭)의 점진적인 상승 가능성을 높이고 건물 가격을 안정적으로 유지시키는 근본적인 안정화의 토대가 되기 때문입니다.

(2) 통화 정책의 정상화와 '저금리 환경'의 지속

일본 중앙은행(BOJ)은 2024년 3월 금융정책 결정 회의를 통해 '마이너스 금리 시대의 종언'을 공식 선언하였습니다. 직전 8년간 유지해온 초유의 '금융 완화 정책'을 정상화하는 역사적인 전환점입니다. 금융 완화 정책이 변화하게 된 배경은 무엇보다도 지속 가능한 인플레이션이 현실화되었다는 일본 은행의 판단 때문입니다. 2023년 하반기부터 2024년 초반에 걸쳐 물가 상승률(CPI)이 목표치인 2%를 안정적으로 상회하였으며, 임금 상승까지 동반되면서 정책 전환의 근거가 확보되었습니다. 특히 2024년 춘투에서 30여 년 만에 가장 높은 임금 인상률이 확인되면서, 디플레이션 종식에 대한 확신이 커졌습니다.

이러한 정책 정상화에도 불구하고, 시장 전문가들은 일본의 금리가 앞으로도 오랫동안 다른 선진국 대비 아주 낮은 수준을 유지할 것으로 전망합니다. 그 근거는 크게 두 가지입니다. 첫째, BOJ는 과거 성급한 정책 변경으로 디플레이션이 재발했던 경험을 극도로 경계하고 있어, 물가 2% 목표가 지속 가능하게 달성될 것이라는 확신이 들 때까지는 추가 금리 인상에 매우 신중할 것입니다. 둘째, 일본 정부 부채 중 BOJ가 보유한 국채는 약 53%(2024년 말 기준)로, 미국(15~20% 내외), 유로존(20~25% 내외), 한국(10% 미만) 등 타 주요국 대비 비중이 압도적으로 높습니다. 금리가 급등할 경우 정부(중앙은행)의 이자 부담이 눈덩이처럼 불어나 경제 전체에 큰 충격을 줄 수 있다는 구조적 한계점도 신중한 통화정책을 예상하게 하는 근거입니다.

이처럼 구조적인 요인에 기인한 '저금리 환경'은 일본 부동산 투자에 매력적인 요소로 작용합니다. 이는 바로 수익 갭(Yield Gap)의 중요성으로 이어지는데, 월세 수입(Yield)과 대출 이자 간의 차이를 통해 안정적으로 이익을 남길 수 있는 매력적인 수익 갭을 기대할 수 있기 때문입니다. 이 금리차를 활용한 레버리지 전략은 일본 부동산 투자에서 매우 중요합니다. 또한 급격한 금리 인상 위험이 낮다는 것은 투자의 예측 가능성을 높여주는 강력한 요소입니다.

(3) 새 내각의 정책적 지원과 대도시 재생 사업의 가속화

2025년 10월 출범한 다카이치 사나에 내각은 기시다 전 총리의 '새로운 자본주의' 정신을 계승하면서도, '경제 안보'와 '강력한 성장 전략'을 더해 디플레이션 종식을 위한 정책적 공세를 강화하고 있습니다. 이러한 국가적 전략은 단순한 경기 부양을 넘어, 일본 부동산의 기초 체력(Fundamental)을 강화하는 핵심 동력이 될 것으로 기대됩니다.

정부의 강력한 정책 기조와 대도시 중심의 구조적 재편, 이 정책적 변화에서 우리는 크게 3가지를 주목해야 합니다.

첫째, '임금 인상'이 이끄는 주거 시장의 체질 개선입니다. 다카이치 정부는 기업이 지속적으로 임금을 올릴 수 있도록 파격적인 세제 혜택을 제공하며 '물가 상승을 상회하는 임금 구조'를 만드는 데 집중하고 있습니다. 이는 부동산 투자자에게 매우 중요한 신호입니다. 실질적인 임금 상승은 가계의 가처분 소득을 늘려, 세입자가 더 높은 임대료(야칭)를 감당할 수 있는 환경을 조성하기 때문입니다. 특히 고소득 전문직 유입을 위한 외국인 인재 유치 정책은 도쿄와 같은 핵심 지역의 주택 수요를 더욱 탄탄하게 뒷받침하고 있습니다.

둘째, 전략 산업 육성에 따른 '신규 거점'의 형성입니다. 정부는 반도체, AI, 양자 기술 등 미래 전략 산업을 특정 지역에 집약시키는 '산업 클러스터' 정책을 가속화하고 있습니다. 과거의 재개발이 단순히 낡은 주거지를 정비하는 수준이었다면, 지금은 '산업'과 '주거'가 결합된 형태입니다. 도쿄와 오사카 등 주요 거점 도시로 자본과 인프라가 집중됨에 따라 관련 기업의 본사와 연구소가 밀집되고 있으며, 이는 해당 지역 상업용 부동산은 물론 배후 주거지의 수요를 폭발적으로 견인하는 요소가 됩니다.

셋째, 정부 주도의 강력한 '국가 전략 특구' 기반 도시 재생 사업입니다. 현재 도쿄(마루노우치, 토라노몬), 오사카(우메다), 나고야 등 3대 도시권에서는 정부의 과감한 규제 완화 아래 노후 건물을 초고층 복합 시설로 탈바꿈하는 재개발이 쉼 없이 진행되고 있습니다. '국가 전략 특구'로 지정된 지역은 용적률 제한 완화와 행정 절차 간소화 혜택을 받아 개발 이익이 극대화됩니다. 이러한 대규모 재생 사업은 단순히 도시 외관을 바꾸는 데 그치지 않고, 주변 지역 전체의 지가와 건물 가치를 장기적으로 끌어올리는 강력한 동인이 됩니다. 이는 일본 부동산 투자의 핵심 목표인 '안정적인 현금 흐름'에 더해, 향후 자산 가치 상승(Capital Gain)까지 기대할 수 있게 만드는 든든한 보증수표와 같습니다.

결론적으로 일본 정부의 정책 방향은 '대도시 집중 투자'와 '지속 가능한 성장'에 확고히 뿌리를 내리고 있습니다. 이를 감안할 때 일본 부동산 투자는 이제 개인의 선택을 넘어, 국가 시스템의 거대한 변화와 궤를 같이하는 가장 안전하고 매력적인 장기 투자 전략이 될 것으로 기대됩니다.

모든 투자의 핵심 목표는 내 돈 (자산)이 나 대신 일하게 하는 것입니다. 그런 관점에서 투자의 본질은 현금 흐름의 가치를 높이는 것, 즉 월급 같은 매달 흐르는 돈을 안정적이고 크게 만드는 것으로 볼 수 있습니다. 앞서 여러 번 강조한 바와 같이 일본 부동산은 투자자에게 매월 안정적인 월세 수입을 줄 수 있는 현명한 솔루션입니다. 건물 가격이 갑자기 크게 오르지 않더라도, 월세를 통해 투자 원금을 꾸준히 회수하고, 물가 상승(인플레이션)으로부터 내 돈을 지키는(헤지) 효과를 줍니다. 이는 자산 포트폴리오의 확실한 안전판 역할을 해줍니다.

기본은 이렇게 가져가되, 대규모 개발이나 인구 집중으로 인해 건물을 팔 때 발생하는 시세 차익은 보너스라고 생각하기 바랍니다. 현금 흐름이 안정적인 자산은 언제든 원하는 가격에 팔기 쉽다는 점도 덤입니다.

일본 부동산 투자의 성공은 단순히 좋은 매물을 찾는 것을 넘어, **장기적인 마인드셋**을 확립하는 것에 달려 있습니다. 책을 덮기 전 마지막으로 성공 투자를 위한 깊이 있는 투자 철학과 체크리스트를 살펴볼 텐데, 다음 네 가지 철학을 기억해 주길 바랍니다. 앞서도 반복적으로 이야기한 것이지만, 백번 강조해도 부족함이 없습니다. 투자의 성공은 '운'이 아닌 '치밀한 준비와 올바른 철학'에서 나옵니다. 아래의 4가지 투자 철학을 꼭 기억해서 성공적인 일본 부동산 투자를 하시기를 응원합니다.

(1) 투자를 시작하는 순간, 출구 전략(Exit Strategy)을 세워라

매입이 전부가 아닙니다. 이 건물을 **언제, 어떻게, 누구에게 팔 것인가**를 사전에 계획하는 것이 가장 중요합니다.

- **세금 최적화:** 일본의 양도소득세는 5년 이내 매각 시 매우 높으므로, 최소 **5년 이상 보유**를 목표로 하세요. 이 기간 동안 세금 절약 효과를 극대화하고 낮은 세율로 전환을 준비해야 합니다.
- **가치 유지:** 팔려는 시점에 매매가가 떨어지지 않도록, PM사를 통해 건물의 **주기적인 미관 관리와 수선 기록**을 철저히 남겨야 합니다. 잘 관리된 건물은 매수자에게 매력적으로 보입니다.

(2) 전문가팀 구축은 '비용'이 아닌 '보험'

복잡한 일본의 법률, 세금, 임대차 관행을 혼자서 모두 파악하려는 것은 비효율적이며 위험합니다.

- **PM사(관리 회사):** 공실을 줄여주는 **수익률의 파수꾼**입니다. 계약 전에 직접 방문하여 담당자와 면담하고, 공실률 감소에 대한 구체적인 아이디어를 들어 보세요.
- **세무사: 세금 절약이라는 일본 투자의 핵심 목표를 달성해 줄 전략가**입니다. 초기 계약 단계부터 세무사와 협의하여 감가상각을 어떻게 적용할지 계획해야 합니다.

(3) 복리(複利)의 힘과 '느림의 미학'을 이해하라

일본 투자는 일확천금을 노리는 것이 아니라, 워런 버핏의 투자처럼 시간을 편으로 만드는 투자입니다.

- **복리 효과:** 매월 들어오는 안정적인 월세 수입을 즉시 환전하지 않고 엔화 자산에 **재투자**하거나 **수선 충당금**으로 쌓아 보세요. 이 돈이 다시 돈을 벌어들이는 **복리 효과**를 통해 자산이 꾸준히 늘어납니다.
- **장기 관점:** 단기적인 엔화 환율 변동이나 작은 수리 비용에 일희일비하지 마세요. 최소 10년 이상의 긴 호흡으로 안정적인 현금 흐름을 유지하는 것이 진짜 승리입니다.

(4) 로마에 가면 로마법을 따르라

한국에서 통하는 투자 상식이나 관행을 일본 시장에 억지로 적용하려 해서는 안 됩니다.

- **전세는 없다:** 일본은 월세(야칭) 중심이며, 대규모 보증금(시키킹)은 없습니다. 이 구조를 활용해 **대출을 적게 쓰고도 안정적인 수익**을 얻는 것이 일본에서 성공할 수 있는 투자입니다.
- **수리 비용은 필수:** 일본의 엄격한 건축 기준과 잦은 지진/태풍 위험 때문에 정기적인 보수와 보험 가입은 선택이 아닌 **필수 운영 비용**입니다. 이 비용을 아끼려고 하다가 큰 손해를 보는 우를 범하지 마세요.

(5) 최종 투자 체크리스트

구분	점검 내용	필수 확인 사항	√
자산 구조	건물의 구조 재료 및 내용 연수	**목조** 또는 **RC/SRC** 중 내 투자 목표 (세금 절약 vs 장기 보유)에 맞는 구조인가?	
세무 전략	예상되는 세후 순수익률	감가상각을 적용한 후, **실제 내 손에 들어오는 현금**이 충분한가?	
입지	인구 유입 및 임대 수요의 안정성	해당 지역의 공실률은 낮은가? 역이나 편의 시설까지 걷는 거리가 합리적인가?	
운용 관리	PM사 선정 및 관리 계획	PM사가 **외국인 투자자와 잘 소통**하고, 공실을 빠르게 해결하는 실적이 있는가?	
재정 계획*	수선 충당금 확보	매월 월세 수입의 10~15%를 큰 수리비를 위해 따로 모을 계획이 있는가?	
리스크 관리**	필수 보험 가입 여부	**지진 보험**과 화재 보험 가입이 완료되었는가? (지진 보험은 필수!)	

주: *, **는 이토맨션 등 단독건물의 경우에 해당됨

저자 약력

■ **김형윤** (현) 법무법인 율촌 상임고문
(현) 숭실대학교 금융경제학과 겸임교수
(전) KB자산운용 대체투자부문장 전무
(전) KB국민은행, 현대증권, 장기신용은행
연세대학교 행정학과 학/석사 졸업

■ **이인석** (현) 이오파트너스 법률사무소 대표변호사
(전) 법무법인 와이케이 대표변호사
(전) 법무법인 광장/파트너, 공정거래그룹장
(전) 부장판사 역임(서울고법, 대전고법)
사법연수원 27기
서울대학교 공법학과 졸업

■ **김재은** (전) KB증권 WM투자전략부 상무
(전) SC제일은행 투자전략상품부 총괄 헤드
(전) 증권사 리서치센터 Economist
(한국투자증권, SK증권, 하나대투증권, 현대증권)
서강대학교 경제학 박사 수료

■ **최성민** (현) 세무법인 동안 대표 세무사(자산, 상속, 법인컨설팅 총괄)
(현) 임팩트 절세플랜 연구모임 발기인
(전) 상록세무회계사무소
서울대학교 졸업

■ **조인정** (현) 연세교토세무회계 대표
(현) 서울지방세무사회 국제이사
(현) 한국세무사회 국제조세지원센터 위원, 세무연수원 교수
(전) 삼일회계법인(PWC)/일본 세이와 회계법인
일본 교토대 MBA/연세대학교 졸업
저서: 비거주자 세무(한국세무사회), 재외동포 세무(한국세무사회) 등
자격증: AICPA, 공인중개사

■ **강성숙** (현) 일본 데츠카야마대학교 경제경영학부 교수
(전) 교토대학 경영관리대학원 전임 연구원
일본 립쿄대학 박사(관광학)